LE SORCIER DE MEUDON

Éditions Ouvert Publictour

ISBN 978-2-924859-49-0

UNICURSAL

Copyright © 2018

Éditions Unicursal Publishers
www.unicursalpub.com

ISBN 978-2-924859-49-0

Première Édition, Ostara 2018

ELIPHAS LEVI

LE SORCIER

DE MEUDON

Les dévots, par rancune,
Au sorcier criaient tous,
Disant : Au clair de lune
Il fait danser les loups.
BÉRANGER

1861

UNICURSAL

À MADAME

DE BALZAC

NÉE COMTESSE ÉVELINE RZEWUSKA

Permettez-moi, Madame, de déposer à vos pieds ce livre à qui vos encouragements ont fait d'avance tout le succès que j'ambitionne. Il sera aimé de toutes les âmes élevées et de tous les esprits délicats, s'il n'est pas indigne de vous être offert.

ÉLIPHAS LÉVI
(Alphonse-Louis-Constant)

PRÉFACE

Idiots très-illustres, et vous, tourneurs de tables très-précieux, onques ne vous avisâtes-vous de reconnaître en la personne sacrée du joyeux curé de Meudon, l'un de nos plus grands maîtres dans là science cachée des mages. C'est que sans doute vous n'avez ni lu convenablement, ni médité bien à point ses pantagruélines prognostications, voire même cette énigme en manière de prophétie qui commence le grimoire de Gargantua. Maître François n'en fut pas moins le plus illustre enchanteur de France, et sa vie est un véritable tissu de merveilles, d'autant qu'il fut lui-même à son époque l'unique merveille du monde. Protestant du bon sens et du bon esprit, en un siècle de folie furieuse et de discordes fanatiques ; magicien de la gaie science en des jours de funèbre tristesse, bon curé et orthodoxe s'il en fut, il concilia et sut réunir en lui-même les qualités les plus contraires. Il prouva par sa science encyclopédique la vérité de l'art notoire, car il eût, mieux que Pic de la Mirandole, pu disputer *de omni re scibili et quibusdam aliis*. Moine et

bel esprit, médecin du corps et de l'âme, protégé des grands
et gardant toujours son indépendance d'honnête homme ;
Gaulois naïf, profond penseur, parleur charmant, écrivain
incomparable, il mystifia les sots et les persécuteurs de son
temps (c'étaient comme toujours les mêmes personnages),
en leur faisant croire, non pas que vessies fussent lanternes,
mais bien au contraire que lanternes fussent vessies, tant
et si bien que le sceptre de la sagesse fut pris par eux pour
une marotte, les fleurons de sa couronne d'or pour des grelots, son double rayon de lumière, semblable aux cornes de
Moïse, pour les deux grandes oreilles du bonnet de Folie.
C'était, en vérité, Apollon habillé de la peau de Marsyas,
et tous les capripèdes de rire et de le laisser passer en le
prenant pour un des leurs. Oh! le grand sorcier que celui-
là qui désarmait les graves sorbonistes en les forçant à rire,
qui défonçait l'esprit à pleins tonneaux, lavait les pleurs du
monde avec du vin, tirait des oracles des flancs arrondis de
la dive bouteille ; sobre d'ailleurs lui-même et buveur d'eau,
car celui-là seul trouve la vérité dans le vin qui la fait dire
aux buveurs, et pour sa part ne s'enivre jamais.

Aussi, avait-il pour devise cette sentence profonde qui
est un des grands arcanes de la magie et du magnétisme :

> *Noli ire, fac venire.*
> Ne vas pas, fais qu'on vienne.

Oh! la belle et sage formule! N'est-ce pas en deux mots
toute la philosophie de Socrate, qui ne sut pas bien toutefois en accomplir le mirifique programme, car il ne fit pas

venir Anitus à la raison et fut lui-même forcé d'aller à la
mort. Rien en ce monde ne se fait avec l'empressement et
la précipitation, et le grand œuvre des alchimistes n'est pas
le secret d'aller chercher de l'or, mais bien d'en faire tout
bellement et tout doucettement venir. Voyez le soleil, se
tourmente-t- il et sort-il de son axe pour aller chercher, l'un
après l'autre, nos deux hémisphères ? Non, il les attire par
sa chaleur aimantée, il les rend amoureux de sa lumière, et
tour à tour ils viennent se faire caresser par lui. C'est ce que
ne sauraient comprendre les esprits brouillons, fauteurs de
désordres et propagateurs de nouveautés. Ils vont, ils vont,
ils vont toujours et, rien ne vient. Ils ne produisent que
guerres, réactions, destructions et ravages. Sommes-nous
bien avancés en théologie depuis Luther ? Non, mais le bon
sens calme et profond de maître François a créé depuis lui
le véritable esprit français, et, sous le nom de pantagrué-
lisme, il a régénéré, vivifié, fécondé cet esprit universel de
charité bien entendue, qui ne s'étonne de rien, ne se pas-
sionne pour rien de douteux et de transitoire, observe tranquillement la nature, aime, sourit, console et ne dit rien.
Rien ; j'entends rien de trop, comme il était recommandé
par les sages hiérophantes aux initiés de la haute doctrine
des mages. Savoir se taire, c'est la science des sciences, et
c'est pour cela que maître François ne se donna, de son
temps, ni pour un réformateur, ni surtout pour un magicien, lui qui savait si parfaitement entendre et si profondément sentir cette merveilleuse et silencieuse musique des
harmonies secrètes de la nature. Si vous êtes aussi habile
que vous voudriez le faire croire, disent volontiers les go-

be-mouches et les badauds, surprenez-nous, amusez-nous, escamotez la muscade mieux que pas un, plantez des arbres dans le ciel, marchez la tête en bas, ferrez les cigales, faites leçon de grimoire aux oisons bridés, plantez ronces et récoltez roses, semez figues et cueillez raisins... Allons, qui vous retarde, qui vous arrête ? On ne brûle plus maintenant les enchanteurs, on se contente de les baffouer, de les injurier, de les appeler charlatans, affronteurs, saltimbanques. Vous pouvez, sans rien craindre, déplacer les étoiles, faire danser la lune, moucher la bougie du soleil. Si ce que vous opérez est vraiment prodigieux, impossible, incroyable... eh bien ! que risquez-vous ? Même après l'avoir vu, même en le voyant encore, on ne le croira pas.

Pour qui nous prenez-vous ? Sommes-nous cruches ? sommes-nous bêtes ? Ne lisons-nous pas les comptes rendus de l'Académie des sciences ? Voilà comment on défie les initiés aux sciences occultes, et, certes, il faut convenir qu'il doit y avoir presse pour satisfaire ces beaux messieurs. Ils ont raison pourtant, ils sont trop paresseux pour venir à nous, ils veulent nous faire aller à eux, et nous trouvons si bonne cette manière de faire que nous voulons leur rendre en tout la pareille. Nous n'irons point, viendra qui voudra !

Dans le même siècle vécurent deux hommes de bien, deux grands savants deux encyclopédies parlantes, prêtres tous deux d'ailleurs et bons hommes au demeurant. L'un était notre Rabelais et l'autre se nommait Guillaume Postel. Ce dernier laissa entrevoir à ses contemporains qu'il était grand kabbaliste, sachant l'hébreu primitif, traduisant le sohar et retrouvant la clef des choses cachées depuis le commencement du monde.

Oh! bonhomme, si depuis si longtemps elles sont cachées, ne soupçonnez-vous pas qu'il doit y avoir quelque raison péremptoire pour qu'elles le soient? Et croyez-vous nous avancer beaucoup en nous offrant la clef d'une porte condamnée depuis six mille ans? Aussi Postel fut-il jugé maniaque, hypocondriaque, mélancolique, lunatique et presque hérétique, et voyagea-t-il à travers le monde, pauvre, honni, contrarié, calomnié, tandis que maître François, après avoir échappé aux moines ses confrères, après avoir fait rire le pape, doucement vient à Meudon, choyé des grands, aimé du peuple, guérissant les pauvres, instruisant les enfants, soignant sa cure et buvant frais, ce qu'il recommande particulièrement aux théologiens et aux philosophes comme un remède souverain contre les maladies du cerveau.

Est-ce à dire que Rabelais, l'homme le plus docte de son temps, ignorât la kabbale, l'astrologie, la chimie hermétique, la médecine occulte et toutes les autres parties de la haute science des anciens mages? Vous ne le croirez, certes, pas, si vous considérez surtout que le *Gargantua* et le *Pantagruel* sont livres de parfait occultisme, où sous des symboles aussi grotesques, mais moins tristes que les sous des symboles aussi grotesques, mais moins tristes que les diableries du Moyen Âge, se cachent tous les secrets du bien penser et du bien vivre, ce qui constitue la vraie base de la haute magie comme en conviennent tous les grands maîtres.

Le docte abbé Trithème, qui fut le professeur de magie du pauvre Cornelius Agrippa, en savait cent fois plus
que son élève; mais il savait se taire et remplissait en bon
religieux tous les devoirs de son état, tandis qu'Agrippa faisait grand bruit de ses horoscopes, de ses talismans, de ses
manches à balai très-peu diaboliques au fond, de ses recettes imaginaires, de ses transmutations fantastiques; aussi
le disciple aventureux et vantard était-il mis à l'index par
tous les bons chrétiens; les badauds le prenaient au sérieux
et très-certainement disciple aventureux et vantard était-il
mis à l'index par tous les bons chrétiens; les badauds le
prenaient au sérieux et très-certainement l'eussent brûlé
du plus grand cœur. S'il voyageait, c'était en compagnie de
Béelzébuth; s'il payait dans les auberges, c'était avec des
pièces d'argent qui se changeaient en feuilles de bouleau.
Il avait deux chiens noirs, ce ne pouvaient être que deux
grands diables déguisés; s'il fut riche quelquefois, c'est que
Satan garnissait son escarcelle. Il mourut, enfin, pauvre
dans un hôpital, juste châtiment de ses méfaits. On ne l'appelait que l'archisorcier, et les petits livres niais de fausse
magie noire qu'on vend encore en cachette aux malins de la
campagne, sont invariablement tirés des œuvres du grand
Agrippa.

Ami lecteur, à quoi tend ce préambule? c'est tout bonnement à vous dire que l'auteur de ce petit livre, après avoir
étudié à fond les sciences de Trithème et de Postel, en a
tiré ce fruit précieux et salutaire, de comprendre, d'estimer
et d'aimer par-dessus tout le sens droit de la sagesse facile
et de la bonne nature. Que les clavicules de Salomon lui

ont servi à bien apprécier Rabelais, et qu'il vous présente aujourd'hui la légende du curé de Meudon comme l'archétype de la plus parfaite intelligence de la vie; à cette légende se mêle et s'entortille, comme le lierre autour de la vigne, l'histoire du brave Guilain, qui, au dire de notre Béranger, fut ménétrier de Meudon au temps même de maître François. Pourquoi et comment ces deux figures joyeuses sont ici réunies, quels mystères allégoriques sont cachés sous ce rapprochement du musicien et du curé, c'est ce que vous comprendrez facilement en lisant le livre. Or, ébaudissez-vous, mes amours, comme disait le joyeux maître, et croyez qu'il n'est grimoire de sorcier ni traité de philosophie qui puisse surpasser en profondeur, en science et en abondantes ressources, une page de Rabelais et une chanson de Béranger.

ÉLIPHAS LÉVI.

LE SORCIER DE MEUDON

PREMIÈRE PARTIE

LES ENSORCELÉS DE LA BASMETTE

I

LA BASMETTE

Or, vous saurez, si vous ne le savez déjà, que la Basmette était une bien tranquille et plantureuse jolie petite abbaye de franciscains, dans le fertile et dévotieux pays d'Anjou. Tranquille et insoucieuse, en tant que les bons frères mieux affectionnaient l'oraison dite de Saint-Pierre, qui si bien sommeillait au jardin des Olives à tout le tracas de l'étude et à la vanité des sciences ; plantureuse en bourgeons, tant sur les vignes que sur le nez de ses moines, si bien que la vendange et les bons franciscains semblaient fleurir à qui mieux mieux, avec émulation de prospérité et de mérite ; les frères étant riants, vermeils et lustrés comme des raisins mûrs ; et les grappes du cloître et du clos environnant, rondelettes, rebondies, dorées au soleil et toutes mielleuses de sucrerie aigre-douce, comme les bons moines.

Comment et par qui fut premièrement fondée cette tant sainte et béate maison, les vieilles chartes du couvent le disent assez pour que je me dispense de le redire; mais d'où lui venait le nom de Basmette, ou baumette, comme qui dirait, petite baume? c'est de la légende de madame sainte Madeleine, qui, pendant longues années, expia, par de rigoureuses folies de saint amour, les trop douces folies d'amour profane dont un seul mot du bon Sauveur lui avait fait sentir le déboire et l'amertume, tant et si bien qu'elle mourut d'aimer Dieu, lorsqu'elle eut senti l'amour des hommes trop rare et trop vite épuisé pour alimenter la vie de son pauvre cœur. Et ce fut dans une merveilleuse grotte de la Provence, appelée depuis la Sainte-Baume, à cause du parfum de pieuse mélancolie et de mystérieux sacrifice que la sainte y avait laissé, lorsque Jésus, touché enfin des longs soupirs de sa triste amante, l'envoya quérir par les plus doux anges du ciel.

Or, la Sainte-Baume était devenue célèbre par toute la chrétienté, et le couvent des Franciscains d'Anjou, possédant une petite grotte où se trouvait une représentation de la Madeleine repentante, avait pris pour cela le nom de Baumette ou *Basmette*, comme on disait alors, d'autant que *Basme*, en vieux français, était la même chose que *Baume*.

Il y avait alors à la Basmette, et l'histoire qu'ici je raconte est du temps du roi de François Ier, il y avait, dis-je, en cette abbaye, ou plutôt dans ce prieuré, vingt-cinq ou trente religieux, tant profès que novices, y compris les simples frères lais. Le prieur était un petit homme chauve et camus, homme très-éminent en bedaine, et qui s'efforçait de marcher gravement pour assurer l'équilibre de ses besicles, car besicles il avait, par suite de l'indisposition larmoyante de ses petits yeux qui lui affaiblissait la vue. Était-ce pour avoir trop regretté ses péchés ou pour avoir trop savouré les larmes de la grappe? Était-ce componction spirituelle ou réaction spiritueuse? Les mauvaises langues le disaient peut-être bien: mais nous, en chroniqueur consciencieux et de bonne foi, nous nous bornerons à constater que le prieur avait les yeux malades et qu'il trouvait dans son nez camus de très-notables obstacles à porter décemment et solidement ses besicles.

Rien n'est tel que l'oeil du maître, dit le vieux proverbe, et le couvent est à plaindre dont le prieur ne voit pas plus loin que son nez, surtout s'il a le nez camus! Aussi, dans le couvent de la Basmette, tout allait-il à l'abandon, selon le bon plaisir du maître des novices, grand moine, long, sec et malingre, mieux avantagé en oreilles qu'en entendement, ennuyé de lui-même, et partant acariâtre, comme s'il eût voulu s'en prendre aux autres de son insuffisance et de son ennui: retors en matière de moinerie, scrupuleux en matière de bréviaire, grand carillonneur de cloches, grand instigateur de matines, ne dormant que d'un oeil et toujours prêt à glapir comme les oies du Capitole, ces bonnes sentinelles romaines que les papes devraient donner pour blason à la moinerie moinante, cette maîtresse du monde moiné.

Frère Paphnuce, c'était le nom du maître des novices, se croyait l'âme du monastère parce qu'il y faisait le plus de bruit; et il était, en effet, comme la peau d'âne est l'âme d'un tambour. Aussi c'était sur lui que tombaient, dru

comme pluie, les quolibets clandestins et les tours narquois
des novices ; ce que leur faisait rendre le saint homme en
menus coups de discipline, que le prieur, stylé par lui, leur
imposait pour pénitence quand venaient les corrections du
chapitre.

Aussi les novices, qui le craignaient autant qu'ils le ché-
rissaient peu, cherchaient-ils à opposer aux sévérités ca-
pricieuses du frère Paphnuce, l'influence du frère François,
et allaient-ils lui conter leurs chagrins. Nous dirons tout à
l'heure ce que c'était que le frère François ; mais, puisque
nous en sommes sur le chapitre des novices, il en est un
surtout avec lequel nous devons d'abord faire connaissance,
et cela pour causes que vous connaîtrez tout à l'heure.

Frère Lubin était le fils aîné d'un bon fermier des environs de la Basmette. Sa vocation religieuse était toute une
légende, dont les moines se promettaient bien d'enrichir un
jour leur chronique. Sa mère étant en travail d'enfant pour
lui donner une petite sœur, s'était trouvée réduite à l'extrémité ; et, de concert avec Jean Lubin, son bon homme, elle
avait voué à saint François son premier enfant, Léandre
Lubin, âgé alors de six ans et demi.

Que saint François ait ou non de l'influence sur les ac-
couchements, ce n'est pas ici le lieu de le débattre. Que ce
soit donc protection du saint ou aide toute simple de la nature, la mère fut heureusement délivrée, et le jeune Lubin
livré... à la discipline des disciples de saint François.

Or, depuis douze ans déjà, le jeune Lubin était le com-
mensal des habitants de la Basmette. C'était un long no-
viciat. Mais le frère François avait obtenu du père prieur

qu'aucun novice ne ferait ses vœux définitifs qu'il n'eût au moins ses dix-neuf ans sonnés, expression qui, ce me semble, convient surtout aux années de cette vie claustrale, dont tous les instants et toutes les heures se mesurent au son de la cloche.

Frère Lubin avait donc dix-huit ans et quelques mois, et mieux semblait-il fait pour le harnais que pour la haire. Grand, bien fait, le teint brun, la bouche vermeille, les dents bien rangées et blanches à faire plaisir, l'oeil bien fendu et ombragé de cils bien fournis et bien noirs, il donnait plus d'une distraction pendant l'office aux bachelettes qui venaient les dimanches et fêtes accomplir leurs devoirs dans l'église des bons pères. On assure même que le fripon profitait plus d'une fois, pour risquer un regard de côté, de l'ombre de son capuchon, où ses grands yeux étincelaient comme des lampes de vermeil au fond d'une chapelle obscure.

Ce charmant moinillon était l'enfant gâté du père prieur et le principal objet du zèle de frère Paphnuce. L'un ne le quittait guère, et l'autre le cherchait toujours. C'était lui qui arrangeait et entretenait propre la cellule du prieur, lui qui secouait la poussière des in-folios que le père n'ouvrait jamais, lui encore qui frottait et éclaircissait les besicles. Il disait les petites heures avec le révérend lorsqu'une indisposition quelconque l'avait empêché d'aller au chœur. Le père prieur, alors, s'assoupissait un peu sous l'influence de la psalmodie; son large menton s'appuyait mollement sur sa poitrine, les besicles tombaient sur le livre de parchemin gras aux caractères gothiques et enluminés; alors frère

Lubin s'esquivait sur la pointe du pied et sortait doucement dans le corridor, où, presque toujours, il rencontrait frère Paphnuce.

— Où allez-vous? lui demandait celui-ci.

— Dans notre cellule, répondait frère Lubin; le père prieur repose, et je crains de le réveiller.

— Venez à l'église, reprenait l'impitoyable maître des novices; l'office ne fait que commencer; j'ai remarqué votre absence, et je vous cherchais.

— Mais, mais, mon père...

— Allons, point de réplique. Vous dînerez aujourd'hui à genoux au milieu du réfectoire.

— Mais, je ne réplique pas, mon père, je voulais vous observer seulement que j'ai laissé notre bréviaire...

— Chez le père prieur? allez le prendre et ne faites pas de bruit.

— Non, chez le frère médecin.

— Chez le frère médecin? et qu'alliez-vous encore y faire? Je vous ai défendu d'entrer dans la cellule de maître François; je vous défends maintenant de lui parler! ce n'est pas une société convenable pour des novices. L'étude de la médecine entraîne une foule de connaissances contraires à notre saint état... Et puis... enfin, je vous le défends; est-ce entendu?

Le novice tournait le dos et faisait la moue.

. . . .

En ce moment un bruit de pas lents et graves mesura les escaliers et la longueur du corridor: un moine de haute taille, ayant de grands traits réguliers, une bouche fine et spirituelle, entourée d'une barbe blonde qui se frisait en fils d'or, des yeux pensifs et malicieux, s'approcha de la porte du prieur : la figure boudeuse du frère Lubin s'épanouit en le voyant, et il lui fit un joyeux signe de tête, tout en mettant un doigt sur sa bouche, comme pour faire comprendre au nouveau venu qu'ils ne devaient pas se parler.

C'était le frère médecin.

Il sourit à la mine embarrassée du novice et fit à frère Paphnuce une profonde révérence en plissant légèrement le coin des yeux et en relevant les coins de sa bouche, ce qui lui fit faire la plus moqueuse et la plus spirituelle grimace qu'il fût possible d'imaginer.

Frère Paphnuce ne fit pas semblant de le voir, et poussant devant lui le novice, qui regardait encore maître François par-dessus son épaule, il descendit à la chapelle et arriva encore à temps pour naziller une longue antienne dont le chantre le gratifia dès son retour au chœur. Quant à frère Lubin, il fourra ses mains dans les manches de sa robe, baissa les yeux, pinça les lèvres et songea à ce qu'il voulut.

II

MAÎTRE FRANÇOIS

Le père prieur était donc, ainsi que nous l'avons dit, en oraison de quiétude ; son menton rembourré de graisse assurant l'équilibre de sa tête, marmotant par intervalles et babinottant des lèvres, comme s'il eût remâché quelque réponse, à la manière des enfants qui s'endorment en suçant une dragée : son gros bréviaire glissant peu à peu de dessus ses genoux, comme un poupon qui s'ennuie des caresses d'une vieille femme, et les bienheureuses besicles aussi aventurées sur le gros livre que Dindenaut le fut plus tard en s'accrochant à la laine de son gros bélier.

Toutes ces choses en étaient là lorsque maître François, après avoir préalablement frappé deux ou trois petits coups, entr'ouvrit discrètement la porte, et arriva tout à propos pour rattraper les besicles et le bréviaire. Il prit l'un doctoralement, chaussa magistralement les autres sur son nez, où elles s'étonnèrent de tenir bien, et tournant la page, il continua le pseaume où le prieur l'avait laissé :

Vanum est vobis ante lucem surgere ; surgite postquam sederitis, qui manducatis panem doloris, quùm dederit dilectis suis somnum.

En achevant ce verset, frère François étendit gravement la main sur la tête du prieur et lui donna une bénédiction comique.

Le bon père était vermeil à plaisir, il ronflait à faire envie et remuait doucement les lèvres.

Le frère médecin, comme homme qui connaissait les bonnes cachettes, souleva le rideau poudreux de la bibliothèque à laquelle le fauteuil du dormeur était adossé, plongea la main entre deux rayons et la ramena victorieuse, armée d'un large flacon de vin ; sans lâcher le gros bréviaire, il déboucha le flacon avec les dents, en flaira le contenu, hocha la tête d'un air satisfait, puis approchant doucement le goulot des lèvres du père, il y fit couler goutte à goutte la divine liqueur.

Le prieur alors poussa un grand soupir, et, sans ouvrir les yeux, renversa sa tête en arrière pour ne rien perdre, puis avec autant de ferveur qu'un nourrisson à jeun prend et étreint la mamelle de sa nourrice, il leva les bras et prit à deux mains le flacon, que maître François lui abandonna, puis il but, comme on dit, à tire-larigot.

— *Beatus vir !...* continua le frère médecin en reprenant la lecture de son bréviaire.

Le gros prieur ouvrit alors des yeux tout étonnés, et, regardant alternativement son flacon et maître François d'un air ébahi... il ne pouvait rien comprendre à sa position et se croyait ensorcelé.

— Avalez, bon père, ce sont herbes; et grand bien vous fasse! dit le frère François, du plus grand sérieux. La crise est passée, à ce qu'il me paraît, et nous commençons à nous mieux porter.

— Mon Dieu! dit le moine en se tâtant le ventre, je suis donc malade!

— Buvez le reste de ce julep, dit le frère en frappant sur le flacon, et la maladie passera.

— Que veut dire ceci?

— Que nous avons changé de bréviaire. Le vôtre vous endort, le mien vous réveille. Je dis pour vous l'office divin, et vous faites pour moi l'office du vin: n'êtes-vous pas le mieux partagé?

— Maître François! maître François! je vous l'ai déjà dit souvent, si le père Paphnuce nous entendait, vous nous feriez un mauvais parti: à vous, pour parler ainsi, et à moi pour vous écouter. Vos propos sentent l'hérésie.

— Eh quoi! se récria le frère, le bon vin est-il hérétique? Serait- ce parce qu'il n'est pas baptisé? Qu'il périsse en ce cas, le traître, et que notre gosier soit son tombeau! Mais rassurez-vous, bon père, il ne troublera point notre estomac; il peut y dormir en terre sainte; il est catholique et ami des bons catholiques; donc ne fut-il excommunié du pape, mais au contraire bien reçu et choyé à sa table. Point n'a besoin d'être baptisé, pour être chrétien, depuis les noces de Cana; mais au contraire, étant l'eau pure perfectionnée et rendue plus divine, il doit servir au baptême de l'homme intérieur! L'eau est le signe du repentir, le vin est celui de la grâce; l'eau purifie, le vin fortifie. L'eau, ce sont les larmes, le vin, c'est la joie. L'eau arrose la vigne, et la vigne arrose les moines qui sont la vigne spirituelle du Seigneur. Vous voyez donc bien que les amis de la perfection doivent préférer le vin à l'eau, et le baptême intérieur au baptême extérieur.

— Voilà un bon propos d'ivrogne, dit le prieur, moitié riant, moitié voulant moraliser!

— Sur ce, dit frère François, permettez-vous que je vous fasse quinaut? Dites-moi, je vous prie, ce que c'est qu'un ivrogne?

— La chose assez d'elle-même se comprend. C'est celui qui sait trop bien boire.

— Vous n'y êtes en aucune manière et n'y touchez pas plus qu'un rabbin à une tranche de jambon. L'ivrogne est celui qui ne sait pas boire et qui, de plus, est incapable de l'apprendre.

— Et comment cela? fit le père prieur en allongeant la main pour faire signe qu'on lui rendît ses besicles, car la chose lui semblait assez curieuse pour être contemplée à travers des lunettes.

— Voici, reprit maître François en présentant l'objet demandé. Y sont-elles? Bien; je crois qu'elles tiennent à peu près; maintenant, écoutez mon argument, qui ne sera ni en *barbara* ni en *celarunt*...

— Il sera donc en *darii*?

— Non.

— En *ferio*?

— Non.

— En *baralipton*?

— Non.

— Sera-ce un argument cornu?

— Je ne suis point marié et vous ne l'êtes point, que je sache, pourtant mon argument cornu sera-t-il si vous voulez : cornu comme Silène et le bon père Bacchus, cornu à la manière du pauvre diable dont Horace parle en disant, à propos du père Liber (c'était le père général des cordeliers du paganisme) : *Addis cornua pauperi.* Ceci n'est pas matière de bréviaire.

— *Ergo*, ceci n'est point propos de moine.

— *Distinguo*, en tant que science, *concedo* ; en tant que buverie, *nego*.

— Buverie, soit ; mais comment prouvez-vous que l'ivrogne est celui qui ne sait pas boire ?

— Patience ! bon père, j'y étais, et vous allez tantôt en connaître le *tu autem.* Mais, d'abord, dites-moi, si bon vous semble, à quels signes vous reconnaissez un ivrogne ?

— Par saint François ! la chose est facile à connaître. L'ivrogne est celui qui est habituellement ivre, flageolant des jambes, dessinant la route en zigzag, coudoyant les murailles, trimballant et dodelinant de la tête, grasseyant de la langue ; et toujours ce maudit hoquet... et puis n'écoutez pas, monsieur rêve tout haut : emportez la chandelle, il se couche tout habillé, et honni soit qui mal y pense ! C'est affaire à sa ménagère si son matelas crotte tant soit peu ses habits.

— A merveille, père prieur ! vous le dessinez de main de maître. Mais d'où lui viennent, je vous prie, tous ces trimballements, tous ces bégayements, tous ces étourdissements, toutes ces chutes ?

— Belle question! De ce qu'il a trop bu.

— Il n'a donc pas su boire assez, et il ne le saura jamais, puisqu'il recommence tous les jours, et que tous les jours il boit trop! Il ne sait donc pas boire du tout; car savoir boire consiste à boire toujours assez. Dira-t-on du sculpteur qu'il sait tailler la pierre s'il l'entame trop ou trop peu? Celui-là est également un mauvais tireur, qui va trop au-delà ou reste trop en deçà du but: le savoir consiste à l'atteindre.

— Je n'ai rien à dire à cela, repartit le prieur en se grattant l'oreille. Vous êtes malin comme un singe! Mais changeons de propos, et dites-moi ce qui vous amène. Vouliez-vous pas vous confesser? Vous savez que c'est dans trois jours la fête du grand saint François.

— Confesser? et de quoi? et pourquoi me confesserais-je! Ne l'ai-je pas fait ce matin, comme tous les jours, en plein chapitre, en disant le *confiteor*? Dire tout haut que j'ai beaucoup péché en pensées, en paroles, en actions et en omissions, n'est-ce pas tout ce que la loi d'humilité requiert? Eh! puis-je savoir davantage et spécifier ce que Dieu seul peut connaître? Le détail de nos imperfections n'appartient-il pas à la science de la perfection infinie? N'est-il pas écrit au livre des psalmes: *Delicta quis intelligit?* Ne serais-je pas bien orgueilleux de prétendre me juger moi-même, lorsque la loi et la raison me défendent de juger mon prochain? Et cependant est-il de fait que des défauts et péchés du prochain, bien plus clairvoyants investigateurs et juges plus assurés sommes-nous que des nôtres, attendu que dans les yeux des autres pouvons-nous lire immédiatement et sans miroir?

— Saint François! qu'est ceci! s'écria le père prieur. L'examen de conscience et l'accusation des péchés sont-ce pratiques déraisonnables? À genoux, mon frère, et accusez-vous tout d'abord d'avoir eu cette mauvaise pensée.

— Vous jugez ma pensée, mon père, et vous la trouvez mauvaise; moi je ne la juge point, mais je la crois bonne. Vous voyez bien que j'avais raison.

— Accusez-vous de songer à la raison, quand vous ne devriez tenir compte que de la foi!

— Je m'accuse d'avoir raison, fit maître François avec une humilité comique et en se frappant la poitrine.

— Accusez-vous aussi de toute votre science diabolique, ajouta le père; car ce sont vos études continuelles qui vous éloignent de la religion.

— Je m'accuse de n'être pas assez ignorant, reprit maître François de la même manière.

— Et dites-moi, continua le prieur qui s'animait peu à peu, comment faites-vous pour éviter les distractions pendant vos prières?

— Je ne prie pas quand je me sens distrait.

— Mais si la cloche sonne la prière et vous oblige d'aller au chœur?

— Alors je ne suis pas responsable de mes distractions, ou plutôt je ne suis pas distrait; c'est la cloche qui est distraite et l'office qui vient hors de propos.

— Jésus, mon Dieu! qui a jamais ouï pareil langage sortir de la bouche d'un moine! mais, mon cher enfant, je vous assure que vous avez l'esprit faux, accusez-vous-en.

— Mon père, il est écrit : Faux témoignage ne diras ni mentiras aucunement ! Eussé-je en effet l'esprit faux et le jugement boiteux, point ne devrais m'en accuser : autant vaudrait-il vous faire un crime à vous, mon bon père, de ce que votre nez (soit dit sans reproche) est un peu... comme qui dirait légèrement camard.

(Ici le prieur se rebiffe et laisse tomber ses besicles qui, par bonheur, ne sont point cassées.)

— Tenez, poursuit frère François, à quoi bon nous emberlucoquer l'entendement pour nous trouver coupables ? Ne devons-nous pas suivre en tout les préceptes du divin Maître ? et ne nous a-t-il pas dit qu'il fallait recevoir le royaume de Dieu, comme bons et naïfs petits enfants, avec calme et simplicité ? Or, pourquoi, je vous prie, les petits enfants sont-ils de tout le monde estimés heureux, et à nous par le Sauveur pour modèles proposés comme beaux petits anges d'innocence ? Les petits enfants disent-ils le bréviaire, et le pourraient-ils d'un bout à l'autre réciter sans distraction ? Aiment-ils les longues oraisons et le jeûne ? Prennent-ils la discipline ? Tant s'en faut ; qu'au contraire ils prient et supplient en pleurant à chaudes larmes et à mains jointes pour qu'on ne leur donne point le fouet, et conviennent alors volontiers qu'ils ont péché ; ce qui est de leur part un premier mensonge, car ils n'en ont pas conscience. Mais d'où vient, je vous prie encore, qu'ils sont appelés innocents ? Hélas ! c'est que tout doucement et bonnement ils suivent la pente de nature, ne se reprochant rien de ce qui leur a fait plaisir, et ne discernant le bien du mal que par l'attrait ou la douleur. Apprendre la confession aux enfants, c'est leur enseigner le péché et leur ôter leur innocence. Et voulez-vous que je vous dise le fond de ma pensée ? Je crois que les novices du couvent sont bien plus agités des reproches de leur conscience, bien plus poursuivis de pensées impures, bien moins simples et moins candides que la jeunesse de la campagne, qui vit au jour le jour et point n'y songe, n'examinant jamais sa conscience, d'autant c le la conscience d'elle-même nous avertit assez quand quelque chose lui déplaît, laissant couler sans les compter les flots du ruisseau et les jours de la jeunesse, tantôt laborieuse, tantôt joyeuse, quand il plaît à Dieu, amoureuse : on se marie et point d'offense ; les petits enfants viendront à bien : puis quand Dieu voudra nous rappeler à lui, qu'il nous appelle : nous le craindrons bien moins encore à la fin qu'au commencement, nous étant habitués à l'aimer et à nous confier à lui. Je vous le demande, mon père, n'est-ce pas là le meilleur, et le plus facile, et le plus assuré chemin pour aller bellement au ciel ?

Le père prieur ne répondit rien ; il paraissait songer et réfléchir profondément, tout en frottant le verre de ses lunettes avec le bout de son scapulaire.

— Or sus, mon père, poursuivit maître François, confessons-nous, je le veux bien ; confessons-nous l'un à l'autre, et réciproquement accusons-nous, non pas d'être hommes et d'avoir les faiblesses de l'homme, car tels Dieu nous a faits et tels devons-nous être pour être bien ; accusons-nous de vouloir sans cesse changer et perfectionner l'ouvrage du Créateur, accusons-nous d'être des moines ; cartels nous sommes-nous faits nous-mêmes, et devons-nous répondre de tous les vices, de toutes les imperfections, de tous les ridicules qu'entraîne cet état opposé au vœu de la nature. Certes je dis tout ceci sans porter atteinte au mérite surnaturel du séraphique saint François : mais plus sa vertu a été divine, moins elle a été humaine. Et n'est-ce pas grande folie de prétendre imiter ce qui est au-dessus de la portée des hommes ? Tous ces grands saints n'ont eu qu'un tort, c'est d'avoir laissé des disciples.

— Quelle impiété ! s'écria le prieur en joignant les mains. Voilà de quelles billevesées vous repaissez la tête des novices de céans, et je vois bien à cette heure que le frère Paphnuce a raison lorsqu'il leur défend de vous parler.

— Eh bien ! en cela même, mon père, pardon encore si je vous contredis, mais ce sont plutôt les novices qui me suggèrent les pensées que voilà. Et, par exemple, que faites-vous ici du petit frère Lubin ? Ne vous semble-t-il pas séraphique comme un démon, avec ses grands yeux malins, son nez fripon et sa bouche narquoise ? Le beau modèle d'austérité à présenter aux femmes et aux filles ! Je me donne au diable si toutes ne le lorgnent déjà, et si les papas et les maris n'en ont une peur mortelle ! M'est avis que vous donniez à ce petit drôle un congé bien en forme, et qu'il retourne aux champs labourer, et sous la chesnaie danser et faire sauter Pérotte ou Mathurine. Je les vois d'ici rougir, se jalouser et être fières ! Oh ! les bonnes et saintes liesses du bon Dieu ! et que tous les bons cœurs sont heureux d'être au monde ! Voyez-vous la campagne toute baignée de soleil et comme enivrée de lumière ? Entendez-vous chanter alternativement les grillons et les cornemuses ? On chante, on danse, on chuchote sous la feuillée ; les vieux se ragaillardissent et parlent de leur jeune temps ; les mères rient de tout cœur à leurs petits enfants, qui se roulent sur l'herbe ou leur grimpent sur les épaules ; les jeunes gens se cherchent et se coudoient sans en faire semblant, et le garçon dit tout bas à la jeune fille des petits mots qui la rendent toute heureuse et toute aise. Or, croyez-vous que Dieu ne soit pas alors comme les mères, et ne regarde pas le bonheur de ses enfants avec amour ? Moi, je vous dis que la mère éternelle (c'est la divine Providence que les païens appellent nature) se réjouit plus que ses enfants quand ils se gaudissent. Voyez comme elle s'épanouit et comme elle rit de florissante beauté et de caressante lumière ! Comme sa gaieté resplendit dans le ciel, s'épanche en fleurs et en feuillages, brille sur les joues qu'elle colore et circule dans les verres et dans les veines avec le bon petit vin d'Anjou ! Vive Dieu ! voilà à quel office ne manquera jamais frère Lubin, et je me fais garant de sa ferveur ! Vous êtes triste, mon père, et le tableau que je vous fais vous rappelle que nous sommes des moines... Or bien donc, ne faisons pas aux autres ce qu'on n'eût pas dû nous faire à nous-mêmes, et renvoyez frère Lubin !

— Frère Lubin prononcera ses vœux le jour même de saint François ! dit une voix aigre et nazillarde en même temps que la porte du prieur s'ouvrait avec violence. C'était frère Paphnuce qui avait entendu la fin des propos de maître François.

Frère François fit un profond salut au prieur, qui n'osa pas le lui rendre et qui était tremblant comme un écolier pris en défaut ; puis un nouveau salut à frère Paphnuce qui ne lui répondit que par une affreuse grimace, et il se retira grave et pensif, en écoutant machinalement la voix aigre du maître des novices qui gourmandait sans doute le pauvre prieur aux besicles, et lui faisait comprendre la nécessité urgente d'avancer d'une année, malgré sa promesse formelle, la profession de frère Lubin.

III

MARJOLAINE

Cependant l'office des moines terminé, tandis que deux ou trois bonnes vieilles achevaient leurs patenôtres, non sans remuer le menton, comme si lui et leur nez se fussent mutuellement porté un défi, une gentille et blonde petite jouvencelle de dix-sept ans restait aussi bien dévotement devant sa chaise, agenouillée, et relevait de temps en temps ses grands yeux baissés pour regarder du côté de l'autel. Elle était rosé comme un chérubin et avait les yeux bleus et doux comme les doit avoir la Vierge Marie elle-même ; toutefois, dans cette douceur, étincelait je ne sais quelle naïve mais toute féminine malice : telle je me représenterais volontiers madame Eve, prête à mordre au fruit défendu, sans croire elle-même qu'elle y touche : nature, hélas ! a tant par sa propre faiblesse de propensions au péché !

Or, si jamais péchés peuvent être mignons et jolis, tels devront être sans contredit les tendres péchés de Marjolaine. Marjolaine est la fille du brave Guillaume, le closier de la Chesnaie ; sa mère en raffole, tant elle la trouve gentille ; et le papa, qui ne dit pas tout ce qu'il en pense, se complaît à entendre et voir raffoler la maman. Tout le monde s'ébaudit dans la maison au sourire de Marjolaine, et si elle a l'air de bouder, toute la maison est chagrine. C'est sa petite moue qui fait les nuages et ses yeux qui font le soleil; elle est reine dans la closerie: aussi sa jupe est-elle toujours proprette et ses coiffes toujours banchettes; sa taille fine est serrée dans un corsage de surcot bleu, et quand, pendant la semaine, elle vient à l'église des frères, elle a toujours l'air d'être en-dimanchée. Personne pourtant ne se moque d'elle; elle est si mignonne et si gentille! et puis d'ailleurs les fillettes des environs auraient bien tort d'être jalouses, Marjolaine ne va jamais à la danse, Et les amoureux, déjà éconduits plus d'une fois, n'osent déjà plus lui parler. Elle ne se plaît qu'à la messe où à vêpres, pourvu que ce soit dans l'église des moines; et pourtant elle n'a pas la mine triste d'une dévote ni l'oeil pudibond d'une scrupuleuse. Pourquoi donc, non contente de l'office qui vient de finir, est-elle à genoux la dernière, lorsque les vieilles elles-mêmes font un signe de croix et s'en vont?

Allons, gentille Marjolaine, levez-vous; voici frè-re Lubin qui vient ranger les chaises, car c'est son tour aujourd'hui de balayer le saint lieu; il s'arrête près de la jeune fille et semble craindre de la déranger; elle lève les yeux, ses regards ont rencontré ceux du novice, il va lui par-ler; mais il tourne d'abord la tête pour voir si quelqu'un ne le regarde pas, et, à l'entrée de la grille du cœur il aperçoit frère Paphnuce!...

La jolie enfant fait son signe de croix et se lève; elle s'en va lentement et sans se retourner; mais, sur son banc, elle a oublié le livre d'heures de sa mère. Frère Lubin s'en aperçoit, il prend le livre, puis semble ramasser à terre et y remettre une image qui sans doute en était tombée; puis candidement et les yeux baissés, il le rapporte à Marjolaine, qui le reçoit avec une profonde révérence.

Frère Paphnuce fait la grimace et fait signe à frère Lubin de continuer son ouvrage; puis, s'approchant de Marjolaine:

— Jeune fille, lui dit-il d'un ton assez peu caressant, il ne faut pas rester dans l'église après l'office; allez travailler près de votre mère afin que le démon de l'oisiveté ne vous tente pas, et priez Dieu qu'il vous pardonne vos péchés de coquetterie tant vous êtes toujours pomponnée et pincée comme une comtesse!

Ayant ainsi apostrophé la jeune fille, frère Paphnuce lui tourna le dos, et elle s'en allait toute confuse, le cœur gros d'avoir été appelée coquette; le frère Lubin se retourna pour la voir sortir, et elle aussi, près de a porte, jeta en tapinois un regard à frère Lubin qui devint rouge comme une fraise et qui se mit à ranger l'église, s'échauffant à la besogne et n'avançant à rien; car deux ou trois fois commençait-il la même chose et plus voulait-il paraître tout occupé des soins qu'il prenait, plus on eût pu voir que sa pensée était ailleurs et que son cœur était tout distrait et troublé.

Or, cependant s'en retournait à petits pas, cheminant vers la closerie, Marjolaine la blonde, le long de la haie d'églantiers, effeuillant de temps en temps sans y songer

la pointe des jeunes branches et prêtant l'oreille et le cœur
aux oiseaux et à ses pensées, qui faisaient harmonieu-
sement ensemble un concert de mélodie et d'amour. La
douce senteur des arbres fleuris et de l'herbe verte ajoutait
à la réjouissance de l'air tiède et resplendissant : Marjolaine
marcha seule ainsi jusqu'au détour du clos de Martin, à
l'avenue qui commence entre deux grands poiriers ; là, bien
sûre que personne ne pouvait la voir, elle ouvrit bien vite
le gros livre d'heures et en tira, au lieu de l'image que frère
Lubin était censé y avoir remise, un petit papier soigneusement replié, qu'elle ouvrit avec empressement et qui contenait ce qui suit :

« Frère Lubin à Marjolaine,

« Je fais peut-être bien mal de t'écrire encore, Marjolaine,
et pourtant mon cœur me ferait des reproches et ne serait
pas tranquille si je ne t'écrivais pas. Mon cœur et aussi,
ce me semble, la loi du bon Dieu, veulent à la fois que je
t'aime, et la règle du couvent me défend de penser à toi,
comme si de ceux qu'on aime la pensée ne nous occupait
pas sans qu'on y songe et tout naturellement. Depuis bientôt quinze ans, je pense, nous nous aimons : car tu m'appe-
lais ton petit mari lorsque nous avions quatre ou cinq ans ;
croiras-tu que je pleure quelquefois quand j'y pense ? Oh !
c'est que je t'aimais bien, vois-tu, ma pauvre Marjolaine,
lorsque nous étions tous petits ! pourquoi avons-nous été
séparés si jeunes ? il me semble que nous serions restés enfants toujours, si nous étions restés ensemble ! Et mainte-

nant que nous avons grandi tristement, chacun tout seul, frère Paphnuce prétend que c'est mal de nous regarder et qu'il ne faut plus s'aimer lorsqu'on est grand. Eh bien! moi, c'est tout le contraire; il me semble que je l'aime maintenant plus que jamais! Combien je suis content lorsque je viens tard au chœur et que par pénitence on me fait rester après les autres à l'église! car toi aussi tu restes souvent après les autres, et alors sans être observé je puis te regarder un peu... m'approcher de toi quelquefois, et le cœur me bat alors, je ne sais si c'est de crainte ou de plaisir, mais si fort, si fort, que je crains de me trouver mal. Oh! Marjolaine!... et pourtant il faut rester au couvent; il faut bientôt prononcer mes vœux! Mes parents ont donné ma vie pour celle de ma sœur: ma sœur est bien jolie aussi, et l'on dit qu'elle mourrait si je ne prononçais pas mes vœux, parce que saint François serait irrité contre nous. — Plains-moi, oh! plains-moi. Marjolaine! je ferai mes vœux dans trois Jours! »

« Frère Lubin. »

La pauvre fille, jusque-là si empressée, si vermeille et si joyeuse, pâlit tout à coup en achevant la lecture de ce billet. Elle le cacha dans sa gorgerette, laissa tomber son livre d'heures, et, prenant à deux mains son tablier qu'elle porta à ses yeux, elle se prit à pleurer et à sangloter comme une enfant.

Lorsqu'elle arriva à la closerie, elle avait les yeux tout rouges et tout enflés. Elle se jeta au cou de sa mère en lui disant qu'elle était malade. Sa mère voulait la déshabiller et la mettre au lit ; mais elle s'y refusa, craignant de ne pouvoir assez bien cacher, si elle quittait sa gorgerette et son corset devant sa mère, la missive de frère Lubin. Elle se retira donc seule dans sa chambrette, et laissant ente ouverte la fenêtre qui donnait sur le clos des pommiers, elle se jeta sur son lit, et donna encore une fois un libre cours à ses pleurs, tandis que sa mère inconsolable mettait à la hâte un mantelet pour accourir à la Basmette et consulter maître François, dont le savoir en médecine était connu dans tout le pays. Le père et les valets étaient aux champs, en sorte que la désolée pauvre petite Marjolaine resta seule à la closerie.

IV

LA CHARITÉ DE FRÈRE LUBIN

En quittant le père prieur, maître François était rentré dans sa cellule.

La cellule du frère médecin n'était point située comme les autres dans l'intérieur du cloître ; c'était une assez grande salle qui servait en même temps de bibliothèque, et qui dépendait des anciens bâtiments du prieuré ; l'une des fenêtres avait été murée, parce qu'autrefois elle servait de porte et communiquait avec le clos extérieur au moyen d'un vieil escalier de pierre tout moussu, dont les restes branlants subsistaient encore. La fenêtre qui restait était en ogive, et tout ombragée de touffes de lierre qui montaient jusque-là et se balançaient au vent. Une corniche de pierre en saillie, soutenue par une rangée d'affreux petits marmousets accroupis et tirant la langue, passait sous la fenêtre à trois ou quatre pieds environ, et se rattachait à l'ancien balustre de l'escalier, dont il ne restait plus que trois ou quatre colonnettes. De la fenêtre de maître François on pouvait voir le plus beau paysage du beau pays d'Anjou. Le clos des moines, tout planté de vignes, descendait en amphithéâtre et n'était séparé de la route que par une haie d'églantiers. Plus loin s'étendaient d'immenses prairies, que des pommiers émaillaient au printemps d'une pluie de fleurs blanches et rosés ; puis, plus loin encore, entre les touffes rembrunies des grands arbres de la Chesnaie, on voyait au pied d'un coteau boisé, joyeuses et bien entretenues, les maisonnettes de la closerie où nous avons laissé Marjolaine.

La table sur laquelle travaillait le frère médecin était auprès de la fenêtre, et de gros livres entassés lui servaient pour ainsi dire de rempart. Des ouvrages en latin, en grec, en hébreu, étaient ouverts pêle-mêle devant lui, à ses côtés et jusque sur le plancher, où le vent les feuilletait à son caprice. Les *Dialogues de Lucien* étaient posés sur les *Aphorisme d'Hippocrate*, la *Légende dorée* était coudoyée par *Lucrèce*, un petit *Horace* servait de marque à un immense *Saint Augustin*, qui ensevelissait le petit livre profane devant ses grands feuillets jaunes et bénis ; le *Satyricon* de Pétrone était caché sous le *Traité de la Virginité*, par saint Ambroise, et près d'un gros in-folio de polémique religieuse était ouverte la *Batracomyomachie* d'Homère, dont les marges étaient tout illustrées, par le frère François lui-même, d'étonnants croquis à la plume, où les rats et les grenouilles figuraient en capuchons de moine, en tête rases de réformé, en robes fourrées de chattemite, en chaperons de formaliste et en gros bonnets de docteur.

En rentrant dans sa cellule, maître François avait l'air grave et presque soucieux ; il s'assit dans sa grande chaire de bois sculpté, et posant ses deux coudes sur la table couverte de papiers et de livres, il resta quelques minutes immobile, caressant à deux mains sa barbe frisée et pointue. Puis, se renversant sur le dossier de son siège, il étendit les bras en bâillant, et son bâillement se termina par un long éclat de rire.

— Oh! le bon moine qu'ils vont faire! s'écria-t-il. Oh! la gloire future des cordeliers! Comme il fera croître et multiplier la sainte famille du Seigneur! Oh! le vrai parangon des moines! et combien les femmes et les filles se réjouiront des vœux qu'il va faire! Car, si à pas une ne doit-il du tout appartenir, toutes, en vérité, peuvent avoir espérance de conquérir ses bonnes grâces. Oh! comme il pratiquera bien la charité envers le prochain, et combien d'indulgence il fera gagner aux maris dont il confessera les femmes, et aux pères et mères dont il catéchisera les fillettes! Dieu garde de mal ceux qui n'en diront rien et qui voudront que pardessus tout et à propos de tout la Providence soit bénie! Ça, voyons un peu où j'en étais de mes annotations sur les ouvrages de Luther.

Il tira alors d'une cachette pratiquée entre le mur et la table un in-folio chargé de notes manuscrites qu'il se mit à étudier. Parfois il frappait du dos de la main sur le livre et souriait d'une manière étrange en disant à demi-voix : Courage, Martin! D'autres fois, il haussait les épaules et soulignait un passage. À un endroit où était prédite la destruction de Rome, il écrivit en marge : *Quando corpus destruitur, anima emancipatur.* « Quand le corps est détruit, l'âme est délivrée. » Puis plus bas : *Corpus est quod corrumpitur et mutatur, anima immortalis est.* « Le corps se corrompt et change de forme, l'âme est immortelle. »

À une autre page, il écrivit encore : « Il y a une Rome spirituelle comme une Jérusalem spirituelle. C'est la Jérusalem des scribes et des pharisiens qui a été détruite par Titus, et les luthériens ne pourront jamais renverser que la Rome des castrats et des moines hypocrites, celle de Jésus-Christ et de saint Pierre ne les craint pas. »

À la fin du volume, il écrivit en grosses lettres : « ECCLESIA CATHOLICA.—*Association universelle.* ECCLESIA LUTHERANA. — *Société de maître Luther.* » Puis il se prit à rire.

Mais bientôt reprenant son sérieux et devenant rêveur :

— Eh bien ! oui, murmurait-il, la société universelle doit respecter les droits de maître Martin, si elle veut que maître Martin se soumette aux devoirs que la société universelle lui impose ! — Brûler un homme parce qu'il se trompe... c'est sanctifier l'erreur par le martyre. Toute pensée est vraie par le seul courage de sa protestation et de sa résistance dès qu'on veut la rendre esclave et l'empêcher de se produire, et l'on doit combattre pour elle jusqu'à la mort : car la vérité ne craint pas le mensonge, elle le dissipe par elle-même comme le jour dissipe la nuit. C'est le mensonge qui a peur de la vérité : ce sont donc les persécuteurs qui sont les vrais sectaires. La liberté généreuse est catholique, parce qu'elle seule doit conquérir et sauver l'univers : elle est apostolique, parce que les apôtres sont morts pour la faire régner sur la terre. La vraie église militante, c'est la société des martyrs !... la liberté de conscience... Voilà la base de la religion éternelle : voilà la clef du ciel et de l'enfer !

Maître François rouvrit encore une fois son livre, et à un endroit où il était parlé de la prétendue idolâtrie de l'église romaine, il écrivit :

Quid judicas si tu non vis judicari ? Libertatem postulas, da libertatem. — Pourquoi juger si tu ne veux pas qu'on te juge ? Tu veux la liberté, donne la liberté. »

Et plus bas : « Chacun peut renverser ses propres idoles dès qu'il ne les adore plus. Mais, si ton idole est encore un Dieu pour ton frère, respecte le Dieu de ton frère, si tu veux qu'il respecte ton incrédulité : et laisse-lui sa religion, pour qu'il n'attente pas à ta vie : car l'homme doit estimer sa vie moins que ses dieux. »

Au bas d'une autre page, il écrivit encore : « Je proteste contre la protestation qu'on impose, et quand les luthériens iront torturer les catholiques, les vrais protestants seront les martyrs... Voilà le vrai : le reste n'est que de la brouillerie et du grimoire... Mais que répondrons-nous aux sorbonistes, aux subtilités d'Eckius, aux doctes fariboles de Melanchton et aux arguments que le diable fait à maître Martin Luther ? *Solventur risu tabulæ, tu missus abibis !* » J'en accepte l'augure, et buvons frais, dit maître François en fermant son gros livre.

> Autre argument ne peut mon cœur élire,
> Voyant le deuil qui vous mine et consomme :
> Mieux vaut de ris que larmes écrire,
> Pour ce que rire est le propre de l'homme.

Où diable ai-je pris ce quatrain ? Je crois en vérité que je viens de le faire. J'ai donc pris au fond du pot, puisque je rime déjà !

En ce moment on frappa discrètement à la porte, puis le loquet tourna avec précaution, et la plus jolie tête de moinillon qui fût oncques encapuchonnée regarda dans la chambre, en disant :

— Peut-on entrer, maître François ?

— Comment ! vous ici, frère Lubin ? Mais, petit malheureux, vos épaules vous démangent-elles ? et voulez-vous que frère Paphnuce, demain au chapitre, vous fasse donner du *miserere* jusqu'à *vitulos* ?

— Je me moque bien de frère Paphnuce, dit le novice en se glissant dans la bibliothèque dont il referma cependant la porte avec soin et sans bruit ; il faut absolument que je vous parle ; vous savez que je dois faire profession dans trois jours ?

— Frère Paphnuce ne me l'a pas laissé ignorer, mon pauvre petit frère Lubin, et je vous en félicite de mon mieux ; ce n'est pas ma faute si ce n'est guère.

Cependant le frère Lubin s'était vite installé à la fenêtre, et, avec des larmes au bord des yeux, il regardait du côté de la Chesnaie.

— J'ai eu bien de la peine à m'échapper, dit-il après un long silence : frère Paphnuce me croit en oraison dans la grotte de la Basmette, d'où l'on a déjà déplacé la statue peinte de madame sainte Madeleine, pour mettre à sa place l'image miraculeuse de saint François, vous savez, cette statue de bois qu'on habille en vrai franciscain, et qui pleure, dit-on, lorsque l'ordre est menacé de quelque danger ; est-ce vrai cela, maître François ?

— Vous pouvez le croire, puisque vous ne l'avez jamais vu, dit le frère ; moi, je n'en douterais que si je le voyais.

— Enfin, je me suis glissé le long du jardin et j'ai trouvé entre- bâillée la porte du prieuré. Je m'y suis glissé sans que personne me voie... et me voilà. Oh ! que j'avais besoin de vous parler !... et puis, des fenêtres qui donnent sur le cloître, on ne voit pas la Chesnaie et la closerie où j'ai joué tant de fois lorsque j'étais encore tout enfant !

— Ah ! oui, je sais avec la petite Marjolaine, n'est-ce pas ?

— Chut ! taisez-vous, maître François, s'écria le novice en rougissant jusqu'aux oreilles ; si quelqu'un nous entendait !

— Eh bien ! que comprendrait-il ? pourvu qu'il ne puisse pas voir, comme moi, que vous pleurez en regardant la closerie, et que vous regrettez la charmante enfant, qui est devenue une délicieuse jeune fille...

— Oh ! silence ! je vous en prie, ne me dites pas de ces choses-là. Comment pouvez-vous deviner ? Comment pouvez-vous savoir ?... Je ne l'ai même pas dit à mon confesseur !

— Si j'étais votre confesseur, je le saurais précisément parce que vous ne me l'auriez pas dit et vous me le dites à moi, précisément, parce que je ne suis pas votre confesseur.

— Mais, mon Dieu, qu'est-ce que je vous dis donc, mon frère ? Mais je vous assure bien que je ne vous ai rien dit du tout.

— Pas plus qu'à Marjolaine, n'est-ce pas?

— Oh! mais vous êtes donc sorcier! Voilà maintenant que vous savez!... Mais au surplus, je pourrais bien vous dire que non. Comment ferais-je pour lui parler, je ne puis la voir qu'à l'église?

— Aussi y vient-elle bien régulièrement, la dévote petite fillette au nom doux et bien odorant! Et vous l'aimez bien, n'est-ce pas? J'entends d'affection fraternelle et charitable, celle que l'Évangile nous commande de partager entre tous nos frères, et ne nous défend pas non plus d'étendre un peu jusqu'à nos sœurs!

— C'est vrai que Marjolaine est bien modeste et bien pieuse.

— Elle est aussi bien aimable et bien jolie. C'est cela que vous diriez d'abord, si vous l'osiez.

— Oh! pour cela, je n'en sais rien, dit le novice en prenant un air ingénu et en baissant les yeux.

— Aussi vous voilà bien décidé à faire profession?

— Hélas! fît en soupirant le frère Lubin; et tournant les yeux vers la closerie, il laissa tomber deux grosses larmes.

— Frère Lubin! frère Lubin! cria dans le corridor une voix trop facile à reconnaître et trop bien connue des novices.

— Ah! mon Dieu! voilà à présent frère Paphnuce qui me cherche dans le prieuré; s'il vient ici, je suis perdu!

— Cachez-vous! lui dit maître François en se levant et en allant doucement vers la porte.

— Mais où me cacher ? Derrière cette pile de livres, il me verra. Mon Dieu ! mon Dieu ! que je suis malheureux !

— Vite ! dit frère François, il approche ; enjambez la fenêtre, mettez vos pieds en dehors sur la corniche et cachez-vous dans l'angle du mur. Prenez garde de tomber dans la vigne, les échalas vous feraient mal.

Le novice accomplit promptement l'évolution commandée par le médecin, et il avait à peine fini, qu'on entendit heurter assez rudement à la porte de la cellule.

Frère François ouvrit lui-même, et vit, comme il s'en doutait bien, la figure blême et renfrognée du terrible maître des novices.

— Frère Lubin n'est pas ici ? demanda Paphnuce.

— Vite, mon frère, asseyez-vous. Vous n'êtes pas bien, je vous assure ; laissez-moi tâter votre pouls. Parbleu ! cela ne m'étonne pas, il faut aller vous coucher, vous avez la fièvre.

il faut aller vous coucher, vous avez la fièvre.

— Frère Lubin n'est pas ici ? répéta le maître des novices avec humeur.

Maître François éclata de rire et demanda à son tour :

— Le père prieur est-il ici ?

— Pourquoi cette demande ?

— Pourquoi la vôtre ? Frère Lubin est-il plus invisible que le frère prieur, et pourrait-il être ici sans qu'il fût possible de l'apercevoir ?

— Il y est venu du moins.

— Doucement, doucement, mon frère ! Vous me demandez s'il y est venu, bien que vous ne l'ayiez pas vu y venir, et vous me demandiez tout à l'heure s'il y était, bien que vous ne le vissiez pas ; vous parlez donc métaphysiquement et en esprit ? Or, qu'il soit ici en vous parlez donc métaphysiquement et en esprit ? Or, qu'il soit ici en esprit et qu'il y soit venu en esprit, à cela je puis vous répondre que je vous en dirai mon sentiment quand l'Université de Paris aura sorbonificalement matagrobolisé la solution quidditative de cette question mirifique : *Utrum Chimœra in vacuum bombinans possit comedere secundas intentiones.*

— Vous êtes toujours moqueur, mon frère, dit Paphnuce en radoucissant sa voix, tandis qu'il se mordait la lèvre et lançait en dessous au railleur un regard de haine implacable ; je désire vous voir toujours aussi gai, et qu'au jour du jugement notre Seigneur n'ait pas à se moquer de vous à son tour !

— Vrai ! je le voudrais, ne fût-ce que pour le voir rire, ce bon Sauveur, qu'on nous peint toujours pleurant, malingre et meshaigné ! Le sourire siérait si bien à son doux et beau visage ! Et ses grands yeux toujours pleins de sang et de larmes s'illumineraient si bien d'un rayon de franche gaieté ! M'est avis qu'alors le ciel attendri s'ouvrirait et que les pauvres pécheurs y entreraient pêle-mêle, ravis en extase et convertis par la risette du bon Dieu. Si bien que le grand diable lui-même ne pourrait se tenir d'en être ému et d'en pleurer ; puis, pleurant rirait de voir rire, et riant pleurerait de n'avoir pas toujours ri d'un si aimant et si bon rire, et, pour l'enfer comme pour le ciel, ce jour-là ce serait dimanche !

— Impie ! murmura le maître des novices !

— Soignez-vous, mon frère, dit maître François, vous avez de la bile ; vos yeux sont jaunes. Prenez des remèdes, vos fonctions naturelles doivent être gênées.

En ce moment, une femme se présenta timidement à la porte et fit une profonde révérence. Frère François, en sa qualité d'habile médecin, avait le privilège unique de recevoir des visites de toutes sortes, et c'est pourquoi on l'avait logé hors du cloître, dans les bâtiments du prieuré, qui servaient aussi d'hôtellerie pour les étrangers de distinction lorsqu'il en venait au monastère. Ce privilège déplaisait fort au frère Paphnuce, et c'était là le commencement de sa haine contre le frère médecin.

— Entrez, ma bonne, dit frère François ; justement nous ne sommes pas seuls et nous pouvons vous recevoir ici. Frère Paphnuce voudra bien rester et nous tenir compagnie.

— Non, dit sèchement le maître des novices ; que je ne vous dérange pas. Vous êtes en dehors de la règle ; autant vaut vous y mettre tout à fait. Je vais chercher frère Lubin, car il faut que je sache où il peut être caché.

— Bonne chance, mon frère ! dit maître François. Et Paphnuce sortit, en laissait toutefois la porte ouverte.

— Eh bien ! bonne mère Guillemette, qu'y a-t-il de nouveau à la closerie de la Chesnaie ? dit avec bienveillance le frère médecin en s'adossant à la fenêtre.

— Hélas ! mon frère, ma pauvre Marjolaine est malade ! Cela l'a prise au retour de l'office ; elle est pâle, elle pleure, elle veut être seule et ne veut pas dire ce qu'elle a.

— Hum !... La petite n'est pas loin de ses dix-sept ans, je pense ?

— Oh! mon frère, ce n'est pas ce que vous pensez. La pauvre enfant ne songe pas à mal; elle ne se plaît qu'à l'église.

— C'est que probablement celui qu'elle aime ne va pas à la danse?

— Frère François! frère François! disait tout bas Lubin, caché derrière l'appui de la croisée, ne dites rien, je vous en prie!

— Tenez, la mère Guillemette, poursuivit le frère médecin, il faut marier Marjolaine.

— Mais non!... mais non!... dit frère Lubin.

— Et à qui la marier, mon bon frère? La petite coquette ne veut entendre parler de personne.

— C'est que vous ne lui parlez jamais de celui qu'elle voudrait bien.

— Oh! mon Dieu, elle aurait bien tort de croire que je la contrarierais si elle avait une inclination, et son père veut tout ce que je veux. Nous lui donnons peu de chose, mais c'est notre fille unique, et la closerie est à nous : elle restera avec nous tant qu'elle voudra, et nous la croirons toujours assez richement mariée si elle l'est selon ses désirs.

— Voilà qui est bien et sagement pensé. En effet, une fille vendue ne sera jamais une femme honnête, et celle qui se marie pour un écu trompera son mari pour une pistole, en cas qu'elle soit vertueuse, autrement ce sera pour rien.

— C'est bien aussi ce que je dis toujours à Guillaume, et il me comprend bien; car lui, ce n'était pas pour ma dot qu'il m'a prise; son père voulait l'empêcher de se marier avec moi et lui avait défendu de me parler; le pauvre garçon avait tant de chagrin qu'il voulait s'enrôler dans les francs taupins ou ailleurs. La veille de son départ, du moins à ce qu'il pensait, j'étais seule dans ma petite chambre, justement comme Marjolaine est seule dans ce moment-ci; j'avais laissé ma fenêtre entr'ouverte; tout à coup voilà un jeune gars qui saute dans la chambre et qui se jette à deux genoux en pleurant : je viens vous faire mes adieux, me disait il d'un ton de voix à me navrer le cœur. J'étais toute saisie ; mais enfin ne pouvant plus y tenir, je lui ai tendu les bras... et... que voulez-vous que je vous dise ?... il a bien fallu après cela nous marier, car tout le monde aurait jeté la pierre aux parents de Guillaume.

— Eh ! qu'auriez-vous fait si le père de Guillaume avait fait comme Jean Lubin, par exemple, s'il eût voué son fils à saint François ?

— Ah ! oui, j'aurais dit que Guillaume s'était voué à moi, et que saint François, étant le plus raisonnable et surtout le moins compromis dans l'affaire, c'était lui qui devait céder. Et tenez, vous parlez de Jean Lubin ; mais croyez-vous qu'il ne se repente pas à l'heure qu'il est d'avoir mis son fils au couvent, un si bel enfant, et qui promettait d'être à la fois si doux et si malin !

— M'est avis, dit maître François, que pour changer la résolution de Jean Lubin, il suffirait que son fils fût surpris comme Guillaume dans la chambrette d'une jouvencelle ; mais le moyen ? Le portier du couvent ne laisse pas sortir les novices, et il ne leur est pas même permis de venir au prieuré, le seul endroit où il soit possible de sortir en descendant par la fenêtre.

En achevant cette phrase, frère François regarda dans le clos par-dessus son épaule et se mit malicieusement à rire : Frère Lubin avait disparu.

— Allez, bonne femme, allez, dit le frère médecin, l'indisposition de Marjolaine n'aura pas de suites fâcheuses, mais ne la laissez pas seule plus longtemps, et souvenez-vous de la jeunesse de Guillaume. Où travaille-t-il en ce moment ?

— Il est justement occupé à la vigne de Jean Lubin qui l'a prié de lui aider comme son ami et son compère, je viens de les voir de loin en passant près des grands poiriers.

— Eh bien ! allez vite les rejoindre et menez-les avec vous à la chambre de Marjolaine ; vous approcherez tout doucement, et si les oiseaux sont au nid vous les prendrez sans les effaroucher. À revoir, mère Guillemette !

— Oh ! mon Dieu ! vous me faites peur. Mais ce n'est pas possible, et d'ailleurs comment sauriez-vous ?...

— Tenez, mère Guillemette, dit frère François en faisant approcher la bonne femme de la fenêtre, n'est-ce pas là-bas, au bout de la maisonnette qu'on voit d'ici, qu'est la chambre de la petite Marjolaine ?...

— Mais oui... mais oui. Ah ! mais, qu'est-ce que c'est donc que cela ? On dirait qu'il y a quelqu'un qui lui parle par la fenêtre... Je ne distingue pas très-bien... mais je crois voir une robe brune ; c'est sans doute la mère Barbe ou la vieille Marguerite... mais elles ont donc sauté par-dessus la haie, puisque j'ai fermé la porte à la clef... Bon ! la voilà qui entre et la fenêtre qu'on referme. Qu'est-ce que c'est donc ? qu'est-ce que c'est donc que cela ?

— Décidément, il faut que frère Lubin ait pris la fuite par-dessus les murs ! s'écria en même temps la voix de frère Paphnuce qui revenait tout essoufflé, on ne le trouve nulle part.

— Je vais le chercher avec vous si vous le désirez, mon frère, et quant à vous, mère Guillemette, doucement et de la prudence : vous connaissez le mal et vous en savez le remède. Allez vite, et si vous n'arrivez pas assez à temps pour empêcher une petite crise, faites en sorte qu'elle tourne à bien, et votre malade est sauvée.

V

LA VIGILE DE SAINT FRANÇOIS

Sous le chœur de l'église des frères, il y avait une crypte assez profonde, au fond de laquelle était l'autel de la Madeleine ; de chaque côté de l'autel était figuré un enfoncement dans les roches fermé par une grille où l'on entrevoyait les statues agenouillées et peintes au naturel de saint Antoine et de saint Paul, premier ermite.

En face de l'autel, était placée dans une niche assez spacieuse, dont la porte historiée et dorée s'ouvrait et se fermait à deux battants, la statue du grand saint François d'Assise.

Or, il était d'usage au couvent de la Basmette que les moines vinssent processionnellement échanger les statues de saint François et de la Madeleine, Mme sainte Madeleine faisant alors au patron de la communauté tous les honneurs du grand autel.

Les deux statues étaient donc mobiles et portatives, et la force d'un homme suffisait pour les enlever de leur place et les rétablir au besoin. Tout ceci est assez important à noter pour la suite de cette histoire. Le peuple n'était admis qu'aux grands jours de fête dans la crypte de la Basmette, aussi ne manquait-il jamais de s'y faire force miracles ces jours-là.

Sous la niche de saint François il y avait une petite porte cadenassée et verrouillée : c'était la porte des caveaux. Ces caveaux avaient une double destination, ils devaient servir de sépulture pour les morts, et de prison pour les vivants. La porte en était peinte en noir avec une tête de mort en relief peinte en blanc, et cette inscription en lettres gothiques au-dessus du crâne : *Requiescant*, puis au-dessous, en plus gros caractères : *IN PACE*. C'est pourquoi on appelait la porte noire la porte de l'*in pace*.

Or, la veille même de Saint-François, deux jours après les aventures que nous venons de raconter, pendant que les moines chantaient en chœur dans la crypte de la Basmette, un prisonnier pleurait et se désespérait à vingt pieds au moins sous terre, dans une cellule des caveaux.

Dans un espace de quatre à cinq pieds carrés, assis sur une grosse pierre que couvrait une natte terreuse et humide, plié en deux et la tête cachée dans ses bras, qu'il appuyait sur ses genoux, le pauvre pénitent involontaire eût ressemblé à une statue, sans le mouvement convulsif et régulier que lui faisaient faire ses sanglots. Un peintre espagnol eût volontiers pris modèle sur lui pour représenter le désespoir de la damnation et l'immobilité douloureuse et tourmentée du découragement éternel.

Tout à coup il tressaillit, et relevant la tête il prêta l'oreille : ses grands yeux noirs se dilatèrent d'épouvante ;

un rayon blafard de la lampe suspendue dans l'angle du cachot vint pâlir encore sa figure blême. Oh! comme il est changé depuis deux jours! et qui pourrait reconnaître là le sémillant novice de la Basmette, le disciple de maître François, ce fripon de frère Lubin?

Hélas! sa bouche lutine avait déjà désappris le rire et la causerie clandestine; ses couleurs rosées s'étaient changées en pâleur; ses yeux seuls étaient brillants encore, mais leur expression avait bien changé! Ce n'était plus seulement le feu de la jeunesse qui les faisait étinceler à travers les larmes, c'était comme l'extase d'une vision d'amour, ou plutôt ce n'en était que le souvenir; car au doux songe avait succédé un si affreux réveil, que le pauvre novice hésitait entre deux pensées et se demandait si son rêve d'amour n'était pas la réalité, et si ce n'était pas pour s'être endormi trop heureux qu'il luttait maintenant contre une chimère épouvantable.

Ce qui l'avait fait tressaillir, c'était le chant des moines dans la crypte, dont la lente psalmodie retentissait sourdement au-dessus de sa tête.

— Plus de doute, s'écrie-t-il, ce sont mes funérailles! je suis mort et enterré pour toujours... le vœu de mon père n'a pas pu être révoqué. Il faut que je meure ici lentement pour conserver les jours de ma sœur... Oh! Marjolaine, Marjolaine! il m'eût été plus doux de mourir pour toi!

Et laissant retomber sa tête sur ses bras et sur ses genoux, il se prit à pleurer si amèrement que ses larmes coulaient jusqu'à terre.

Tout à coup il lui semble qu'un bruit sourd se fait près de lui dans la muraille : quelques fragments de salpêtre et de mousse blanche tombent sur sa tête nue ; il se relève encore une fois avec épouvante et regarde fixement la muraille... il ne se trompe pas : une grosse pierre remue d'elle-même et semble vouloir sortir de la place où elle est scellée. Le novice pousse un grand cri... ô merveille ! la muraille lui répond, et une voix sortie d'entre les pierres l'appelle plusieurs fois par son nom : frère Lubin ! frère Lubin !

— Qui m'appelle ? dit le prisonnier tout tremblant. Oh ! si vous êtes un mort, ne descendez pas ici avec vos yeux creux et vos grands bras de squelette, vous me feriez mourir d'effroi !

— Je ne suis pas plus mort que vous, lui dit la voix, plus rapprochée, tirez à vous cette pierre qui s'ébranle, et prenez garde qu'elle ne vous tombe sur les pieds ; vous la poserez doucement à terre, et si vous entendez venir quelqu'un à la porte de votre cachot, vous la remettrez à sa place le plus proprement possible. Faites vite et ne craignez rien.

Frère Lubin ne se le fit pas dire deux fois, car il lui semblait bien reconnaître cette fois la voix de celui qui lui parlait. Il se lève donc promptement, et voyant la pierre qui sort d'elle-même de sa place, la tire, la soutient de son mieux, car elle était lourde, et la fait glisser jusqu'à terre. Alors par l'ouverture qui vient, de se faire, il voit passer une tête... et cette tête n'a rien d'effrayant pour lui ; car, comme il osait à peine l'espérer, c'est celle de maître François.

— Enfin ! s'écrie le frère médecin avec son accent toujours joyeux, vous voici donc, maître renard ! et ce n'est pas sans peine qu'on découvre votre terrier! Pauvre garçon, il a bien pleuré! il est bien pâle! Mais courage, courage! c'est demain la fête, et c'est demain que la gentille Marjolaine s'appellera Mme Lubin.

— Que dites-vous là, mon Dieu! et par où êtes-vous venu ici? dit frère Lubin tout effaré.

— Ça, avant que je vous réponde, donnez-moi de vos nouvelles, dit maître François; car dans le couvent on parle diversement de votre aventure. Je ne vous ai point revu depuis que vous avez disparu de ma fenêtre derrière laquelle vous étiez caché. Comment donc vous a-t-on surpris, comme on le raconte, dans la chambre de Marjolaine? Et pourquoi vous a-t-on mis dans ce cachot, vous qui n'êtes encore qu'un novice, et qui, par conséquent, ne pouvez être puni pour avoir enfreint vos vœux, puisque vous n'en avez pas fait?

— Mon frère, me pardonnerez-vous? dit frère Lubin tout confus, j'étais l'ami d'enfance, le petit mari de ma pauvre chère Marjolaine, j'ai entendu dire qu'elle était malade... et vous ne savez pas tout ce que cela m'a donné d'inquiétude, car c'est moi qui en étais cause. Le matin même, je lui avais écrit que je ferais mes vœux dans trois jours. Quand j'ai entendu dire qu'elle souffrait, il m'a semblé déjà la voir morte, et j'ai eu aussi envie de mourir; mais j'ai cru alors que mon seul devoir était de lui dire adieu et de lui répéter encore une fois: C'est pour ma sœur, Marjolaine, c'est pour ma sœur et pour le vœu de mon père, que je dois me donner à Dieu, moi qui ne voudrais être qu'à vous! Oh! par pitié, pardonnez-moi et ne mourez pas, Marjolaine; que je

vous voie encore quelquefois à l'église, prier pour moi qui
n'oserai plus vous regarder... ou bien, si vous voulez mourir,
laissez-moi vous embrasser encore une fois comme nous
le faisions, sans offenser Dieu, lorsque nous étions petits
enfants ; puis, l'un près de l'autre, reposons-nous, en priant
Dieu de nous faire mourir ensemble... Voilà ce que je voulais lui dire, et voilà ce que je lui ai dit ; car, apprenant qu'elle
était seule, et trouvant l'occasion si belle, je me suis glissé le
long de la corniche, je suis descendu par le vieil escalier, qui
a failli crouler sous moi, puis j'ai franchi la haie du clos et
je suis allé tout courant jusqu'à la chambre de Marjolaine...
Oh ! si vous aviez vu comme elle était triste ! et à cette tristesse si grande, quelle joie soudaine a succédé en me voyant !
Elle a pleuré avec moi, moitié de chagrin, moitié de joie ;
nous nous sommes embrassés comme quand nous étions
enfants, mais nous avons bien senti que dans ce temps-là
nous n'avions pas encore été séparés, aussi ne nous em-
brassions-nous pas alors avec tant de plaisir. C'était maintenant un sentiment si doux, que cela nous faisait presque
mal à force de nous rendre heureux. Marjolaine a tout d'un
coup pâli et chancelé... O mon Dieu ! dit-elle, il me semble
que je m'en vais... Je mourrai du moins bien heureuse...
Marjolaine ! Marjolaine ! m'écriai-je en pleurant. Et je la
tenais dans mes bras, perdant la tête, ne sachant plus que
faire, et l'embrassant malgré moi mille fois encore pour la
faire revenir à elle. Il me semblait aussi que la tête me tournait et que j'allais être malade ; mais je n'y pensais pas, je ne
m'occupais que de Marjolaine... Je suis parvenu enfin à dé-
nouer son lacet et à la desserrer un peu ; si bien qu'elle a ente

ouvert les yeux et fait un grand soupir... lorsque tout à coup son père et le mien sont entrés avec la mère Guillemette. Je ne sais pourquoi j'ai été tout honteux, car je ne faisais rien de mal; et pourtant ils m'ont grondé, comme si tout était perdu. Mon père et la mère Guillemette se sont même interposés pour m'éviter des coups de bâton que voulait me donner le père de Marjolaine... « Allons, allons, disaient-ils, il faut vite les marier et tout sera dit: frère Lubin n'est encore que novice. » Mon père alors a parlé de son vœu; mais la mère Guillemette lui a dit cette phrase que j'ai bien retenue, car elle m'étonnait beaucoup: « Saint François ne peut pas vouloir qu'une honnête fille soit déshonorée. » Pourquoi donc Marjolaine serait-elle déshonorée? Parce que je suis allé lui dire adieu? Il me semble bien que nous n'avons rien fait de mal ensemble, à moins que ce ne soit un si grand crime que de s'embrasser! Et pourtant n'est-ce pas naturel, lorsqu'on s'aime bien? et les petits enfants font-ils des péchés, lorsqu'ils embrassent de toutes leurs forces leurs mères ou leurs petites sœurs? Il y a dans tout cela quelque chose que je ne comprends pas, mon bon frère François, et c'était pour vous prier de m'instruire un peu, si vous le pouviez, que je voulais toujours aller vous voir, malgré frère Paphnuce, qui m'en empêchait... Enfin, nous en étions là, et tout le monde semblait d'accord; mais mon père a voulu me ramener d'abord à l'abbaye pour prendre congé du père prieur. Frère Paphnuce s'est trouvé là: il a jeté feu et flamme, a menacé mon pauvre père de la damnation éternelle, lui a dit que saint François seul, par un miracle authentique, pouvait le dégager de son vœu, et que, le jour de là fête, une messe serait dite à cette intention. Mon pauvre père n'a rien osé dire, car vous savez qu'il est dévot et que sa conscience se trouble assez facilement. Il m'a donc laissé, malgré mes prières, entre les mains de ce méchant frère Paphnuce qui, sans me rien dire, m'a pris par le bras et m'a conduit dans la crypte, où il m'a fait faire amende honorable devant tous les saints qui s'y trouvent ; puis, se faisant aider du frère sacristain et du portier, qui lui est tout dévoué, ils m'ont descendu ici, où je pense qu'ils veulent me laisser mourir.

— Doucement, dit maître François ; la Providence ne veille-t-elle pas sur ses enfants, et les médecins ne sont-ils pas là pour empêcher les jeunes gens de mourir ? À ceux-là il faut conserver la vie qui ont des jours de bonheur à vivre en ce monde. Ne vous désolez donc pas, frère, depuis long-temps je veille sur vous et ne veux pas que vous mouriez. Bien plus, je veux que vous soyez heureux, et qu'au lieu de servir le démon dans la tristesse du cloître, vous serviez Dieu dans la joie des affections légitimes et les devoirs de la famille. Ayez patience seulement, et faites bien attention à tout ce que je vais vous dire.

De tout ce que vous m'avez raconté, continua maître François en s'adressant au frère Lubin, rien ne m'étonne, et les choses jusqu'à présent ont marché par le chemin que j'avais prévu : le tout maintenant est de les faire arri-ver convenablement et à point. Sachez d'abord que j'ai soi-gneusement examiné l'autel et la statue de saint François, car je crains pour la fête de demain, de la part de frère Paphnuce, quelque supercherie en manière de faux miracle, pour retourner l'esprit des bonnes gens et obliger votre père à acquitter son vœu.

— Est-ce possible? dit frère Lubin.

— Non pas seulement possible, mais très-probable, et de plus très- facile, si nous n'y mettions bon ordre. Voici ce que j'ai découvert. La statue de saint François est creuse, pour être d'un transport plus facile, et elle s'adapte sur l'autel au moyen de quatre pitons en fer qui assujettissent les pieds. Or, l'autel aussi est creux, et l'on y serre les chandeliers et les cierges de rechange. Il s'ouvre par une porte placée du côté gauche et qui se referme à l'aide d'un petit verrou. Or, dans le gradin supérieur de l'autel, juste entre les pieds et sous la robe traînante de saint François, il y a une petite trappe, juste de quoi passer la tête, en sorte qu'une personne cachée dans l'autel pourrait très-bien, sans être vue, et grâce à la cavité de la statue, faire parler saint François lui-même, de façon à faire crier miracle à plus de vingt lieues à la ronde.

Ne vous inquiétez pas de tout ceci: cela me regarde et je m'en charge. Seulement, si demain, comme je l'espère, on vient vous chercher pour vous présenter à l'autel et vous faire choisir entre les vœux de religion et votre aimable fiancée, ayez soin de vous mettre à genoux du côté gauche et de fermer la porte de l'autel au verrou, sans qu'on s'en aperçoive, si vous remarquez qu'elle soit ouverte.

Si, contre toutes mes prévisions, on ne venait pas vous chercher, voici ce que vous aurez à faire. Sachez que depuis longtemps je rêvais au moyen de délivrer le premier malheureux que la fausse religion des moines condamnerait au supplice de l'*in pace*, et que j'ai profité pour cela de la liberté assez grande dont je jouis dans le couvent, grâce à ma double réputation de prédicateur et de médecin. Or, voici ce que j'ai trouvé.

Il y a derrière l'église, dans le clos du vieux cimetière, un puits à peu près desséché ou du moins rempli de bourbe assez épaisse, qui autrefois, dit-on, a été la frayeur universelle du couvent et de tout le pays, attendu que par la bouche de ce puits on entendait les soupirs des âmes du purgatoire. J'ai réfléchi à cette chronique et j'ai observé que le fond du puits ne devait pas être loin des caveaux de l'*in pace*.

J'ai donc commencé par jeter dans le puits tout ce que j'ai pu ramasser de fagots, de vieilles planches et même une grosse barrique, pour être moins en danger de m'y embourber en y descendant.

Puis j'ai assujetti fortement à la margelle plusieurs cordes garnies de nœuds. J'avais soin de ne faire tout cet ouvrage que la nuit, ou pendant que les frères étaient à l'office, puis j'avais soin de recouvrir l'ouverture du puits avec les vieilles planches qui avaient été mises là depuis un temps immémorial.

Je suis parvenu ainsi à descendre sans trop de dangers dans le puits et à remonter de même. J'y allais et j'en revenais sans être aperçu, car le mur du vieux cimetière est très-facile à escalader, et sépare seul en cet endroit les bâtiments et les jardins du cloître d'avec le clos du prieuré.

— C'est vrai, s'écria frère Lubin. Suis-je assez sot de ne pas m'en être aperçu !

— En m'orientant bien, continua maître François, j'ai trouvé l'endroit qu'il fallait attaquer et j'ai commencé un conduit souterrain allant du fond du puits à l'*in pace*; et, en effet, après avoir creusé environ deux ou trois pieds dans la terre, j'ai rencontré le tuf: c'était la muraille de votre cachot.

J'avais laissé mon travail en cet état, lorsque votre emprisonnement de ces jours derniers m'a fait sentir l'urgence de continuer mon ouvrage; j'ai donc agrandi mon souterrain, descellé doucement les pierres, et je suis enfin heureusement arrivé jusqu'à vous.

— O frère François, vous êtes mon ange sauveur! Vite, il faut me tirer d'ici... Je veux la revoir, je veux rassurer Marjolaine.

— Patience, jeune homme, il faut que vous restiez jusqu'à demain. Le frère Paphnuce, que j'ai interpellé ce matin au Chapitre, au sujet de votre emprisonnement, a déclaré qu'il avait seulement voulu vous effrayer pour vous faire rentrer en vous-même; demain, votre famille et celle de Marjolaine seront réunies près de l'autel de saint François, et votre père viendra demander l'absolution de son vœu. Ce que désire frère Paphnuce, c'est qu'il n'en soit pas absous et que vous fassiez profession: mais il a promis de vous remettre ce jour-là entre les mains de votre famille; s'il tient sa parole, on viendra vous chercher, et je me charge de tout le reste; si, au contraire, la journée de demain se passait sans qu'on fut venu vous délivrer, vous retirerez encore deux pierres, et vous passerez par ici: vous trouverez dans le puits les cordes toutes préparées, et vous vous sauverez chez vos parents. Maintenant, silence. Remettez la pierre à sa place, faites un peu de boue avec l'eau de votre cruche, et bouchez les interstices de manière qu'on ne puisse voir qu'elle a été dérangée, et... à demain.

— Oh! frère François, mon père, mon sauveur, que je vous embrasse!

— Doucement! doucement! La peste soit du petit drôle, qui a failli me démancher le cou! Faites vite ce que je vous ai dit, et soyez sage.

Frère François avait disparu, la pierre était remise à sa place, et frère Lubin, déjà tout consolé, pensait vaguement à la beauté de Marjolaine, lorsqu'il entendit grincer une clef dans la serrure rouillée de la porte de son cachot.

— Vient-on déjà me délivrer? s'écria-t-il; mais il recula glacé d'épouvanté lorsqu'il vit trois hommes couverts de robes noires, et dont les cagoules pointues ne laissaient voir que les yeux.

Tous trois avaient des torches à la main, et de plus l'un tenait un crucifix, l'autre une corde et le troisième un paquet enveloppé de linge blanc. Frère Lubin crut voir trois fantômes ou trois bourreaux. Il pensait qu'on venait l'étrangler, et que le paquet blanc qu'on portait était son linceul.

— A mon secours! s'écria-t-il. Mon père! maître François! Marjolaine!...

— Un rire sinistre lui répondit.

— Dépouillez-le de ce saint habit qu'il s'est rendu indigne de porter! dit la voix de celui qui portait le crucifix.

Lubin reconnut cette voix: c'était celle de frère Paphnuce.

Les deux assistants s'emparèrent du novice, malgré ses prières et ses cris, et le dépouillèrent de son habit religieux.

— Maintenant, dit Paphnuce en lui présentant le crucifix, faites un acte de contrition.

— O mon Dieu! que va-t-il donc m'arriver! dit frère Lubin, est- ce que vous voulez me donner la mort!

— Il va vous arriver quelque chose de bien plus affreux que la mort, dit le maître des novices : vous avez déjà perdu, par votre faute, le saint habit de religion. Tenez, prenez cela, ajouta-t-il en jetant à celui qui tenait une corde la défroque du novice, dont il fit aussitôt un paquet ; et vous, dit-il à l'autre, déployez devant ce petit malheureux sa livrée d'ignominie... Ah! vous croyez que vous allez mourir! vous le voudriez bien, peut-être, pour ensevelir votre honte dans le tombeau. Mais, non, vous ne mourrez pas... On va seulement vous rendre votre vêtement séculier, et vous laisser à vos réflexions : puissent- elles amener une conversion salutaire! Vous renouvellerez demain votre amende honorable devant l'autel de saint François.

— *Deo gratias!* dit le novice ; je l'ai échappé belle, et je m'estime assez heureux d'en être quitte à ce prix-là!

VI

LE MARIAGE MIRACULEUX

Le lendemain, les rideaux du lit de l'Aurore étaient encore parfaitement tirés, et cette vieille déesse mythologique qui se rajeunit tous les matins en prenant des bains de rosée et en s'enluminant de vermillon, dormait encore profondément lorsque les cloches de la Basmette, secouant dans les nuages leurs carillons à grande volée, réveillèrent les petits oiseaux et firent palpiter deux jeunes cœurs qui ne dormaient pas.

La porte de la petite chambre de Marjolaine s'ouvrit doucement et laissa arriver la lueur d'une lampe jusque sur le jupon blanc de la jeune fille, qui s'était levée sans lumière et commençait déjà à s'habiller.

— Tu te lèves donc, ma pauvre enfant ? dit en entrant la mère Guillemette.

Marjolaine alors courut dans les bras de sa mère, qui, posant sa lampe sur un bahut, lui souriait avec des larmes dans les yeux, et toutes deux se tinrent longtemps embrassées, ne pouvant faire autre chose, ni rien trouver à se dire, mais pleurant toutes deux en silence, et goûtant je ne sais quelle triste joie dans cet épanchement douloureux.

La mère fut la première qui s'efforça de parler pour réconforter et consoler sa chère fille.

— Allons, bon courage, Marjolaine, bon courage! Je te crois: je sais que tu es innocente: les hommes ne comprennent pas cela; mais, nous autres femmes, nous savons bien ce que c'est que d'aimer... et vois-tu, Marjolaine... ils ont beau dire et nous en faire un crime... c'est la plus belle chose de la vie.

Marjolaine se rejeta alors dans les bras de sa mère, les joues enflammées et les yeux brillants, et l'embrassa encore une fois de toute sa force pour la remercier de ce qu'elle venait de dire.

— Je viens t'aider à faire ta toilette, ma chère enfant, laisse-moi te soigner encore comme je faisais quand tu étais toute petite: laisse- moi diviser encore tes grands cheveux sur ton front, et les relever derrière ta tête. Allons, essuyez donc les larmes qui troublent vos yeux, mademoiselle, si vous voulez que maman vous trouve jolie! Riez donc un peu qu'on voie vos jolies petites dents blanchettes et si bien rangées! Mais, vraiment, ce linge blanc et brodé vous sied à ravir, et vous rendriez jalouses de vraies demoiselles du château! Laissez-moi faire maintenant et ne regardez pas, c'est quelque chose que je vous ai gardé et que je veux vous attacher moi-même sur votre beau petit cou blanc que j'ai embrassé tant de fois.

— Oh! quoi, mère, une chaîne d'or... la vôtre!...

— Oui, petite Marjolette... eh bien! pleurerez-vous encore.... Tu fais un gros soupir! oh! va, ne crains rien, je t'aime tant qu'il ne saurait t'arriver malheur: tu es sous la protection de la Vierge, la patronne de toutes les mères; et si saint François, qui n'a jamais eu d'enfants, veut faire le méchant, le bon Dieu, qui est notre père à tous et qui ne refuse rien à Marie, sa digne mère, le mettra bien à la raison.

Pendant que la bonne Guillemette s'empressait autour de sa fille, une teinte de pourpre avait envahi l'horizon, et les feuilles de vigne qui tremblaient à la fenêtre se coloraient d'un reflet de rubis et d'or; de petits bouquets de nuages orangés et lilas s'éparpillaient dans le ciel, comme on voit jaillir les feuilles de roses des corbeilles de la Fête-Dieu. Les cloches, qui avaient cessé un instant de chanter matines, comme pour faire place au gazouillement infini d'une multitude d'oiseaux, se remirent à carillonner de plus belle et d'une voix plus claire, comme des chantres après boire. Leur musique, cette fois, était plus gaie et portait moins à la rêverie. Toute la campagne fleurissante et verdoyante, toute diaprée de fleurs, diamantée de rosée et recueillie dans le voile de gaze ou s'enveloppait encore la fraîcheur du matin aspirée par un doux soleil, semblait une jeune mariée ou tout au moins une charmante fille d'honneur en son bel habit de gala. On frappa alors plusieurs petits coups à la grande porte de la Closerie. Guillaume, à moitié habillé, s'empressa d'ouvrir, et l'on vit paraître M. et Mme Jean Lubin avec Mariette, leur petite fille.

Mariette était une charmante enfant de douze ans, vive, gracieuse et avisée. Ses beaux cheveux châtains tombaient

en boucles naturelles sur ses épaules. On lui avait mis pour
ce jour-là une robe blanche toute simple, comme on en voit
sur les tableaux aux petits anges qui présentent des fleurs
ou de l'encens à la Vierge. La petite fille avait aussi leur
sourire doux et confiant, ce pur emblème de la vraie prière,
et une couronne de rosés blanches achevait sa ressemblance
avec ces chastes petits amours de la légende chrétienne.

La mère Guillemette, entendant l'arrivée de son compère et de sa commère, sortit pour les aller recevoir; et,
pendant que les grands parents causaient et devisaient entre eux en grand mystère et à voix basse, la petite Mariette,
légère et furtive comme un beau petit écureuil, s'était glis-
sée de porte en porte jusqu'à la chambre de Marjolaine;
elle y entra sur la pointe du pied, et vint tout d'un coup la
surprendre et l'embrasser de toute sa force, au moment où
la pauvre jouvencelle allait se remettre à pleurer.

— Bonjour, grande sœur; comme te voilà brave et bien
parée! Eh mais! moi aussi je suis belle, n'est-ce pas? Quel
bonheur! C'est aujourd'hui que mon frère va sortir de ce
vilain couvent, où il s'ennuyait toujours, et puis il laissera
repousser ses cheveux, et il sera bien plus beau; sans compter qu'il ne portera plus cette robe brune, et qu'il s'habillera
en homme comme les autres! Et toi, Marjolaine, comme
je serai contente quand tu seras ma sœur! car toi tu ne
me taquines jamais, et tu es aussi bonne que gentille. Mais
pourquoi donc n'es-tu pas tout en blanc et n'as-tu pas un
beau bouquet à la ceinture? Je vais t'en chercher un, et je te
ferai une couronne blanche comme la mienne...

— Non, reste, dit Marjolaine en retenant dans ses
bras l'aimable sœur de frère Lubin, puis la prenant sur ses
genoux, elle s'efforça de lui sourire : mais elle ne pouvait
s'empêcher de songer que cette enfant serait peut-être un
obstacle insurmontable à son bonheur, et des larmes glissè-
rent, malgré elle, jusqu'à ses lèvres souriantes, comme parfois en un beau jour de printemps on voit, par un caprice
des nuages, tomber de grosses gouttes de pluie sur les fleurs
coquettes et resplendissantes, qui s'épanouissent au soleil.

— Eh bien ! eh bien ! tu pleures ! dit la petite Mariette
avec un accent enfantin de reproche caressant. Ah ! oui, je
sais bien. C'est parce que mon frère a été mis en pénitence
et parce que frère Paphnuce a dit à mon père que, si tu te
mariais avec Lubin, saint François me ferait mourir ! Ne
l'écoute donc pas ; c'est un vilain méchant ! Frère François,
le médecin, est bien plus gentil que lui, et il m'a dit hier,
quand je l'ai rencontré en revenant de l'école, que les saints
du paradis sont bons comme le bon Dieu, et qu'ils ne font
jamais mourir les petites filles… et puis, il m'a dit quelque
chose tout bas que je ne veux pas dire, parce que je lui ai
promis que je le ferais et que je n'en dirais rien à personne.
Aussi il était bien content lorsqu'il s'en est allé, et il m'a dit
en me donnant un petit coup de ses deux doigts sur la joue :
va, chère petite, sois bien sage, et dis à Marjolaine qu'elle
ait bonne confiance et que tout ira bien ! Tu vois donc bien
qu'il ne faut pas pleurer… Allons, viens, puisque tu es prête ;
nos papas et nos mamans sont dans la grande chambre, il
est bientôt temps de partir.

· · · · · · · · · · · · · · · · · ·

L'église des franciscains était tout endimanchée de tentures, toute papillotante de petits anges et de chandeliers dorés, toute nuageuse d'encens, toute pomponnée Je fleurs et toute flamboyante de cierges : l'escalier tournant qui descendait à la grotte de la Basmette était festonné de guirlandes de feuillages, dont la fraîche et verte senteur portait légèrement à la tête. Sur l'autel de la crypte, on voyait saint François, immobile, le capuchon baissé et les mains cachées dans les manches de son froc. Les moines étaient réunis en deux chœurs et achevaient de psalmodier l'office de prime, tandis que le père prieur, fagotté dans une aube qui le faisait ressembler à un paquet de linge blanc, surmonté d'une grosse pomme rouge, s'apprêtait à commencer la messe. L'affluence du peuple était grande ; car le bruit confus de ce qui s'était passé et l'attente de quelque chose d'extraordinaire avaient couru dans tous le pays circonvoisin. Le mouvement fut donc universel et les chuchotements gagnèrent de proche en proche, lorsqu'on vit entrer la jolie Marjolaine, qui cachait sa parure de noce sous un ample mantelet de couleur sombre, et qui, tour à tour rougissante et pâlissante, tenait les yeux constamment baissés et semblait ne respirer qu'à peine. Auprès d'elle était sa mère, qui lui parlait tout bas, comme pour lui faire prendre courage, et la petite Mariette, qui se serrait contre elle et lui prenait les mains pour les caresser, en souriant à la pauvre affligée avec une grâce charmante. Derrière ce groupe, agenouillés et priant avec une grande ferveur, étaient Guillaume le closier et le compère Jean Lubin.

Tout le monde attendait sans savoir quoi, lorsque frère Paphnuce parut accompagné d'un frère convers, qui portait une brassée de cierges en cire jaune, On les distribua à tous les moines, puis la porte noire de l'*in pace* s'ouvrit, et tout le couvent, dirigé par le maître des novices, descendit dans les caveaux en chantant d'une voix lugubre et lente le psaume *Miserere.*

Un murmure de consternation et de terreur parcourut l'assemblée. Quelques vieilles se dirent tout bas que frère Lubin était sans doute mort. Marjolaine fut obligée de s'asseoir et frissonna comme si l'on eût été au cœur de l'hiver ; la petite Mariette elle-même s'inquiéta et eut presque les larmes aux yeux eu regardant du côté du caveau où l'on entendait toujours se prolonger le chant des moines ; enfin on les vit remonter la croix des enterrements en tête. Le frère Paphnuce tenait sur ses mains étendues le froc et le cordon du frère Lubin, qu'il vint déposer sur l'autel : puis derrière lui entre les deux files de religieux portant les cierges, parut frère Lubin lui-même, vêtu de l'habit séculier et conduit par deux frères convers, affublés de la cagoule des pénitents, pour rendre la scène plus terrible. Marjolaine eut besoin, pour ne pas s'évanouir, de toute la force que lui rendait la présence de son bien-aimé. On fit mettre frère Lubin à genoux au milieu du chœur.

Frère Paphnuce alors commença une exhortation qui ressemblait assez à un exorcisme. Il cria et gesticula, jeta de l'eau bénite sur le novice et en aspergea libéralement le côté de la foule où se trouvait la jeune fille. Puis, après avoir ouvert à son gré le ciel avec toutes ses joies et l'enfer avec

toutes ses griffes et toutes ses cornes, il adjura frère Lubin
de choisir entre le paradis et la damnation, entre la société
séraphique de saint François et l'affection criminelle d'une
créature.

Frère Paphnuce se livrait avec d'autant plus de liberté
à toutes les fougues de son éloquence, qu'il avait remarqué
avec plaisir l'absence de maître François, absence dont il
ne pouvait deviner la raison, mais qui le mettait infiniment
plus à l'aise, car les regards et le demi- sourire du rusé médecin le gênaient habituellement plus qu'on ne saurait dire,
et faisaient expirer sur ses lèvres la moitié de tous ses sermons.

Frère Lubin se recueillait pour répondre, lorsque la
petite Mariette, se glissant entre deux religieux, accourut,
sans avoir peur de rien, se jeter au cou de son frère ; puis se
mettant à genoux auprès de lui, sans que personne songeât
à l'en empêcher, elle prononça d'une voix claire et argen-
tine ces paroles, que lui avait sans doute suggérées le frère
médecin :

« Bon saint François, je vous prie pour mon frère, qui
vous a servi pendant douze ans, pour me conserver la vie
et me faire grandir ; maintenant, c'est à mon tour, et je me
donne à vous pour rendre la liberté à mon frère ! Je sais que
vous êtes bon et que vous ne faites pas mourir les enfants.
Vous voulez seulement qu'ils soient bien sages et qu'ils
aiment bien le bon Dieu. Oh ! je vous le promets, grand
saint François, permettez donc que mon frère soit heureux,
et je vous en remercierai tous les jours par ma piété et ma
sagesse ! »

Tout le monde fut attendri, excepté les moines. Les femmes pleuraient, et Jean Lubin essuyait avec sa main ses grosses larmes aux coins de ses yeux. Frère Paphnuce faisait une laide grimace; il imposa silence d'un grand geste de sa main osseuse, et montrant la statue du saint patron:

— C'est à saint François qu'on a fait un vœu, s'écria-t-il; c'est saint François qui doit décider. Jamais la gloire de notre ordre n'eut plus besoin d'un miracle pour instruire les pécheurs et raffermir ceux qui chancèlent; j'ose croire que notre saint patron ne nous le refusera pas... Mais d'abord, que frère Lubin lui-même nous dise ce qu'il a choisi!...

Et le maître des novices chercha par l'accent de sa voix et les roulements de ses yeux à intimider le jeune homme.

Frère Lubin retint dans un de ses bras sa sœur Mariette qu'on voulait éloigner de lui, et, se retournant du côté du peuple, il étendit son autre main et ne dit que ce mot:

— Marjolaine!

La jeune fille alors se leva toute tremblante d'émotion, et s'avança pour rejoindre son fiancé à l'autel.....

— Arrêtez! cria frère Paphnuce d'une voix tonnante, et se tournant du côté de la statue du patron:

— Grand saint François, continua-t-il d'un ton solennel, bénirez- vous ce mariage?

— Non! répondit une voix qui paraissait sortir du pied même de la statue.

Tout le monde poussa un cri d'effroi: Marjolaine chancelé et va tomber; frère Lubin atterré s'empresse néanmoins de la soutenir... Mais voici bien une autre merveille et un autre tumulte!... Tout le monde l'a vu!... la statue a remué; cette fois c'est bien elle qui parle! — Tais-toi, Satan! a-t-elle dit. Et on la voit contenir un instant sous son pied, puis renfoncer en terre une hideuse tête de moine, que personne n'a pu reconnaître tant elle était défigurée par la frayeur... Frère Lubin avait eu soin, selon la recommandation de maître François, de fermer au verrou la petite porte de l'autel. Puis voilà que saint François étend ses deux mains sur le jeune couple:

— Approchez, mes enfants, dit-il, je vous bénis et je vous marie!

On se ferait difficilement une idée de la stupeur générale et de la mystification des moines. Le père prieur était tombé à la renverse et avait cassé ses besicles; frère Paphnuce avait pris la fuite et coudoyait tous ceux qu'il rencontrait sans pouvoir se frayer un passage; les moines, pâles et croyant rêver, étaient retombés, les uns assis, les autres à genoux, les autres la face contre terre. La foule poussait des cris à faire crouler l'église. Miracle! miracle! sonnez les cloches, sonnez! Et une partie des assistants, courant au clocher, avait mis toutes les cloches en branle. Les paroisses voisines ne tardèrent pas à répondre, et tout le pays fut en alarme. On ne voyait sur tous les chemins que des troupes de gens qui accouraient vers la Basmette; plusieurs étaient armés, pensant que des brigands avaient attaqué le monastère; d'autres apportaient de l'eau, comme s'il se fût agi d'un incendie; mais déjà des groupes nombreux racontaient dans les environs la grande et merveilleuse bataille qui s'était livrée dans la grotte de la Basmette entre le diable en personne et la statue miraculeuse de saint

François. Plusieurs avaient vu des flammes bleuâtres sortir des yeux du démon et une lumière céleste environner tout à coup le saint patron de l'ordre séraphique; il n'était déjà bruit partout que du mariage miraculeux de Lubin et de Marjolaine. Ils sortirent de l'église des moines portés en triomphe et presque étouffés par la foule. On leur faisait toucher des bouquets artificiels et des chapelets comme à des reliques; Marjolaine, débarrassée de son mantelet et toute vermeille d'émotion et de pudeur, apparaissait dans tout l'éclat de son bonheur et de sa fraîche parure. La petite Mariette lui avait posé sur la tête sa propre couronne de rosés blanches, et le ci-devant frère Lubin ne pouvait se lasser de la regarder ainsi. Le père Jean Lubin embrassait de tout son cœur la petite Mariette, qui n'avait nulle envie de mourir, et donnait par-ci par-là des poignées de main à ses voisins, ne sachant plus ni ce qu'il faisait ni ce qu'il disait, mais délirant et pleurant de joie. Une foule immense les accompagnait en criant: Miracle! en applaudissant et en chantant des chansons de noce, tandis qu'une foule encore plus nombreuse, toujours grossie par les curieux qui arrivaient de tous côtés, se pressait et s'étouffait dans la crypte pour voir la statue miraculeuse.

Ce fut alors le moment critique, et le pauvre saint François se trouva vraiment en danger. Il était impossible de contenir cette foule émerveillée, tout le monde se ruait vers l'autel, prenait la statue par les jambes et lui arrachait des lambeaux de sa robe pour en faire des reliques. Ce sont des cris à ne pas s'entendre; les uns disent que le saint est vivant et qu'ils ont touché sa chair; une femme qui lui embrasse les jambes, prétend qu'elle l'a senti tressaillir... Enfin, la fureur des reliques va si loin, que le pauvre saint François va être presque entièrement dépouillé de ses vêtements au grand préjudice de la modestie; mais il prévient ce danger et juge à propos de se sauver lui-même par une suite de nouveaux miracles; il pousse un grand éclat de rire et saute à bas de son piédestal, son capuchon tombe sur ses épaules et laisse voir à découvert la figure intelligente et narquoise du frère médecin, maître François.

Nouveaux cris de surprise! les uns le reconnaissent et éclatent de rire à leur tour; les autres font des signes de croix et pensent être ensorcelés; mais le plus grand nombre s'obstine à prendre le frère François pour une statue miraculeuse; il ne réussit à se faire passage que grâce à la vigueur de ses poings et gagne à grand'peine la sacristie de l'église, où il s'enferme à double tour, tandis que les cloches continuent à sonner triple carillon, que la foule crie miracle de plus fort en plus fort, et que les bonnes femmes se partagent les lambeaux de son froc, aussi dévotement qu'elles eussent pu le faire pour des parcelles de la vraie croix.

VII

LES JUGES SANS JUGEMENT

Revenus de leur première émotion, les moines ayant tant bien que mal réussi à repousser la foule et à fermer les portes de l'église et du couvent, s'étaient réunis au chapitre, et commençaient à comprendre dans toute son énormité l'algarade de frère François. Le coupable était gardé à vue dans la sacristie, où il s'était réfugié. Le père prieur, qui au fond de son âme ne pouvait s'empêcher d'aimer le pauvre frère médecin, paraissait consterné et essuyait de temps en temps ses petits yeux rouges et larmoyants ; seulement je ne saurais dire si l'émotion seule rendait ses paupières humides, ou s'il fallait attribuer une grande part de son attendrissement clignotant à l'absence de ses besicles.

Les autres moines, espèces de grosses capacités digestives, étaient toujours de l'avis du père prieur, lequel n'osait jamais avoir une opinion à lui en présence de frère Paphnuce.

Le maître des novices se déclara l'accusateur de maître François, et demanda qu'il fût jugé séance tenante, et immédiatement puni des peines les plus rigoureuses. Le père prieur n'osa rien dire; les anciens opinèrent de la voix et les jeunes du capuchon en guise de bonnet. Il fut donc décidé que le coupable serait amené sur-le-champ, et interrogé en plein chapitre.

Deux gros courtauds de frères convers firent l'office d'archers, et, après un instant d'absence, revinrent avec maître François, auquel ils avaient lié les mains comme à un très-grand criminel.

— Hélas! s'écria-t-il en entrant, voyez l'inconstance des hommes! Ils me traitent maintenant en criminel parce qu'ils m'ont adoré tout à l'heure, et tout mon crime cependant c'est de n'être pas un morceau de bois!

Frère Paphnuce le regarda avec une joie sournoise qu'il ne cherchait même pas à dissimuler, et fit signe à ceux qui le conduisaient de le faire mettre au milieu du chapitre sur la sellette de tribulation.

— Mes frères, dit alors le maître des novices en saluant à droite et à gauche, j'accuse le frère François ici présent d'athéisme, de magie, d'excitation à la débauche, d'hérésie, de profanation et de sacrilège!

À ces paroles, tous les moines parurent frémir; plusieurs firent le signe de la croix, d'autres lancèrent à l'accusé des regards d'indignation et d'horreur; le père prieur leva les yeux et les mains au ciel, puis il dit d'une voix toute tremblante d'émotion:

— Frère François, je ne crois pas que vous puissiez vous défendre; toutefois, si vous avez quelque chose à dire, il vous est permis de parler. Et d'abord, que répondez-vous à l'accusation d'athéisme?

L'accusé baissait la tête et semblait ne pouvoir répondre.

— Vous pleurez? dit le prieur.

— Non, dit le frère en relevant enfin la tête et en faisant un effort, mais je voulais m'empêcher d'éclater de rire... parce que c'eût été malséant.

— Le misérable! hurlèrent tous les moines.

— Merci, mes frères, dit maître François en les saluant. Maintenant, père prieur, c'est à vous que je vais répondre. On m'accuse d'athéisme; mais cette accusation est absurde et barbare.

Absurde, parce que ma croyance en Dieu est en moi et que vous n'en êtes pas les juges. Les païens accusaient les premiers chrétiens d'athéisme, parce qu'ils ne les voyaient point adorer les idoles d'or, d'argent, de marbre, de pierre ou de bois: cependant être sans idoles, ce n'est pas être sans Dieu: au contraire! le grand Maître n'a-t-il pas dit que Dieu est esprit et qu'il faut l'adorer en esprit et en vérité? Or, l'esprit de Dieu peut seul juger l'esprit de l'homme, parce que seul il Je pénètre: et quant à la vérité, on ne la juge pas, c'est elle qui nous jugera tous. Votre accusation est donc absurde, du moment où je veux bien vous dire: je crois en Dieu!

Je dis aussi qu'elle est barbare. Et, en effet, quelle cruauté ne serait-ce pas que de citer en jugement un homme qui aurait perdu les yeux, pour lui reprocher d'être aveugle et de ne pas voir le soleil! Mais Dieu n'est-il pas le vrai soleil de notre raison et la lumière de notre pensée? Peut-il y avoir une vie intellectuelle et morale en dehors de celui qui est? L'athéisme, s'il était possible, ne serait-il pas la plus épou-

vantable des maladies morales et comme une léthargie de
l'âme ? L'homme qui y serait tombé serait-il moins à plaindre, quand même ce serait par sa faute, et lui ferez-vous un
crime de son malheur ? Ne punissez pas la maladie, mais
prévenez- en les causes. Ne défigurez pas l'image de Dieu,
ne prêtez pas vos erreurs à la vérité éternelle, ni vos colères
à la souveraine bonté. Faites que la croyance en Dieu soit
toujours la consolation et le bonheur de l'homme, et l'on
n'en doutera jamais. J'ai donc à vous répondre que je ne suis
pas athée, Dieu merci ! Mais que, si je l'étais par malheur,
ce ne serait pas à vous de me le reprocher : car sans doute
vous en seriez cause.

— Très-bien ! dit le frère Paphnuce. Il ne prend plus
même la peine de déguiser son impiété. Frère Pacôme, écrivez qu'il justifie l'athéisme, et qu'il blasphème les pratiques
de notre sainte religion !

Maître François haussa les épaules.

— Venons, dit le père prieur, à l'accusation de magie.

— O Gaspar, Melchior et Balthasar, venez à mon aide !
dit frère François.

— Je crois, dit Paphnuce, qu'il vient d'invoquer les démons !

— Je me recommande aux trois rois mages, reprit l'accusé, et je les prie de répondre pour moi, eux qui lisaient
l'avenir dans le ciel et qui savaient les noms mystérieux
des étoiles ; eux qui, du fond de l'Orient, saluaient l'astre
nouveau dont l'influence allait changer le ciel et la terre, et
qui osèrent calculer l'horoscope d'un Dieu fait homme ! Ne
connaissaient-ils pas les relations du monde visible avec le

monde invisible, eux à qui des pressentiments divins parlaient en songe ? Et ne savaient-ils pas les propriétés secrètes des métaux et la vertu mystique des parfums, eux qui offrirent à l'enfant plus grand que Salomon de l'or, de l'encens et de la myrrhe ?

— Saint François ! que dit-il là ? se récria frère Paphnuce ; Dieu nous pardonne de l'avoir écouté. Écrivez, frère Pacôme, reprenez de l'encre, si vous n'en avez plus, et écrivez, vite écrivez ses nouveaux blasphèmes ! Il ose dire que les trois mages étaient des sorciers !...

— Ainsi, dit le père prieur, vous avouez le crime de magie ?

— Le crime de magie n'existe pas, répondit maître François avec dignité. La science de la nature et de ses harmonies cachées fait partie de la vraie théologie, et c'est pourquoi le Verbe fait homme, après avoir appelé autour de son berceau les pauvres et les simples qu'il venait sauver, a voulu être adoré par les mages, qui représentaient la royauté future de la science, et qui étaient, devant le Dieu fait homme, les ambassadeurs du monde nouveau et du règne futur de l'esprit. La science investit l'homme de pouvoir, et à l'aide de ce pouvoir il peut faire du bien ou du mal. Or, interrogez les malades que j'ai guéris, les esprits faibles que j'ai éclairés, les esclaves de la superstition que j'ai délivrés, les pauvres à qui j'ai fait comprendre Dieu en leur faisant du bien, et vous n'aurez plus le droit ensuite de m'accuser du crime de magie.

— Je ne comprends pas, dit le prieur.

Et tous les moines secouant la tête, firent signe qu'ils ne comprenaient pas davantage.

— Passons maintenant, reprit le père, au plus évident et au plus honteux de vos péchés publics : vous avez favorisé les mauvais désirs d'un novice, et vous l'avez aidé à se détourner de sa sainte vocation pour contracter un scandaleux mariage.

— L'œuvre de chair ne désireras.
Qu'en mariage seulement,

répondit frère François. Il n'y a donc de mauvais désirs que ceux qui n'ont pas pour objet un bon, chaste et légitime mariage ! Tels sont les désirs des pauvres reclus qui se repentent de l'imprudence de leurs vœux, et c'est de ceux-là que j'ai voulu préserver l'innocence du frère Lubin, que Dieu n'avait pas créé pour être moine, mais bien pour être bon et honnête fermier, bien aimé de sa femme et un jour père de famille. Croyez-vous que la chasteté puisse demeurer dans une âme contrainte au célibat et qui sans cesse étouffe ou veut étouffer ses désirs sans cesse renaissants, comme les entrailles de Prométhée ? N'est-ce pas dans le cloître que s'acharne après le cœur isolé et désolé du mauvais moine le vautour implacable des passions impures ? Et j'appelle mauvais moine celui que, par un attrait supérieur, immense, irrésistible, Dieu n'a pas à tout jamais appelé à lui et séparé du monde ; privilège seulement de quelques âmes saintement exaltées et amoureuses de l'idéal. Or, ceux-là seulement peuvent suivre les traces d'un Antoine, d'un

Hilarion, d'un Jérôme; parce qu'un attrait puissant les y porte, et qu'il n'est besoin pour les contraindre ni de clôtures ni de disciplines forcées, ni de caveaux où on les enterre vivants. Quant aux autres, je dis que ce sont les âmes les plus impures, les plus débauchées et les plus incurables qui soient au monde. Les plus impures, parce que leur concupiscence est désormais sans remède. Les plus débauchées, parce que leur imagination, excitée par l'ignorance et par la contrainte, franchit les bornes du possible et se crée tout un enfer de débauches inouïes, extravagantes et contre nature. Les plus incurables, parce que les remèdes ne font qu'irriter le mal. Ils pensent à l'horreur du péché sous prétexte de s'en repentir, et ne font qu'en stimuler les titillations implacables et en renouveler les fantastiques orgies. Oh! malheur à l'orgueil humain, qui se fait des chaînes éternelles en proférant les paroles de jamais et de toujours! Que de telles expressions échappent à l'extase de l'amour divin, ce sont plutôt des aspirations que des vœux: et si plus tard l'humilité chrétienne reconnaît la faiblesse humaine, Dieu ne saurait nous punir d'avoir entrevu l'éternité bienheureuse et de retomber sur la terre: mais il nous punirait si nous nous obstinions à vouloir sur la terre même donner une éternité à nos erreurs, car ce serait l'éternité de l'enfer!

— Ainsi vous condamnez les vœux de chasteté? dit le frère Paphnuce à frère François.

— Oui, quand ils sont forcés ou inconsidérés, ou surpris par artifice. Il faut être bien puissamment illuminé de Dieu, et par conséquent bien assuré de l'avenir, pour lui promettre, sans être insensé ou criminel, qu'on mènera jusqu'à la fin une vie angélique et surhumaine. Que diriez-vous d'un homme qui ferait vœu de n'être jamais malade et de ne jamais mourir par accident?

— Mais le libre arbitre! se récria un moine.

— Précisément, dit frère François, c'est le respect pour le libre arbitre qui doit nous empêcher de contracter des engagements qui l'enchaînent, et qui, si nous avons présumé de nos forces, l'entraîneront nécessairement à des chutes irrémédiables.

— Écrivez, dit frère Paphnuce, qu'il blâme les vœux de religion, et prétend que les moines n'ont pas leur libre arbitre, ce qui est une hérésie monstrueuse et abominable.

— Nous y voilà, dit le père prieur! et qu'avez-vous à répondre maintenant, on vous accuse d'être hérétique? On a trouvé dans votre cellule les livres diaboliques de l'exécrable Luther, commentés et annotés de votre main. Vous vous livrez à l'étude du grec et vous lisez les auteurs profanes, comme font les prétendus réformateurs de nos jours. Au lieu de donner au couvent et d'employer, pour l'ornement de l'église, vos honoraires de prédicateur et de médecin, vous les employez à acheter un tas de grimoires, que l'ennemi de notre salut doit seul connaître, et dont un religieux ne devrait pas même soupçonner l'existence. Quels beaux discours allez-vous nous faire pour vous justifier de tout ceci?

— Vraiment, dit le frère François, je ne sais ici que répondre; car je ne comprends pas bien clairement l'accusation. Les Latins et les Grecs sont-ils donc entachés d'hérésie à tel point qu'on ne puisse étudier leurs livres? Mais nos offices ne sont-ils donc pas en latin?

— Sans doute, dit le père prieur : mais les Grecs sont des schismatiques !

— Ceux d'à présent, je vous l'accorde : quant aux anciens.

— Ceux-là c'était bien pis ; ils adoraient les démons.

— Toujours est-il que saint Bazile, saint Jean Chrysostôme, saint Grégoire de Nazianze et saint Athanase ont écrit en grec.

— Ce n'est pas ce qu'ils ont fait de mieux ! Eh bien ! quoi ! vous éclatez de rire !...

— Oui, je ris !

— C'est que vous êtes hérétique !

— Comme le *Kirie eleison.*

— Que voulez-vous dire ?

— *Agioso Theos ! agios a thanatos ! eleison ymas !*

— Ceci se trouve dans l'office de la semaine sainte. Mais qu'en concluez-vous ?

— Que vous êtes absolument incapable de juger si j'ai tort de comprendre le grec, et surtout jusqu'à quel point je suis coupable de ce crime.

— Ce n'est point précisément de savoir le grec que vous êtes accusé, mais de vous en servir pour autoriser sans doute vos hérésies, comme font les iconoclastes et les luthériens.

— Mais vous qui parlez d'hérésie, mon père, savez vous bien que vous parlez grec ?

— Qui ? moi ? par exemple ! Dieu m'en préserve !

— Hérésie vient du grec et veut dire division, séparation. Les hérétiques sont donc ceux qui divisent l'Église de Dieu et qui la séparent en fractions opposées les unes aux autres. Or, écoutez-moi, s'il vous plaît :

Ceux qui excommunient, au lieu de ramener et d'instruire, ne sont-ils pas les vrais et seuls artisans de divisions, de séparations et de schismes ? Ne sont-ils pas les vrais fauteurs d'hérésie et les plus dangereux hérétiques ? Or, je le déclare ici et je le déclarerai toujours, je veux ce que Jésus-Christ a voulu, la grande unité divine et humaine, l'association universelle, car c'est ce que veut dire le nom d'Église catholique. Et si, au fond de mon cœur, je soupçonnais le moindre germe d'hérésie, par moi-même serait le bois sec amassé, et, comme le phénix, je voudrais me brûler moi-même... pour renaître dans l'unité. — Maintenant, allez-vous éplucher mes paroles, interpréter mes actions, torturer mes intentions, troubler mon breuvage et salir mon tonneau ? Arrière, cafards ! je vous prends pour des hérétiques ! car les bons chrétiens du bon Dieu aiment la concorde et la paix, toujours pensent le bien, ne jugent pas afin de n'être pas jugés, et n'ont pas l'habitude des subtilités contentieuses, comme dit l'apôtre saint Paul. Oh ! combien de sectaires on eût ramenés par la douceur et la raison, qu'on a pour jamais éloignés par la persécution et l'anathème ! Tout homme peut se tromper ; mais voulez-vous forcer un homme à trahir sa pensée et à professer ce qu'il ne croit pas ? Et, si vous le tuez parce qu'il ne veut pas faire une rétractation hypocrite, vous changez son erreur en raison, car il meurt pour cette liberté de conscience que Dieu nous a donnée à tous, et qui est la base de toute religion et de toute morale. C'était un extravagant peut-être, et vous en avez fait un martyr. Son système n'est plus une rêverie, c'est une doctrine établie par le sang ; ce sont les persécuteurs

qui ont fondé le christianisme, et ce sont les inquisiteurs
qui bâtissent les hérésies !

Tenez, je me représente toujours la vérité comme un
géant à qui une foule de mirmidons font la guerre, et qui ne
s'en soucie nullement ; car tous ces petits avortons ne sauraient le blesser. Il prend garde même de les avaler tout crus
lorsqu'il les trouve cachés sous quelque feuille de salade ;
et lorsque, rangés en bataille autour de lui, ils font rage à
grand renfort d'artillerie, il secoue ses cheveux en riant, et
fait tomber en se peignant les boulets qu'on lui a lancés ;
voilà le vrai portrait de la force et de la supériorité intellectuelle et morale, et je veux un jour en esquisser le caractère
dans quelque poëme du genre de la *Batracomyomachie ;* car
les ennemis du bon sens et de la raison ne sont que des
avortons dont il faut rire, et qu'il convient de tourner en
ridicule pour tout châtiment de leur folie !

— C'est vous-même qui êtes fou, dit frère Paphnuce ;
mais voyez ce qu'il ose nous dire et ce que nous avons la
patience d'écouter ! Les mirmidons, les géants, les soldats
mangés en salade, et des gens qui en se peignant font pleu-
voir des boulets de canon ! Quelles stupidités ! Écrivez, frère Pacôme, qu'il a insulté à la gravité du Chapitre, et qu'il a
accusé la sainte Inquisition d'être la fondatrice et le soutien
des hérésies. Vous voyez, mes frères, si j'avais raison de me
défier de cet homme !

Les moines donnèrent alors des signes non équivo-
ques de leur indignation et eurent l'air d'être parfaitement
convaincus de l'hérésie du frère François.

— Maintenant, continua le maître des novices, le fait
monstrueux de profanation et de sacrilège n'est que trop
avéré, que trop malheureusement évident et public, pour
qu'il vaille la peine d'être constaté ou discuté...

— Sans doute, interrompit frère François, et la preuve
en est que le frère sacristain n'est pas ici, et qu'on le trouvera sans doute encore renfermé dans l'autel, où il voulait
jouer le rôle de saint François, et où je l'ai forcé de rentrer
avec confusion et contusion, après avoir fort bien et fort
convenablement représenté messer Satanas!... Ah! frère
Paphnuce, voilà donc vos supercheries! Et vous trompez
ainsi le bon peuple fidèle avec de faux miracles! Eh bien!
moi, j'ai rempli mon devoir de médecin et de prêtre : j'ai re-
médié au mal, j'ai exorcisé le démon, et je lui ai fait confesser son mensonge. Je ne justifie pas ce que ma ruse a eu
d'irrégulier et de hardi ; je regrette que l'office divin ait été
troublé, mais je plains le vrai coupable, car il n'a pas bien
compris sans doute toute l'énormité de son action. Je ne
demande pas qu'on le punisse ; je désire que la confusion
lui soit salutaire ; car vous comprenez bien que le pauvre
frère sacristain, qui à cette heure peut-être n'est pas encore
revenu de sa frayeur, ne s'est pas déterminé de lui-même à
cette vilaine action, et qu'en vertu de la sainte obéissance il
doit en rapporter tout l'honneur à qui de droit.

— Silence, malheureux, silence! criait frère Paphnuce
d'une voix enrouée pendant tout ce discours ; mais la voix
claire et ferme de maître François dominait la sienne, et
l'accusé ne s'arrêta qu'après avoir tout dit.

Le maître des novices était suffoqué de colère ; il balbutiait des paroles incohérentes, et poussait une espèce de cri guttural et étranglé ; il fut obligé de s'asseoir.

Pendant ce temps frère Pacôme rédigeait la formule de la sentence et la faisait passer au père prieur, qui, faute de besicles, ne put la lire, mais la renvoya à frère Paphnuce.

Elle portait que les vêpres des morts seraient chantées après l'office du jour, pour l'âme de défunt frère François, qui allait être immédiatement, et pour jamais enseveli dans l'*in pace*.

Les moines furent consultés : ils regardèrent le prieur, qui regardait frère Paphnuce, et tout le monde condamna.

Il fut décidé que le frère médecin serait renfermé dans le même cachot, d'où quelques heures auparavant on avait tiré frère Lubin.

Frère François, riant sous cape, parut profondément affligé.

On lui ordonna de se mettre à genoux au milieu du Chapitre et de faire amende honorable, en tenant à la main un cierge allumé.

— Seigneur, mon Dieu, dit-il quand il fut dans cette humble posture, je vous confesse ma folie, et je vous demande pardon d'avoir fait ce que vous défendez dans votre Évangile, où vous avez dit : « Ne semez pas les perles devant les pourceaux ; car ils les fouleraient aux pieds, et leur fureur se tournant contre vous ils vous déchireraient.

Je vous demande pardon de l'ignorance et de la méchanceté de ces moines ; car j'ai vécu au milieu d'eux, et j'aurais dû essayer de les convertir ou les quitter.

Je vous demande pardon de leur avoir parlé sérieusement et de m'être ainsi rendu aussi ridicule que si j'avais
voulu donner des leçons de métaphysique à des citrouilles.

Je m'en repens sincèrement, et vous promets de ne traiter désormais de pareilles gens que par ce rire inextinguible
qui, selon Homère, fait le bonheur des dieux, et qui doit
être, selon moi, la panacée universelle des philosophes.

Car le rire est un acte de foi : les larmes sont la pénitence du doute ou de la fausse croyance. C'est la triste pluie
qui se forme ; quand viennent à se condenser les vapeurs de
l'illusion.

Depuis bien des milliers d'années, le soleil voit les malheurs du monde, et il rit toujours au printemps.

La terre est pleine de cadavres, et elle rit toujours pal-
pitante d'une vie nouvelle et rajeunie, d'année en année, par
le luxe de sa nouvelle parure !

La vigne pleure sous le fer qui la taille : mais bientôt les
larmes sont séchées quand le soleil a cicatrisé sa blessure :
elle s'épanouit alors en pampres et en grappes vermeilles,
elle gonfle de joie et de franc rire ses grappes nombreuses
et arrondies, et elle verse à flots dans la cuve l'oubli des chagrins, les franches amitiés, l'insouciance de tous les maux,
la concorde de la terre et la tranquillité du ciel !

— Ce n'est point cela qu'il fallait dire ! se récriait frère
Paphnuce.

— Avez-vous quelque chose à demander avant d'être
séparé pour jamais de vos frères ? lui demanda d'une voix
tremblante le père prieur presque attendri.

— Je demande une tasse de vin frais, répondit frère François : car voici plus d'une heure que je me dessèche la gorge à parler inutilement.

VIII

LE SOIR DES NOCES

Malgré l'indignation des moines, le mariage de Lubin et de Marjolaine n'en avait pas moins été conduit à bonne fin. Que les jeunes gens fussent mariés par saint François ou par frère François, qui n'était pas saint, mais qui était prêtre, la bénédiction nuptiale n'en avait pas moins été valable dans l'opinion de toute l'assemblée, et les voisins et amis n'avaient pas manqué à la fête qu'on avait improvisée sous les grands arbres de la Chesnaie. Dieu sait si la journée fut bien employée et si elle parut longue à aucun des convives ! Les jeunes mariés seulement attendirent le soir avec impatience, mais toutefois sans trop d'ennui, car on s'empressa de toutes les façons pour les distraire ; et d'ailleurs ils avaient tant de joie au cœur à s'entre-regarder et à se toucher furtivement la main, qu'il leur semblait faire un trop beau rêve et qu'ils avaient peur de s'éveiller.

Quand le soir vint, des guirlandes de feuillages et de fleurs avaient été tendues dans la clairière de la Chesnaie ; des tables étaient dressées à la ronde pour les buveurs, et la pelouse du milieu, destinée à la danse, était éclairée par des lanternes de toutes couleurs. Le son des flûtes et des tambourins semblait s'accorder avec le chuchotement des doux propos sur le gazon, les cris joyeux de la table, la musique des verres et des flacons entrechoqués, le glouglou des bouteilles et la voix des éclats de rire.

Cependant Léandre Lubin n'était pas tellement absorbé dans sa joie qu'il en devînt ingrat envers son bienfaiteur, et qu'il oubliât le frère médecin ; il était grandement inquiet de ce qui pouvait lui être arrivé ; car il connaissait assez la rancune de Paphnuce et la faiblesse du prieur. Il avait donc dépêché messagers sur messagers à la Basmette, pour s'enquérir adroitement de maître François auprès du frère portier, qui, à trois différentes fois, avait assuré ne rien savoir. Sur le soir donc, après avoir bien dansé sur la pelouse aux fifres et aux tambourins, tandis que les jeunes mariés, laissés un instant à eux- mêmes, regardaient de côté et d'autre en se serrant la main sans rien dire, et songeaient probablement à s'échapper pour aller loin de tous les regards causer un instant encore plus à leur aise, voila qu'un jeune garçon tout essoufflé accourut auprès de Lubin, et lui rendit compte de tout ce qu'il venait de voir et d'entendre. En écoutant près d'une petite fenêtre grillée qui donnait sur la chapelle souterraine, il avait entendu chanter le *De profondis,* puis les moines avaient dit trois fois d'une voix éclatante : *Requiescat in pace!* et le chant avait semblé descendre et se perdre dans les caveaux. Quelques instants après, il avait entendu les frères remonter, des portes s'ouvrir et se fermer, puis la voix du prieur qui disait : « Mes frères, que cet exemple terrible vous apprenne à respecter votre vocation et à vous défier des vanités de la science. »

Il n'en fallut pas davantage à Léandre Lubin pour tout comprendre ; il pousse un grand cri, se lève indigné et appelle à haute voix toute la noce. Les joyeuses causeries s'interrompent, on accourt, on se range en cercle, on se penche les uns sur les autres pour écouter le marié.

— Mes amis ! s'écrie-t-il, le bon frère François, le médecin des pauvres, le consolateur des bonnes gens, celui qui a fait mon bonheur et celui de Marjolaine, frère François, qui nous prêchait si bien la bonne religion de l'Évangile et qui nous instruisait avec tant de patience sans chercher à nous faire peur, le meilleur des hommes, le plus savant des docteurs et le plus indulgent des prêtres, maître François, enfin, vient d'être enterré vivant par ses méchants confrères ; ils l'ont condamné à mourir dans les caves de l'*in pace!*

— C'est une indignité ! s'écria-t-on tout d'une voix.

— Il faut le sauver ! dit Marjolaine.

— Oui ! oui ! oui ! répète l'assemblée tout entière, il faut le sauver ! il faut le sauver !

— Mais comment faire ? dit Lubin.

— Il faut aller tous à la Basmette redemander notre frère médecin, et, si on nous le refuse, menacer de mettre le feu au couvent, dit l'un des plus déterminés, à qui le vin avait un peu trop échauffé la tête.

— Doucement, bonnes gens, doucement ! dit alors une voix qui fit tressaillir tout le monde ; ne vous exposez pas de la sorte à avoir des démêlés avec la justice. La justice ne favorise déjà pas trop les pauvres gens lorsqu'ils ont raison, mais elle les frappe sans pitié quand ils ont tort!

En même temps, un personnage qui s'était approché doucement parut au milieu de l'assemblée, qui l'accueillit avec de grands cris d'étonnement et de joie. Léandre Lubin se jeta à son cou, et Marjolaine lui présenta son front pour être embrassée, aux grands applaudissements de toute la noce. C'était maître François en personne.

— Eh quoi! dit l'ancien frère Lubin; ils ne vous ont donc pas enfermé, comme je le croyais, dans leur vilain caveau mortuaire?

— Si fait bien, dit maître François, et je vous ai remplacé dans le cachot où vous avez passé trois jours. Ils espéraient bien m'y laisser plus longtemps et ne se doutaient pas que je m'étais d'avance prémuni de la clef des champs.

— Ah! mais c'est vrai! s'écria Lubin; je ne pensais plus au puits desséché, au conduit souterrain et à l'échelle de corde! Oh! que c'est bien fait, et comme ils doivent être bien attrapés!

— Vive le frère François! cria tout le monde.

— Vive tout le monde! dit frère François, Allons, allons, du cœur à la danse! Que chacun reprenne sa chacune; j'aperçois là-bas des flacons qui s'ennuient. Ne m'invitez-vous pas à la noce? Foin des moines qui ne savent pas rire, et qui maudissent les plaisirs honnêtes! Soyez bénis et amusez-vous! Vertu de froc! je crois que vous êtes atteints de mélancolie! Et gai! gai! gai! allons! allons! et dzig, et dzig, et dzig don don! qui cabriolera le mieux! qui rira de meilleur cœur! qui le premier et le plus bravement

me fera tête le verre à la main ? Pas tous à la fois, maintenant ! Courage ! c'est bien, et buvez en tous, il est frais !
Ah ! comme il mousse, le fripon ! comme il rit dans le verre
avec sa petite mine vermeille ! À vous, compère Guillaume !
avalez-moi ce verre-là, c'est une potion contre la soif !

La joyeuse humeur du bon frère avait remis tout le
monde en train : les danses, les chansons et les menus propos des buveurs recommencèrent de plus belle ; mais tous
se pressaient en cercle autour du frère médecin, qui était
devenu l'âme de la fête et comme le foyer de la franche
gaieté.

— Frère François, lui disait-on de tous côtés, dans les
intervalles de la musique et de la danse et lorsque les jeunes
gens fatigués se reposaient autour de lui,-frère François,
vous qui racontez si bien, dites-nous une petite histoire.

— Je le veux bien, dit maître François ; écoutez de toutes vos oreilles :

« Il y a bien loin d'ici un beau pays qui s'appelle le
royaume d'Utopie ; on y va en traversant l'Océan fantastique au-dessus de l'île Sonnante, et en laissant à droite le
pays des Papimanes, toujours gras et bénis de Dieu, et à
gauche les régions désolées de Papefiguière, où le peuple
laboure et travaille inutilement, parce que c'est toujours le
diable qui profite de la moisson.

Donc, en ce beau pays d'Utopie, qui est voisin du royaume des Lanternes, il y eut un village qui se voua tout entier
au service de Dieu, en cas qu'il fût épargné par une maladie
mortelle et très- épidémique qui ravageait alors toutes les
contrées d'alentour.

Or, le village fut non-seulement épargné, mais encore, par une bénédiction toute spéciale, tous les habitants semblaient refleurir de santé, de force et de beaux enfants, avec un luxe merveilleux. Cependant il s'agissait d'accomplir le vœu général, et ce n'était pas un petit embarras : car il ne s'agissait pas seulement de mener une bonne conduite ordinaire, on s'était voué à Dieu, c'est-à-dire à la perfection. Et cependant le village entier, hommes, femmes, enfants et vieillards, ne pouvait pas se faire moine.

Les bonnes gens résolurent de consulter à ce sujet le fameux enchanteur Merlin, qui vivait à cette époque. Car ni leur curé, ni leur évêque, ni le pape même, n'avaient rien su leur répondre qui les satisfît.

Merlin, qui passait justement en ce temps-là par la capitale des Lanternes, accueillit bien les ambassadeurs des villageois, et leur dit que pour servir Dieu en perfection, il fallait unir ensemble *vertu de pauvreté et honneur de richesse*, et *vivre en famille au couvent dans une liberté régulière*. Ce qui sembla aux envoyés trois énormes contradictions ; en sorte que, ne pouvant obtenir de Merlin une autre réponse, ils s'en retournèrent chez eux assez mystifiés et mal contents.

Les anciens ayant ouï la réponse de Merlin, et ne pouvant rien y comprendre, décidèrent qu'en attendant mieux, on doublerait les dîmes, et qu'on s'occuperait de bâtir un couvent où pourraient se faire moines ceux qui en sentiraient le désir.

Ils en étaient là quand le grand Pantagruel, un géant fameux, mais non encore bien connu, parce qu'un abstracteur de quintessence, appelé maître Alcofribas, s'occupe seulement maintenant de recueillir ses faits et gestes et d'en composer une histoire, le grand Pantagruel, dis-je, traversa le pays d'Utopie en revenant de la guerre contre les Andouilles farouches, et entendit parler de l'embarras des villageois et de la réponse du célèbre enchanteur. Il se rendit aussitôt dans le village en question, et, ayant rassemblé toute la population autour de lui, voici le discours qu'il leur tint:

— Pourquoi pensez-vous, mes enfants, que Dieu non-seulement vous ait conservé la vie, mais encore vous donne un surcroît de vermeille et florissante santé? pourquoi bénit-il vos mariages par une fécondité sans pareille? Est-ce pour que vous laissiez souffrir vos filles et vos garçons, en travaillant pour l'Église qui n'en a pas besoin? Est-ce pour diviser vos familles et enfermer dans des prisons volontaires les meilleurs de vos enfants? Croyez-vous que vous servirez Dieu parfaitement en vous accablant de travail pour nourrir l'oisiveté de quelques reclus? Or, savez-vous quel service Dieu demande des hommes? Il n'a besoin de rien pour lui-même, étant l'être souverainement parfait et souverainement heureux; mais parce qu'il nous aime, il a besoin de notre bonheur, et faire du bien à nous et aux autres, voilà le vrai service qu'il nous demande et qui lui plaît. Or, maintenant écoutez et comprenez bien l'oracle de Merlin: il veut que vous unissiez honneur de richesse à vertu de pauvreté, c'est-à-dire que vous arriviez à l'abondance par le travail, de la même manière que les moines pensent arriver à une plus grande perfection par la prière qu'ils font en commun et pour l'intérêt général. Or, vous savez que le

travail est aussi une prière. Travaillez donc tous ensemble
et les uns pour les autres, afin que chacun profite des efforts
de tous. Que chacun apporte à l'association son petit coin
de terre et ses bras, ce sera la bonne manière de consacrer
vous et votre bien à l'Église, car la vraie Église, c'est l'association, ne vous en déplaise, et non la maison de pierre où
les associés se réunissent. Ainsi, au lieu d'un petit champ,
mal exposé peut-être et d'une culture difficile, chacun de
vous possédera toutes les campagnes environnantes, et, la
culture se faisant uniformément et par tous les soins et tous
les travaux réunis, vous rapportera cent pour un. Chaque
terrain sera employé selon sa valeur, et celui qui aura apporté un moindre capital y suppléera par un redoublement
d'activité et d'industrie. Ainsi tous seront riches et prati-
queront néanmoins les vertus de la pauvreté. Voilà pour le
premier oracle de Merlin.

Maintenant, il veut que vous meniez en famille la vie
du couvent ; et ne pensez qu'en cela il veuille vous astrein-
dre à chanter matines, car, vivant en ménage, vous aurez
d'autres soins à prendre. Mais voyez ce que font les moines,
et pourquoi ils seraient heureux, s'ils pouvaient avoir femmes et enfants et vivre dans une liberté régulière. C'est que,
chez eux, tout se fait en commun ; ils n'ont qu'une cuisine,
qu'un réfectoire : grande économie de feu et d'embarras ;
car il suffit d'un cuisinier pour dresser le potage de cent
personnes. Les moines sont toujours bien vêtus et bien lo-
gés, parce qu'ils habitent de grands bâtiments disposés pour
loger une société, et parce qu'ils ont un vestiaire, où l'on a
soin de tenir des robes et des scapulaires de rechange. Or,

voyez, mes enfants, combien plus heureux et mieux soignés seriez-vous si, au lieu de faire chacun dans votre petit coin une misérable cuisine, vous étiez sûrs de trouver dans une grande salle bien propre, bien aérée et tout ombragée de verdure pendant les chaleurs, une nourriture saine, abondante et bien préparée ! si, au lieu de loger dans de pauvres huttes, pêle-mêle avec vos troupeaux, vous habitiez une ferme immense, bien entretenue et bien bâtie ! Eh bien ! cette ferme ne coûterait pas plus à construire que n'ont coûté vos cabanes, si vous vouliez mettre tous ensemble la main à l'œuvre. Puis, comme dans les couvents, on fait travailler chaque frère selon son goût et sa science, chacun de vous choisirait le travail qu'il aimerait le mieux et dont il croirait pouvoir mieux s'acquitter ; d'ailleurs, la société le verrait à l'œuvre. Ainsi, plus de jalousie ni de rivalités : chacun serait content de son état, et l'envie ferait place à la plus louable émulation, chacun s'efforçant de mieux faire dans l'intérêt de tous et de mériter plus d'estime. Ainsi, peu à peu le bien- être général et l'union de tous feraient disparaître les vices ; il n'y aurait plus de paresseux ; car tout homme est bon à quelque chose, ne serait-ce qu'à garder les troupeaux ; et d'ailleurs la paresse vient du découragement de la solitude, du peu d'estime de soi-même et des autres. L'ivrognerie disparaîtrait ; car tout le monde boirait du vin à discrétion et prendrait ainsi l'habitude de boire toujours assez, jamais trop, et, de plus, tous étant heureux, aucun n'aurait besoin de s'étourdir par la boisson. Le vol deviendrait impossible entre frères ainsi unis et travaillant ensemble dans l'intérêt de tous. L'avarice disparaîtrait de même, car personne n'aurait de crainte pour l'avenir; puis il n'y aurait plus de mauvais mariages, chacun s'unissant librement à celle qui lui plairait, à la charge seulement pour lui de s'en faire aimer; plus de préjugés de naissance, plus de différences de fortune entre les amants; l'amour seul, devenu pur et légitime, devenu parfaitement chaste en devenant vraiment libre, l'amour seul fera les unions et les rendra durables.

Partant plus de mauvais ménages, plus d'adultères, plus de vengeances, plus même d'infidélités; car l'amour libre ne saurait mentir: le mensonge est l'art des esclaves. Les plus parfaits s'aimeront toujours comme beaux tourtereaux; les moins parfaits auront moins parfaites amours, sans déshonorer de familles; car chacun trouvera sa chacune, et l'amour n'aura plus les yeux bandés. Du moins pourront-ils cesser d'être amants, sans cesser pour cela d'être amis comme frère et sœur. Alors tout changera en vous, comme autour de vous, et vous deviendrez des hommes nouveaux: ce qui était vice quand chacun de vous était seul deviendra vertu quand vous serez ensemble. L'orgueil deviendra noblesse d'âme; l'avarice, économie sociale; l'envie, émulation dans le bien; la gourmandise, bon usage de la vie; la luxure, véritable amour; la colère, enthousiasme et chaleur au travail; mais il n'y aura plus de paresse!

Ayant ainsi parlé aux villageois ébahis, Pantagruel leur donna une grande montjoie d'argent pour les premiers frais de leur entreprise, et voulut présider lui-même à la reconstruction du village; toutes les barrières furent renversées, on arracha les haies et l'on déplanta les échaliers, on retraça les routes, et, d'après le conseil de tous et l'expérience des sages, on garnit de vignes les coteaux et l'on ensemença les plaines ; bientôt tout le village ne fut plus qu'une grande maison qui ressemblait à la fois à une ferme, à un couvent et à un château. Des cours d'eau furent dirigés où ils étaient le plus nécessaires : on défricha, on sarcla, on replanta : tout se faisait allègrement au bruit de la musique et des chansons, ceux qui étaient moins forts et moins rudes travailleurs, payant ainsi leur écot en égayant et animant les autres ; les femmes et les petits enfants travaillaient aussi chacun suivant ses forces, et c'était plaisir de les voir, poussant de petites brouettes ou attelant des chiens à de petits chariots, qu'ils chargeaient de mauvaises herbes ou de cailloux, dont on débarrassait la terre. C'était le vrai tableau de l'âge d'or, et si le père Adam fût revenu des limbes en ce moment-là, il n'eût pas regretté le paradis terrestre.

Ainsi fut accompli le vœu des habitants du village de Thélème ; ils devinrent tous plus riches et plus heureux que des seigneurs, et pourtant restèrent-ils laborieux et simples comme les bons pauvres de l'Évangile. La vertu leur devint si facile qu'ils ne lui donnaient plus même le nom de vertu : ils l'appelaient liberté et bonheur.

Le frère François cessa de parler, et son auditoire semblait n'avoir pas cessé de l'entendre. Plusieurs avaient des larmes dans les yeux, et tous semblaient rêver comme s'ils eussent écouté au loin quelque délicieuse musique... Enfin ils s'écrièrent tous : — Frère François, notre maître ; frère François, notre ami, nous voulons vivre entre nous comme les habitants de Thélème !

— Hélas! dit le frère médecin, nous n'avons pas ici la bourse de Pantagruel, et nous n'avons pas le bonheur de vivre dans le beau pays d'Utopie, où l'on peut faire tout ce qu'on veut pourvu que ce soit bien. Ne parlez à personne de tout ceci, on vous appellerait hérétiques, et gare le bûcher! Ne dites pas que je vous l'ai dit; je sens déjà assez le fagot; patience, mes enfants! plus tard, et qui vivra verra; avant de replanter, il faut défricher et labourer. En attendant, prenons notre mal en patience, car le mal amène le bien, et rions tant que nous pourrons, car rire fait plus de bien au sang que de pleurer. Et, sur ce, passez-moi du piot, car voici que je gagne la pépie, cette grande maladie de l'île Sonnante, qui est le pays des cloches et des moines, lesquels, à la fin de leur vie, se transforment tous en oiseaux pour avoir trop pris l'habitude de chanter?

En achevant ces paroles, maître François tendit son verre et tint tête aux plus résolus; la nuit était avancée, les lumières s'éteignaient lentement et les étoiles scintillaient dans le ciel pur. Les jeunes mariés s'étaient esquivés pendant l'histoire du bon frère; quelques groupes s'étaient enfoncés sous l'ombre des chênes et avaient disparu. Plusieurs paysans, surtout des vieux, dormaient renversés sur l'herbe en rêvant du pays de Thélème, et il ne se trouvait déjà plus assez de monde pour reformer la danse; les musiciens, joueurs de tambourins et de flûte, s'approchèrent de maître François, et, rangeant en bataille tout ce qui restait de flacons, lui portèrent un joyeux défi. Alors verres de tinter, vin de couler et de mousser dans les verres, et joyeux propos de courir, jusqu'à ce que maître François, victorieux, eût couché tous ses antagonistes par terre, non pas morts ni même précisément ivres, mais suffisamment désaltérés et joyeusement endormis.

IX

LE DERNIER CHAPITRE ET LE PLUS COURT

Cependant une grande désunion s'était manifestée parmi les moines. Le prieur, qui blâmait en secret la sévérité de frère Paphnuce et qui redoutait son ascendant, avait ameuté sous main tous ceux de son parti ; on ouvrit l'autel de la Basmette que frère Lubin n'avait pas manqué de fermer au verrou, comme nous l'avons dit, et l'on y trouva le frère sacristain plus mort que vif, qui se croyait damné et demandait pardon tout haut de s'être fait l'instrument des fourberies de frère Paphnuce. Le prieur assembla le soir un conciliabule de moines où Paphnuce ne fut pas admis, et il fut décidé qu'on tirerait maître François de sa prison pour l'entendre encore une fois. Le prieur se transporta donc lui-même et descendit dans l'*in pace*, il appela maître François, et personne ne lui répondit ; enfin il ouvrit la porte du cachot, et n'y trouva personne.

L'évasion du prisonnier l'alarma encore plus que tout le reste ; il craignit la fureur de Paphnuce et le scandale de cette affaire, et revint tout essoufflé conter aux moines ce qui arrivait.

Il fut décide tout d'une voix que frère Paphnuce serait enfermé dès cette nuit même dans l'*in pace*, et qu'on lui choisirait un cachot plus imperméable que celui de maître François, mais que, pour le frère médecin, on le laisserait aller où il voudrait et sans rien dire, pour ne pas faire de scandale.

La sentence secrète des moines fut exécutée sur-le-champ, et lorsque la communauté se coucha, le méchant Paphnuce était enfermé, comme il le méritait bien, dans la cellule la plus noire et la plus profonde de l'*in pace*.

Le lendemain, comme on ouvrait l'église avant le jour, on vit entrer dans les ténèbres un homme qui paraissait chargé d'une guirlande de feuillage et qui vint la suspendre à l'entrée de la grotte de la Basmette. On pensa que c'était un villageois qui voulait faire preuve de dévotion.

Mais quand le jour fut venu, on vit avec étonnement une guirlande de feuilles de chêne entrelacée de flacons brisés, de verres encore vermeils, de bouquets à demi flétris, de jarretières perdues à la danse, puis quelques flûtes et quelques tambourins enlevés furtivement aux villageois endormis sur la pelouse.

Autour de ce singulier trophée, serpentait une bande de parchemin sur lequel on lisait en gros caractères d'une belle et grande écriture :

EX VOTO DE MAÎTRE FRANÇOIS RABELAIS.

FIN DE LA PREMIÈRE PARTIE

***

DEUXIÈME PARTIE

LES DIABLES DE LA DEVINIÈRE

I

LE CABARET DE LA LAMPROIE

Le plus doux pays qui s'épanouisse sous le plus doux ciel de France, chacun sait que c'est la Touraine ; et s'il est dans tout ce florissant jardin, nommé Touraine, un petit nid bien abrité où puissent couver en paix et donner tranquillement la becquée à leurs petits, tous les oiseaux de bon augure, c'est la bonne vieille petite ville de Chinon. Assise au penchant d'un coteau tout chevelu de forêts, elle se mire dans la Vienne qui vient lui câliner les pieds, et elle se trouve toujours jolie malgré la vieillesse de ses murs et les rides de ses pignons, car elle a le secret de beauté des bonnes mères, et l'amour de ses enfants ne cesse de la rajeunir.

Qui croirait que cette bienheureuse cité soit une fille de Caïn ? Rien n'est plus vrai, pourtant, s'il faut en croire son vieux nom de Caïno et sa légende plus vieille encore. Suivant cette légende, Caïn, repentant et cherchant par tout le monde une terre ignorante de son crime et un ciel qu'il pût regarder sans frayeur, ne trouva qu'en notre belle

Touraine la nature assez indulgente et le ciel assez apaisé.
Aussi s'endormit-il, pour la première fois, d'un bon som-
meil sur les bords de la Vienne, sa triste pensée se berçant
aux voix mêlées de la rivière et de la forêt qui chantaient
comme deux nourrices. À son réveil il crut se sentir pardonné, et voulut bâtir en ce lieu même une retraite pour y
mourir. C'est ainsi que Chinon prit naissance et fut comme
la benoîte abbaye où le diable se fit ermite en la personne
de frère Caïn.

Or, comme toutes les villes célèbres du monde ont leurs
monuments et leurs merveilles, il serait malséant de men-
tionner Chinon sans parler de la Cave peinte an cabaret
de la Lamproie : c'était dans le bon temps le vrai temple
de cette divinité sereine, vermeille et folâtre, qui se couronne de pampres, s'enlumine de lie et presse la grappe à
deux mains ; là aussi, et non ailleurs, se trouvait le siège de
cet oracle de la dive bouteille dont les réponses n'étaient
jamais douteuses, et dont les pronostics étaient toujours
certains. On y descendait par cent marches, ni plus ni
moins, divisées par dix, vingt, trente et quarante, selon la
tétrade de Pythagore. Au- dessus de la porte, faite en ogive
et toute festonnée de pampre et de lierre artistement cise-
lés dans la pierre et peints ensuite au naturel, se voyaient
trois sphères superposées, figure pleine de mystères et de
secrets horrifiques, résumant toute philosophie et symboli-
sant à la fois toutes choses divines et humaines. La sphère
d'en bas était plus large, celle de dessus plus rebondie, celle
d'en haut plus petite, mais plus vivement colorée. La sphère
d'en bas communiquait avec celle du haut par l'entremise

de celle du milieu. En bas était le réservoir, tout en haut la
fiole précieuse où se recueillaient les esprits, et entre deux
le savant alambic où s'élaborait la divine liqueur. La sphère
d'en bas était un tonneau, la sphère du milieu une large et
proéminente bedaine, et la sphère supérieure enfin était la
tête d'un Bacchus riant à travers les pampres et les raisins,
lesquels faisaient à son front un diadème plus divin que les
nuages et les étoiles qui pendent en touffes et en grappes
sur les noirs cheveux de Jupiter.

Sur le tonneau on lisait en lettres gothiques: *Ici l'on
boit;* sur la bedaine se tordait une légende en bandoulière
où l'on pouvait lire: *Ici l'on vit;* et enfin, sur le front même
du Bacchus on découvrait entre les feuilles ces mots non
moins lisiblement tracés: *Ici l'on rit.* Ainsi, par trois fois
trois mots et quatre syllabes se résumait en nombres sacrés
toute cette sagesse hiéroglyphique, selon laquelle le ciel
n'était qu'un éternel sourire, la vie humaine un travail de
digestion panthéistique, et la matière un vin en ébullition
où l'esprit monte et où la lie descend, le tout resserré et
contenu par les cercles planétaires sous les douves du fir-
mament. Que de profondeur et de science dans l'enseigne
d'un cabaret!

Ce n'était point aussi un cabaret ordinaire que l'auberge de la Lamproie, ainsi nommée encore en souvenir de
sa première enseigne, qui datait du temps des Romains,
grands amateurs de lamproies, comme le savent bien ceux
qui ont lu l'histoire de Vedius Pollion. Or, l'esclave de
Vedius Pollion, le même qui faillit si bien être mangé par
les murènes ou lamproies, ayant été affranchi par Auguste,

vint se réfugier dans les Gaules et s'établit aubergiste à Chinon. Là, pour venger les pauvres gens que les grands seigneurs romains faisaient manger aux lamproies, il jura de faire manger des lamproies aux pauvres gens ; et très-bien sut-il effectuer par adresse ce que par force ouverte avait inutilement tenté Spartacus, un de ses ancêtres, voire même son grand-père, si l'on en croit la légende ferrée : les pauvres, pour peu d'argent il festoyait très-bien ; s'assurant ainsi leur amitié et leur pratique ; les riches payaient pour les autres et étaient de tous les plus mal servis, non sans un grand empressement moqueur et force révérences pa-telinoises, et bien souvent leur servait-on couleuvres pour anguilles, tandis que le menu populaire des bons vivants était toujours bien venu, bien vu et bien traité à l'auberge de la Lamproie.

On assure que l'affranchi cabaretier hébergea Ovidius Naso, lorsque ce poëte, bien avantagé en nez et favorisé des amours, traversa les Gaules pour s'en aller en exil, prenant, comme on dit, le chemin des écoliers ; et bien eût-il voulu séjourner longtemps en Touraine. Il resta toutefois assez longtemps pour emporter ensuite les regrets du maître et surtout de la maîtresse de la maison, qui, en souvenir du pauvre exilé, donna un nez démesuré à l'enfant qu'elle mit au monde, neuf mois environ après le départ du poëte, nez qui resta dans la famille et se transmit d'aîné en aîné et de génération en génération.

Au premier cabaretier de la Lamproie succéda Bibulus l'Oriflant, qui, le premier dans les Gaules, fit reposer le Juif errant au commencement de son voyage ; car il le fit tant

rire par un conte de sa façon, qu'il le contraignit de s'asseoir, se déboutonnant le ventre et se tenant les côtés; et il
y serait très-bien resté, n'eût été que le tonnerre gronda et
que les cinq sous perpétuels manquèrent tout à coup dans
la poche de l'Israélite.

À Bibulus l'Oriflant succéda Gorju le chanteur, qui
fut le doyen des troubadours de France et fit le voyage de
Rome, dont il eut à se repentir, car il y prit à la fois femme
et enfant, celle qu'il y épousa se trouvant grosse lors de son
mariage, pour avoir trop goûté les plaisanteries d'un homme de lettres, nommé Lucien, natif de Samosate et peu
estimé des augures.

À Gorju le chanteur succéda Siffle-Pipe-le-Franc-
Gautier qui, à l'article de la mort, fut baptisé par saint
Christophe; et c'est ainsi que le domaine de la Lamproie
comptait aussi et remémorait avec grande reconnaissance
son premier baron chrétien. Mais, en ce qui concerne le
culte de Bacchus, la Cave peinte resta toujours païenne, car
jamais le bon vin n'y fut baptisé.

Déduire tout au long la généalogie des grands pontifes
de ce temple de la gaieté serait chose instructive certainement, utile peut-être, mais à coup sûr fastidieuse. Nous
nous en départirons donc, et il nous suffira de dire qu'au
moment où vont se passer les faits relatés dans cette nouvelle chronique, la Cave peinte et l'auberge de la Lamproie
appartenaient par droit de succession légitime à maître
Thomas Rabelais, apothicaire de Chinon et seigneur de
la Devinière, homme honnête, mais bien dégénéré de la
gaieté de ses aïeux, tant les moines, attentifs à son déclin

d'âge, l'avaient circonvenu et presque hébété de la peur du
grand diable d'enfer; si bien que le pauvre homme, après
avoir consacré son fils unique à saint François, dans le couvent de Fontenay-le-Comte en bas Poitou, d'où le jeune
Rabelais était parti pour la Basmette, près d'Angers, n'avait
plus voulu en entendre parler, par suite de mauvais rapports
qui lui en avaient été faits, et s'en allait mourant parmi les
patenôtres et les tisanes, ne voulant plus voir que des moines, et pour cela même, avec quelque raison peut- être, se
croyant entouré de diables.

Nous n'avons pas besoin de dire que le dévot apothicaire, renonçant depuis longtemps à la profession de cabaretier, ne logeait plus à la Lamproie; il s'était retiré, comme
dans un ermitage, à sa métairie de la Devinière, près de
Seuillé, dont il écoutait surtout et voulait à toute heure recevoir et consulter les moines. La Devinière était située à
une bonne lieue de Chinon, entre Tisé, Cinais et Chavigny,
vis-à-vis de la Roche-Clermaud; c'était une grande maison
isolée au milieu des champs, enfermée dans un double mur,
celui de son jardin et celui de son clos; car elle avait un petit
jardin d'arbres fruitiers et un grand clos planté de vignes.
Or, ce clos convenait merveilleusement aux bons religieux
de Seuillé, dont les possessions s'étendaient depuis Lerné
et le Coudray jusqu'aux murs de la Devinière. Il est certain
que c'était un beau petit coin de terre à bénir, et qu'un aussi
notable surcroît de vendange ne pouvait désobliger en rien
la soif des vénérables pères.

Pendant que maître Thomas était malade à la Devinière,
le cabaret de la Lamproie était tenu par son neveu, jeune

homme de peu d'esprit, mais grand viveur. Deux servantes, et un grand chien, composaient tout le domestique de la Cave peinte ; or, il est temps, je crois, maintenant, d'entrer en matière et de commencer notre récit.

Par une chaude journée de la belle saison, vers deux heures de l'après-midi, huit jours environ après le miracle de la Basmette, dont nous avons parlé dans la chronique précédente, un voyageur, tout couvert de poussière et assez mal en point, s'arrêta devant le seuil de la Cave peinte et en salua l'enseigne philosophique avec toute l'apparence d'un profond respect ; puis il secoua son chapeau blanchi, ses gros souliers et ses larges chausses, et se mit à descendre lentement les degrés en regardant attentivement les peintures à fresque dont les parois de l'escalier étaient décorées.

C'était « ung arceau incrusté de piastre, painct en » dehors rudement d'une danse de femmes et saty- » res accompaignans le viel Silenus riant sur son asne », comme dit un auteur du temps. L'ouvrage n'était ni délicat ni recherché d'invention, mais la composition était naïve et l'exécution vaillante, l'artiste ne bronchant devant aucu- ne difficulté, mais les enjambant à merveille, ou mieux les sautant à pieds joints ; là, l'inexpérience du pinceau n'avait rien de timide, et pouvait souvent, à force d'audace, se faire accepter comme un caprice du talent. C'était surtout dans le luxe des arabesques et dans l'entortillement infini des chicorées, des acanthes et des fougères, que se révélait la fantaisie du peintre, toujours plus folle à mesure qu'on ap- prochait du bas de l'escalier, comme si les émanations de cet antre prophétique avaient dessiné elles-mêmes sur la muraille toutes les hallucinations de l'ivresse, ou plutôt, comme si le peintre se fût enivré graduellement à mesure qu'il descendait, et n'avait quitté le pinceau que quand sa main n'avait plus assez été sûre pour tenir même le pied de son verre.

Le voyageur dont nous venons de parler descendait lentement en suivant et caressant des yeux les fantaisies bachiques de cette mirifique peinture. Cependant du fond de la Cave peinte montait au- devant de lui une fraîcheur pleine de voix joyeuses avec le tintement des verres, le cliquetis des assiettes et le gazouillement des cruches. L'étranger s'arrêta comme en extase, humant cette fraîcheur et ce bruit, et je ne sais combien de temps il y serait demeuré, sans le grand chien de la maison, vieux serviteur qu'on laissait vaguer dans le cabaret où il se nourrissait de bribes, véritable frère mendiant, si ce n'est qu'il avait du cœur et ne se rapprochait jamais de ceux qui l'avaient injustement rudoyé.

Ce grand chien donc quitta tout à coup un os dont il s'occupait dans un coin, et remplissant tout le caveau de ses aboiements joyeux qui couvrirent le chant des buveurs, il s'élança vers la porte, et sur le seuil rencontrant le voyageur arrêté, il se dressa tout droit devant lui les pattes posées l'une deçà, l'autre delà sur ses épaules, le souffle haletant, la queue frétillante, autant que le permettait son grand âge, et de lui lécher la figure, les mains, les pieds ; et de se frotter à ses jambes, et de tournoyer autour de lui avec des grognements de plaisir et des petits cris entrecoupés, comme si la pauvre bête eût pleuré et sangloté d'aise. L'étranger, de son côté, lui rendait bien toutes ses caresses. — C'est donc toi, lui disait-il, mon pauvre Lichepot, tu vis toujours et tu te souviens encore de moi! oh! la bonne chienne d'amitié! Là! là! voyons, ne meurs pas de joie, comme fit le vieux chien d'Ulysses. O, mon mignon, mon bedon, mon grognon! ouaf! ouaf! c'est bien toujours sa voix: seulement elle est un peu cassée! Hélas! nous sommes tous mortels, et ta vieillesse me vieillit déjà, mon brave ami, mon pauvre nez camus! Comme passe le temps! il me semble y être encore, à cette époque où nous faisions ménage ensemble! j'allais te trouver dans ta niche, et tous deux ensemble, l'un sur l'autre, nous nous roulions, sens devant derrière, sens dessus dessous, et jamais de fâcherie! tu buvais avec moi du lait dans mon écuelle, je trempais mon pain dans ta soupe, je te mordais les oreilles, tu me débarbouillais n'importe où, n'importe comment, et nous étions parfaitement contents l'un de l'autre. Oh! les beaux jours de mon enfance, pourquoi sont-ils à tout jamais passés!

Pendant ce monologue, ou plutôt pendant ce colloque de l'homme et du chien, tous les buveurs avaient tourné la tête, et une vieille servante s'était approchée, tenant un torchon d'une main et de l'autre une pinte vide.

— Allez coucher! allez coucher! cria-t-elle en frappant le chien de son torchon. Puis jetant sur le nouveau venu un regard d'investigation inquiète:

— Que faudra-t-il vous servir? lui demanda-t-elle.

— Eh quoi! la mère Maguette ne me reconnaît pas? dit à demi-voix l'étranger.

— Non, dit sèchement la vieille, un peu confuse et détournant les yeux.

— Eh quoi! dix ans d'absence ont-ils pu me changer à ce point que tu ne me reconnaisses plus, toi qui m'as si souvent donné le fouet? Je n'aurais peut-être pas dû commencer par te montrer mon visage...

— Silence! silence! reprit Maguette en baissant la voix. Je vous reconnais peut-être bien, mais il ne faut pas que je le dise. Il n'y a pas de place ici pour vous; allez vous-en, allez vous-en!

— Comment! que je m'en aille! Laisse-moi donc arriver d'abord. Comment donc se porte mon père?

— Vous n'avez plus de père, monsieur François; notre vieux maître est si en colère contre vous, qu'il a défendu de prononcer votre nom, et d'ailleurs il n'est plus ici; il demeure à la Devinière.

— Eh bien! qu'est-ce qu'il y a donc, et que demande cet homme? Si c'est la charité, qu'on lui baille un morceau de pain et qu'il s'en aille, cria du fond du cabaret la voix aigre de l'autre servante qui, en l'absence du patron, faisait quelque peu la maîtresse.

— Merci, ma bonne, dit maître François, que nos lecteurs ont sans doute déjà reconnu; merci de votre charité, j'y avais droit en ma qualité de frère mendiant, quand j'étais chez les franciscains; mais je vous avertis que, pour le moment, je sens quelque peu le fagot; ainsi placez mieux vos aumônes.

— Que veut dire ce bon pendard, se récria la maritorne furieuse, et comprenant seulement qu'on venait de se moquer d'elle. N'est-ce pas quelque parpaillot ou quelque

coupeur de bourse ? Allons, arrière ! arrière ! et que l'on dé-
campe de céans, ou je vais chercher les archers.

— Allez-moi plutôt querir un pot de vin frais, et faites
place pour que j'entre et puisse m'asseoir ; je suis le fils de
votre maître.

— Taisez-vous donc, pour Dieu ! taisez-vous donc, et
allez vous- en, lui répétait tout bas la vieille Maguette. Dire
ainsi tout haut ce que vous êtes, c'est vouloir vous faire
chasser à coups de balai !

En effet, la parole ne fut pas plutôt lâchée que la grosse
servante- maîtresse devint rouge comme une crête de coq,
et se rengorgeant comme une poule en colère :

— Que dites-vous là, menteur, affronteur, vagabond ?
notre maître n'a point de fils qui soit fait comme vous. Son
fils, s'il en a un, est un saint prêtre et un honnête religieux,
et non pas un coureur de grands chemins. Allons, en route !
et que je ne vous le disions plus, vermine du diable !

Et joignant l'action aux paroles, la truande s'avançait
armée d'une vieille poêle à frire.

Le pauvre vieux chien se rua entre elle et son jeune
maître en poussant des aboiements plaintifs ; mal lui en
prit, car il reçut sur la tête un coup de la hallebarde improvisée, dont le fer arrondi ne pouvait pas lui faire une bien
profonde blessure. Toutefois, il en porta sur-le-champ la
marque, non pas sanglante, mais d'un beau noir de suie, et
se retira du combat en hurlant d'un ton de voix désespéré.

Les buveurs de la Cave peinte, riant aux éclats, s'étaient
rangés en demi-cercle et encourageaient la colère comique
de la servante par ce sifflement de langue et des dents avec

lequel on excite les dogues à la bataille. La vieille Maguette, sous l'influence de la peur que lui inspirait sa compagne, s'était mise aussi dans une attitude offensive, et avait pris un balai derrière la porte.

— Touchant accueil fait à l'enfant prodigue! s'écriait maître François en joignant les mains. Oh! les bonnes âmes, et comme je reconnais bien les excellents fruits du saint Évangile!

— Jésus, mon Dieu! dit la vieille, il parle du saint Évangile! C'est donc bien vrai qu'il a renié la religion pour se faire huguenot. Qui aurait pensé cela lorsqu'il était petit, et quand, à le voir si gourmand et si polisson, tout le monde disait : « Ce sera un jour un bon moine. »

— A la porte! à la porte! crièrent alors tous les buveurs; il est de la vache à Colas!

Maître François s'apprêtait à les haranguer, lorsqu'une voix forte se fit entendre sur les degrés de la Cave peinte, chantant sur un air alors connu ce couplet d'une chanson à boire :

De l'huile des savants la lumière est trop terne
Pour nourrir la gaîté, ce lumignon divin,
Et si mon ventre était une lanterne,
Je voudrais éclairer le monde avec du vin!

— Bis! répondirent avec des applaudissements et des acclamations toutes les voix du cabaret.

— C'est frère Jean! c'est frère Jean! répétèrent tous les buveurs.

Maître François se retourna, et se trouvant face à face avec celui qui descendait, il poussa à son tour une exclamation joyeuse et ouvrit ses deux bras, dans lesquels frère Jean, qui le reconnut tout d'abord, se précipita tout d'un élan.

— C'est lui! c'est parbleu bien lui! ça, que je l'étouffe une bonne fois à force de l'embrasser!

— Frère Jean, mon ami!

— Frère François, mon compère! Oh! le roi des frapparts!

— Oh! la crème des penaillons!

— Toujours franc gautier?

— Toujours joyeux compagnon?

— Et la science de votre paternité, comment va-t-elle?

— Et la soif de votre rotondité, qu'en faites-vous?

— Pardienne! je vais t'en faire avoir des nouvelles les plus récentes, docteur, mon mignon. Boirons-nous frais? Eh! parbleu, les belles, qu'est-il affaire ici de balais et de poêle à frire? Il sera temps de balayer quand nous serons partis, et pour la poêle, c'est sur un feu clair et bien flambant qu'il faut la mettre; j'entends avec bonnes andouillettes et menues tranches de lard pour saler la soif. Allons, vite à l'ouvrage, notre sainte religion ne souffre point les fainéants... surtout en matière de cuisine! En attendant, exhibez-nous un pot du meilleur. Je viens ici de la part du révérend prieur de Seuillé.

— Mais c'est que vous ne savez pas que maître Thomas a défendu que...

— Que! que! que! poursuivit frère Jean en poussant les deux servantes chacune par une épaule. En cuisine et à boire! voilà le mot de passe.

— Mais c'est qu'il nous est défendu de reconnaître maître François si par hasard il se présentait, et comme monsieur n'est pas céans...

— Eh! mille tonneaux! qui vous force à reconnaître autre chose que vos jambons et vos bouteilles, et qui parle ici de maître François? Vous ne l'avez pas reconnu, n'est-ce pas? puisque vous le mettiez à la porte; car ainsi n'eussiez-vous pas traité le fils de la maison. Maintenant le repoussiez-vous, parce qu'il vous est inconnu et qu'il vous semble en assez mauvais équipage? Je le connais et je réponds pour lui. C'est le docteur Hypothadée Rondibilis Trouillogan, théologien, médecin et philosophe: que tout le monde boive à sa santé! Mais quoi! n'ai-je pas en descendant ici entendu murmurer les mots de huguenot et de vache à Colas? Croyez-moi, les enfants, quand la vache à Colas aura fait des veaux vous pourrez les reconnaître à un certain air de famille qu'ils auront avec vous, et libres serez-vous alors de leur tremper la queue dans l'eau bénite pour vous en faire des goupillons dont ils vous aspergeront en chassant les mouches. Mais, foin des hérétiques et des buveurs d'eau! sachez tous que celui-là doit être réputé catholique et bon chrétien qui entre à la Cave peinte, bras dessus, bras dessous avec frère Jean des Entommures!

II

LE PATENOTRES DE FRÈRE JEAN

Les paroles joyeusement impératives de frère Jean parurent avoir sur tout le personnel de l'auberge la même influence que le *quos ego* de Neptunus sur les flots mutinés et sur les turbulents écoliers d'Éolus, c'est-à-dire, sans mythologie, que chacun retourna tranquillement à sa place, que la mère Maguette quitta son balai pour reprendre sa pinte et son torchon, et quels grosse Mathurine se mit à essuyer sa poêle et monta vers le garde-manger pour couper du lard. Frère Jean et frère François s'installèrent triomphalement à la table la plus apparente et la mieux entretenue du cabaret, où ils se mirent à deviser à voix haute, tantôt riant à gorge déployée, tantôt plus graves et se rembrunissant le front à la manière des docteurs, mais toujours finissant leurs propos par trinquer et boire d'autant.

Il ne sera que bien de faire maintenant plus ample connaissance avec ce joyeux personnage, qui, sous le nom de frère Jean, se faisait si bien obéir et si magistralement traiter à l'auberge de la Lamproie.

De tous les moines de Seuillé, nul n'était plus connu dans tout Chinon que le bon frère Jean Buinard, surnommé Jean des Entommures ou Entamures, parce qu'étant toujours le premier à l'attaque des gigots les plus monstrueux et des plus gigantesques pâtés à tous les festins de noces ou de baptême, on lui rapportait toujours l'honneur de l'entamure en lui offrant le premier morceau. On prétend aussi que, dans toutes les négociations, réconciliations et arrangements à l'amiable, nul ne savait mieux que lui accoster les parties adverses et entamer la conversation sur les matières épineuses ; et de fait on ne pouvait lui refuser cet avantage naturel d'être homme de bonne compagnie et de bon conseil, sachant toujours prendre les choses du bon côté, et fraternisant volontiers avec le menu populaire ; aussi était-il vénéré jusqu'à dix-huit lieues à la ronde par les campagnes, et tous les villageois disaient-ils en façon de proverbe, quand ils avaient entre eux quelques différends difficiles à bien accorder : Je m'en rapporte à frère Jean.

Le frère Buinard, pour bien sentir et discerner toutes choses, avait beaucoup de nez, soit dit au physique aussi bien qu'au moral ; de telle sorte qu'on l'avait même soupçonné de quelque consanguinité anonyme avec la dynastie régnante des seigneurs de la Devinière et de la Lamproie. Il n'était, du reste, ni grand ni maigre, comme le dit par antiphrase et par plaisanterie la chronique de Gargantua ; c'était, au contraire, un petit homme replet et trapu, aux sourcils noirs et bien fournis, aux yeux vifs et brillants, au teint fortement coloré ; c'était une tête du Midi sur le corps d'un bourgmestre de Flandres. Il portait la ceinture très-

basse, pour soutenir sa panse un peu plus rebondie que le
bon exemple ne l'exigeait pour un prédicateur de carême.
Son froc était assez mal boutonné, et son capuchon, en
s'abaissant, laissait voir une tête toute dépouillée de cheveux et tonsurée par la nature. Il portait toujours, en sa qualité de sommelier de son couvent, un trousseau de clefs et
une escarcelle à sa ceinture ; il s'appuyait en marchant sur
un gros bâton qui avait servi autrefois de manche à la croix
de la procession, et sur lequel on voyait encore en demi-
relief quelques fleurs de lis presque effacées. Toujours riant
et en belle humeur, distribuant volontiers aux nécessiteux
des aumônes, aux petits enfants des images, et aux malades
de joyeux contes ; chéri de tout le monde, se garant avec
soin des cafards et des faux dévots, franc comme l'or et fin
comme l'ambre, mais beaucoup plus assidu à la bouteille
qu'à son bréviaire, tel était frère Jean des Entommures, un
des meilleurs amis de notre joyeux maître François.

Or, en attendant la friture, tous deux assis à la même
table et buvant à la même pinte, ils entrèrent en joyeux
propos. Oh ! le gentil vin blanc ! s'écria maître François en
lorgnant à travers son verre plein ; c'est de la Devinière sans
doute ? Je reconnais bien là nos excellents raisins pineaux !

— Bren ! bren ! disait entre ses dents la grosse servante
qui allait et venait autour d'eux, la Devinière n'est pas pour
toi.

Mais un regard de frère Jean suffisait pour lui imposer
silence, et cette femelle si acariâtre et si hautaine avec tout
le monde, filait doux devant lui comme une petite sainte

Geneviève, ce dont maître François semblait quelque peu s'étonner.

— Ça! dit frère Jean, racontons-nous un peu nos aventures. Il ne tient qu'à nous de commencer ici un poëme épique et de nous donner mutuellement le commencement de nos faits et gestes héroïques, car je me doute bien que vous avez eu à soutenir de grands combats, tant à Fontenay-le-Comte qu'à la Basmette.

— Frère Buinard, dit maître François, je te renie pour mon frère en momerie si tu me dis vous comme à un étranger ; je veux bien te raconter mes aventures de la Basmette, mais tu me diras ensuite tout ce que tu sais des nouvelles de céans, et pourquoi messire Thomas, mon père, est si fort irrité contre moi.

— C'est précisément, dit frère Jean, pour tes exploits de la Basmette ; mais raconte-les-moi, car je n'en suis pas bien informé.

Et là-dessus maître François lui raconta ce que nous avons déjà vu dans *Rabelais à la Basmette*.

— Vivat! frère Lubin, dit le moine, et buvons frais à la santé de la gentille Marjolaine. Si jamais je vais en Anjou, je veux lui apprendre mes patenôtres.

— Bon! et en quoi tes patenôtres diffèrent-elles des patenôtres du monde chrétien?

— Ce sont les patenôtres de quintessence, dit frère Jean : mais revenons à nos moutons. — Voici qu'on nous apporte des grillades.

— Bien! nos moutons, à ce qu'il nous paraît, portaient de la soie pour de la laine. C'étaient des rustres parvenus.

— Ou bien des moines enrichis: mais parlons d'autre chose. Tu veux, n'est-ce pas, savoir des nouvelles de ton père et de ta famille, qui te faisait tout à l'heure assez rudement accueillir?

— C'est ce que je te demande, frère Jean mon ami, par les houseaux de saint Benoît.

— Pardieu, tu n'avais besoin d'adjurer personne. Me voici prêt à parler si tu l'es aussi à m'entendre.

— Parle, dit gravement maître François en coupant une tranche de lard.

— Tu sauras donc, dit frère Jean, que la maison d'ici et celle de la Devinière sont dans le plus grand désarroi.

— Je m'en doutais, mais va toujours.

— Eh bien, c'est que ton pauvre père est à moitié fou.

— Il s'est donc déjà dessaisi de la moitié de son bien en faveur des moines?

— Non, mais il compte bientôt leur donner tout s'il ne tient qu'à frère Macé-Pelosse, et voici comment la farce se joue:

— Lève le rideau, dit maître François.

— Tu sais ce que c'est que ton cousin Jérôme.

— Parfaitement. C'est une barrique défoncée....

— Oui, mais qui ne perd pas d'esprit faute d'en avoir jamais été pleine. Le drôle n'en a pas moins séduit une petite fille que convoitait frère Macé. Le moine voudrait bien se consoler de cette déconvenue en buvant du meilleur aux dépens du cousin Jérôme, et il voudrait souffler la Devinière à celui qui lui a soufflé sa belle. Aussi s'est-il emparé de l'esprit de messire Thomas, et sous le prétexte de le garder dans

sa maladie, il ne laisse pénétrer personne jusqu'à lui, attendant sans doute que le bonhomme ait rendu l'âme pour
lever le masque et exhiber un bon testament bien en forme,
où le cher neveu sera déshérité à cause de son inconduite.
Quant à ta part, on y a mis bon ordre en te faisant prononcer tes vœux de pauvreté ; mais on a peur de ton retour, car
ton père a reçu une longue lettre du prieur de la Basmette,
et toutes les mesures sont prises pour que tu ne parviennes
pas jusqu'à lui, si tu voulais le voir et lui parler, attendu que
ton éloquence et ta finesse naturelle leur sont bien connues.
Et tu vois que des ordres avaient même été donnés pour te
mal accueillir ici, où les premiers venus doivent cependant
être bien reçus pour leur argent.

— Bien m'en a pris, en ce cas, de te rencontrer ; mais
comment donc as-tu sur la féroce Mathurin un ascendant
aussi prodigieux ? Je crois, en vérité, qu'elle baisse les yeux
quand tu la regardes.

— C'est que je suis son confesseur, et de plus....

— Assez, frère Jean, mon compère ; n'en dis pas tant,
j'en comprendrais davantage encore. Tu lui apprends sans
doute tes patenôtres ?

— Oh ! pour cela, je n'ai pas grand'peine ; c'est une fille
accommodante, et elle dit souvent amen avant que je commence l'oraison. J'en fais tout ce que je veux, je t'assure, et
au fond elle n'est pas méchante.

— En ce cas, elle économise bien son fonds, et je la
crois femme de ménage. Mais ne parlais-tu pas d'une petite qui avait été trompée par mon cousin Jérôme ?

— Ah! oui, la petite Violette, charmante fille, en vérité, et qui méritait de meilleures amours. Il l'a abandonnée,
pensant qu'il recouvrerait ainsi les bonnes grâces de son
oncle; puis, le mécontentement de lui-même et la paresse
l'ont pris au corps, si bien qu'il néglige maintenant à la fois
et Violette qui pleure dans sa cabane auprès de la Roche-
Clairmaud, où elle attend toujours qu'il vienne la prendre
pour l'épouser, comme il le lui a si souvent promis, et son
vieil oncle, qui agonise entre les pilules de sa propre composition et les sermons de père Macé, et l'auberge même
de la Lamproie, où presque jamais maintenant on ne le
rencontre. Les vieilles des environs prétendent qu'il court
le garou; moi, je crois qu'il pense de l'ivrognerie ce que l'on
dit ordinairement des prophètes: personne ne peut l'être
chez soi; et le cousin Jérôme suppose qu'il ne se griserait
pas si bien avec le vin de la Cave peinte. Plus d'une fois, en
m'en retournant à Seuillé, je l'ai rencontré chancelant au
bord d'une route, et je ne pense pas que ce fût de la diète
ou de la fièvre. Honni soit, d'ailleurs, qui mal y pensé! la
petite Violette n'a pas trop à se plaindre. On la quitte pour
la bouteille: c'est la traiter assurément comme j'ai souvent
traité mon bréviaire. Or, le bréviaire, comme on sait, est la
femme des gens d'église.

— Et tes patenôtres, frère Jean, les laisses-tu pour la
bouteille?

— Non, fais-je, en vérité, car le ventre de la bouteille est
un des gros grains de mon rosaire. Vois-tu, frère François,
mon maître, n'en déplaise à ta médecine, j'enfile dans une
même chaîne de gaieté franche mes jours tels que Dieu me

les donne, et de tous les plaisirs qu'il m'envoie, je le bénis en les comptant. Tout ce que ma main touche d'agréable à saisir, soit le goulot d'une bouteille, soit une vermeille et appétissante grappe du beau clos de la Devinière, je le prends pour sujet de mon oraison, et j'en remercie dévotement le ciel. C'est ainsi que j'égrène la vie, prenant volontiers pour chapelet cette couronne de raisins qui dessine la tonsure du vieux Silène. N'est-ce pas une bonne chose que de bénir Dieu à propos de tout ? et le bon moyen de faire que les choses de ce monde n'empêchent en rien notre sanctification, n'est-ce pas de les sanctifier elles-mêmes ? Je te dis en vérité, maître François, mon bel ami, que je ne chante pas une chanson que la reconnaissance de mon âme pour la divine Providence qui nous donne le piot n'en fasse en intention un vrai cantique, un verre de bon vin me fait presque pleurer de joie ; il me semble que je goûte la bonté même du bon Dieu, et que son amour me réchauffe le cœur. Alors, je suis indulgent pour toute la terre ; le diable serait assis auprès de moi que j'étendrais un coin de mon froc pour m'empêcher de voir sa queue. La grosse Mathurin elle-même me paraît alors aimable et belle comme la plus jeune des sirènes ! Çà, combien de patenôtres avons-nous déjà défilées ? deux, trois, quatre ; débouchons celle-ci, et il ne nous en faudra plus qu'une autre ; mes patenôtres sont à l'usage de Rome et doivent avoir six gros grains. Ce sont des ventres de bouteilles ; les menus suffrages sont des petits verres. Continuons et ne négligeons rien.

— C'est très-bien, dit maître François, j'estime assez tes patenôtres, mais je vois qu'il faut que je parte pour la

Devinière, et que j'essaye de délivrer mon pauvre père de tous ces tirelopins qui l'obsèdent. Comment ferai-je pour parvenir jusqu'à lui? Je compte sur toi, frère Jean, tu me serviras d'introducteur là-bas comme céans: *clericus clericum...* tu sais le proverbe. Or, ce n'est pas du bien que je me soucie. Je ne m'arrête pas ici, je veux aller à Montpellier où je trouverai plus d'argent qu'il ne m'en faudra; mais, en vérité, je ne saurais laisser mourir mon père entre les mains de ces gens-là.

— Je le conçois, dit frère Jean, et je t'aiderai de tout mon pouvoir; attends que je dise deux mots à l'oreille de Mathurin.... Bien, la voilà toute à ton service. Tout est convenu; personne ne te connaît ici. Tu es un savant de mes amis, venu de très-loin pour me voir; tu reprendras pour ce soir ton ancienne chambre, au-dessus du jeu de boules, je t'y ferai tenir tout ce dont tu as besoin, et dès demain je viendrai te chercher pour aller à la Devinière. C'est entendu, n'est-ce pas? Eh bien! plus rien dans les bouteilles? Eh! Mathurine! Mathurine! va nous remplir la dame-jeanne, mes patenôtres sont finies pour aujourd'hui; passons au dernier *oremus!*

III

LE SEIGNEUR DE LA DEVINIÈRE

Le pont de Chinon réunit à la ville le bourg de Parillé ; à un quart de lieue de là, toujours sur la rive gauche de la Vienne, on trouve, en passant par Vaubreton, le chemin de la Roche-Clairmaud. Des hauteurs de la Roche-Clairmaud, on découvre le plus beau paysage qui se puisse voir ; c'est là que les plus riches campagnes de France étendent leurs magnifiques tapis verts sur un terrain délicieusement accidenté et tout brodé de bouquets de bois au milieu desquels s'épanouissent des bourgs et des villages. Là, les aiguilles des clochers semblent percer la mousse des roches et pousser comme des pariétaires ; plus loin, de petites maisons blanches s'éparpillent au penchant d'un coteau et se rangent aux bords de la rivière comme des brebis qui descendent à l'abreuvoir. Des cours d'eau serpentent de tous côtés, et les rivières qui baignent ces contrées heureuses semblent vouloir y dépenser toutes leurs eaux, comme si elles espéraient y mourir, et, de fait, nulle part elles ne réfléchiraient le sourire d'un ciel plus doux, et les séductions d'un climat tiède et caressant ne les endormiraient nulle part sous des rives plus enchantées. D'un côté, c'est la Vienne qui va se réunir à la Loire entre Claye et Mont-Soreau, non loin de l'île bienheureuse où devait s'élever l'abbaye de Thélème; plus loin, sur la droite et en arrière, coule tranquillement la Vède, dont le gué fut sondé, dit-on, par les soldats de Picrochole. Au pied même de la Roche-Clairmaud passe la petite rivière de Fresnay, qui se jette dans la Vienne, au-dessous de Potillé et de Cinais, et qui se forme d'une multitude de petits ruisseaux. La campagne, de ce côté, est véritablement merveilleuse : c'est un jardin du pays des fées. Aussi loin que le regard peut se porter, on ne voit que luxe de la nature et délices des yeux; là aussi les clochers se multiplient et les villages se rapprochent en signe de concorde de la terre et du ciel. C'est au milieu de ce paradis terrestre qu'on aperçoit tout d'abord, de la Roche-Clairmaud, les bâtiments gothiques et les tours aiguës de l'abbaye de Seuillé, tout entourée de vignobles et de champs, plantés de pommiers et de poiriers, qui s'étendent, comme nous l'avons dit, jusqu'au clos de la Devinière.

C'est à la Devinière que nous allons.

Après avoir traversé le gué du Fresnay, on continue de suivre à rebours le chemin de la Roche-Clairmaud, et à l'endroit où il se croise avec le chemin de Seuillé, on voit apparaître, au-dessus d'une muraille assez haute, le pignon le plus élevé du grand bâtiment de la métairie. Ce bâtiment ressemble assez à une église de campagne, car le premier étage est comme à cheval sur un rez-de-chaussée beaucoup plus vaste; une petite maisonnette, adossée au front même de cette singulière construction, semble servir de péristyle au grand portail, qui n'existe cependant pas. Une autre maisonnette, un peu plus grande et entièrement séparée du corps de logis principal, sert de retraite au métayer ; le premier étage de la grande maison est habité par le seigneur de la Devinière.

Le lendemain de la rencontre de frère Jean et de maître François, le vieux Thomas Rabelais était assis dans un immense fauteuil, près du feu, malgré la belle saison et la grande chaleur, car il avait toujours besoin de tenir chaudes ses potions et ses tisanes. Il était donc enveloppé dans une grande robe de laine à grandes fleurs rouges et jaunes, un bonnet de nuit enfoncé jusque sur ses yeux, et les lunettes attachées au bonnet ; un de ses pieds, tout emmaillotté de linges, était étendu sur un tabouret, car il avait des accès de goutte ; il appuyait ses deux mains et son menton sur une canne à bec de corbin qui semblait parodier son nez ; une petite toux sèche le secouait par intervalles ; il regardait les tisons d'un air mécontent, et semblait quereller tous bas les coussins dont son dos et ses coudes étaient, selon lui, mal rembourrés. Près de lui, sur un siège de bois sculpté et garni d'un ancien velours vert à clous dorés et à bordure noire, se prélassait le frère Macé-Pelosse, le pourvoyeur du couvent de Seuillé.

Frère Macé était un petit moine sec et brun, aux yeux sournois, à la peau luisante et bise ; ses grosses et flasques paupières embéguinaient de leur mieux ses regards perçants et rancuniers : il plissait habituellement ses lèvres, comme pour rapetisser la fente démesurée de sa bouche

et protéger l'incognito d'un râtelier dégarni et déchaussé ;
car bien rarement les cafards sont-ils porteurs de belles
dents, à cause des exhalaisons fortes de leur vie intérieure,
qui consiste assez souvent en un mauvais estomac et en un
foie engorgé et malade. Frère Macé avait, de plus, la tenue
modeste et les mains jointes dans les manches de sa cuculle
d'un beau drap fin et mal brossé ; un chapelet de Jérusalem
était passé dans son étroite ceinture de cuir, et faisait tinter,
au moindre mouvement qu'il faisait, toute une grappe de
têtes de mort, de reliquaires et de médailles miraculeuses.
Il tenait ouvert sur ses genoux un gros et gras bouquin relié
en parchemin jaune, c'était la fleur des exemples ; il venait
de faire au vieux Thomas sa petite lecture du matin, et il en
était au commentaire.

— Considérez bien, disait-il, d'après les divers exemples que je vous ai lus, combien les saints ont toujours ab-
horré la chair et le sang, et les chaînes de la parenté et les
tendresses de la famille. Ici, c'est un saint Siméon Stylite
qui, après dix-huit ans d'absence, refuse de descendre de sa
colonne pour recevoir les adieux d'une mère qui se meurt ;
là, c'est un saint Alexis qui, le jour même de son mariage,
quitte sa femme et ses parents, pour s'en aller mendiant
et courant le monde. Plus loin, c'est un pieux solitaire qui,
pour obéir à son supérieur, jette son propre enfant dans
un puits ; Dieu est jaloux de nos affections, et maltraiter
ceux qu'il nous soupçonnerait volontiers d'aimer, c'est lui
donner des preuves d'amour ! Heureux le saint enfant qui
compte pour rien les larmes de sa mère, et qui marcherait
sur les cheveux blancs de son père, plutôt que de s'arrêter

une seule minute sur le chemin glissant de la perfection!
La religion est une doctrine de mort qui tue et sacrifie tout
sans pitié.

Dieu n'a pas épargné son propre fils; il l'a abandonné au supplice quoique innocent, et nous aurions pitié de
nos enfants coupables! Eh! que nous importent les fruits
impurs de la chair et du sang! Nos enfants, ce sont nos
bonnes œuvres, nos mortifications, nos aumônes à l'Église
et nos incessantes prières. Quant à ceux dont la naissance
doit nous faire rougir en nous rappelant des instants de
concupiscence satisfaite, nous devons leur laisser de bons
exemples à suivre : voilà tout l'héritage d'un chrétien. Mais
pour cet argent mal acquis, pour cette richesse d'iniquité,
prenons garde qu'elle ne crie contre nous après notre mort
en perpétuant nos désordres; sanctifions cet argent afin
qu'il ne périsse pas avec nous; suspendons aux colonnes du
temple de Dieu les dépouilles de Bélial; mourons pauvres
pour expier le crime d'avoir vécu riches, et laissons à nos
enfants et à nos hoirs la pauvreté chrétienne comme le plus
grand de tous les trésors.

Frère Macé s'arrêta un peu pour souffler au bout de
cette lourde période, et, roulant les yeux de côté, il épiait sur
les traits du père Thomas l'effet de sa pieuse harangue.

Le vieux Thomas avait l'air toujours plus impatient et
plus ennuyé.

— Pardieu! dit-il enfin d'un ton qui fit tressaillir le
moine, si la pauvreté est un si excellent bien, pourquoi ne
la laisserais-je pas aux bons religieux de Seuillé plutôt qu'à
mon pendard de neveu? et si l'argent est une chose si per-

nicieuse, pourquoi donc les moines sont- ils en général si empressés pour en avoir ?

— Saint Benoît! que dites-vous, reprit frère Macé en se signant deux fois, les moines et les religieux ne sont-ils pas toujours pauvres au milieu même des richesses, puisqu'ils ne possèdent rien en propre, pas même le vêtement qui les couvre! C'est à la communauté que vous laisserez votre héritage : aucun de nous en son particulier n'en aura rien, mais tous s'en trouveront mieux et prieront Dieu pour vous. Donner à la communauté, c'est donner à Dieu ; car c'est à Dieu seul qu'appartient réellement ce qui est à tous.

— Peut-être bien, frère Macé, peut-être bien! je ne soutiens pas le contraire. Et vous savez, de reste, que je prétends donner à la sainte abbaye de Seuillé cette métairie de la Devinière. Je l'ai promis, et je ne m'en dédis pas ; mais j'ai l'entendement tout troublé de doutes et de scrupules. Vous savez que la pauvreté, qui est la bonne nourrice de la vertu des saints, est une mauvaise conseillère pour les âmes faibles. Ainsi me voilà en perplexité touchant mon neveu ; car je ne vous parle pas de mon fils, qu'il faudrait peut-être cependant assister dans l'extrémité où il doit se trouver. Mais parlons de mon neveu ; il est faible d'esprit et paresseux de son naturel ; si je le laisse dans la misère, il se fera peut-être bateleur ou larron, à la honte de sa famille. Vous me dites que Dieu a frappé son fils bien-aimé : sans doute, mais c'était pour lui ouvrir ensuite le royaume de sa gloire et le constituer héritier de sa toute-puissance ; de plus, s'il a voulu soumettre sa propre divinité à la mort, c'était pour nous, qui sommes ses enfants : il a donc bien aimé les siens,

et nous donne son exemple à suivre. Je ne sais comment
le grand saint Siméon Stylite arrangeait sa sainteté avec
le commandement de Dieu qui nous dit d'honorer père et
mère. Saint Alexis savait sans doute que répondre à cette
parole de notre Seigneur : Celui qui se sépare de sa femme,
la voue lui-même à l'adultère. Et une lumière surnaturelle
lui avait sans doute garanti la vertu de sa nouvelle épouse.
Quant à ce solitaire qui jetait son fils dans un puits, je le félicite de n'avoir pas eu à se garder dans ce temps-là d'un bon
lieutenant criminel ; mais de notre temps pareille obéissance
serait appelée par les juges de la Tournelle ou du Châtelet de
Paris, complicité d'assassinat. Ce sont toutes ces réflexions
qui me tourmentent depuis hier soir, et qui font que je ne
comprends plus rien à vos histoires et à vos sermons.

Vous aurez commis quelque péché d'orgueil contre
Dieu, dit sèchement le frère Macé ; c'est pourquoi votre
âme est malade. Faites un bon examen de conscience et re-
noncez à votre propre jugement. Accusez-vous d'avoir rai-
sonné comme un hérétique, et frappez-vous humblement
la poitrine en disant trois fois : C'est ma faute.

En ce moment on frappait assez fort à la porte de la
chambre.

— Entrez, dit maître Thomas en toussant.

— Non, cria frère Macé, n'entrez pas, attendez ; qui
êtes-vous et pourquoi frappez-vous si fort à la porte d'un
malade ?

Frère Macé s'était levé, et courait vers la porte qui
s'ouvrit avant qu'il eût le temps de la retenir.... Mais il se
rassura en voyant apparaître la face vermeille de frère Jean.

— Ah ! dit-il en allant se rasseoir avec un geste de mépris, c'est ce lourdaud de frère Buinard.

On sait que les bigots pardonnent bien plus volontiers à leurs confrères la goinfrerie que l'intelligence. Or, frère Jean qui avait des vices et de l'esprit, ne laissait paraître que ses vices en présence des autres moines, aussi n'était-il pas regardé par eux comme un homme dangereux ; il se moquait bien un peu quelquefois des pratiques de la religion, mais comme il avait soin de ménager les gens d'église et qu'il se montrait fort zélé pour la richesse du couvent et le bon entretien de la vigne, on l'aimait mieux ainsi que s'il eût été vertueux et raisonneur. D'ailleurs, il se confessait régulièrement, et s'il ne disait pas fidèlement ses heures, il passait du moins pour les dire. Il évitait d'ailleurs les esclandres, ne se brouillait jamais avec les pères ni avec les maris, ménageait la chèvre et le chou, et n'avait jamais eu d'enfants ; c'était donc un excellent moine dans l'opinion même de frère Macé.

Jean Buinard entra tout essoufflé, s'assit lourdement, renifla bruyamment et s'essuya le front à deux ou trois reprises. Je viens... ouf, je viens... ah ! quelle chaleur ! je boirais bien un coup, mais pouah ! je ne vois ici que des tisanes ! je viens de la part... mon front ruisselle....

— Voulez-vous un verre d'eau fraîche, dit frère Macé ?

— Non, merci, je n'ai que faire de gagner une pleurésie. Je viens de la part du père prieur qui a besoin de parler tout de suite à frère Macé, et qui m'envoie le remplacer pendant quelques heures, c'est pour une affaire importante à ce qu'il m'a dit. Ah! ouf!... je voudrais bien un verre ou deux de bonne purée septembrale.

— Je vais vous faire donner cela, dit le vieux Thomas, mettez- vous à la fenêtre et appelez le métayer.

— Du tout! du tout! dit frère Macé, frère Jean n'a pas besoin de boire; qu'il dise tierce, cela le rafraîchira. Tenez, voulez-vous mon bréviaire?

— Grand merci, dit frère Jean, je puis me servir du diurnal de messire Thomas, il est en latin et en français.

— En français, dit frère Macé en soupirant. Voyez les progrès de l'hérésie! Bientôt, chez les gens qui se croient les meilleurs catholiques, on trouvera la Bible en français, et ce sera bien alors la confusion des langues de Babel et le règne de la bête annoncé dans l'Apocalypse.

— Pardieu! dit tout bas frère Jean, quand le roi sera une bête il te prendra pour son premier ministre.

— Hein? que dites-vous?

— Je dis que le règne de la bête ne viendra pas tant que Dieu aura d'aussi bons ministres.

— C'est bien! c'est bien! maître frère Jean, vous êtes un flatteur. Je vous laisse donc ici; veillez bien à ce que le malade ne voie personne, c'est nécessaire pour sa santé. Faites-vous apporter un peu de vin, si bon vous semble, et usez-en modérément. Je ne fais qu'aller et revenir.

— Allez, à votre aise, dit frère Jean, ne suis-je pas fait pour attendre?

— À revoir, maître Thomas; chassez avec soin vos mauvaises pensées, et que je vous trouve repentant à mon retour.

— Va, va, dit frère Jean en refermant la porte sur les talons du frère Macé, je travaillerai mieux que toi à la conversion du bonhomme... Ah! continua-t-il en bâillant de toute sa force et en étendant ses bras, en voilà un qui est ennuyeux!

— C'est bien vrai ce que vous dites là, répondit alors le vieux Thomas qui avait entendu cette dernière exclamation. Décidément, frère Macé m'obsède. C'est un saint homme, sans doute, et je le révère; mais il ne sait que me gronder comme un enfant, au lieu d'éclaircir mes doutes. Eh! par Bacchus... non, je me trompe, je voulais dire par saint Benoît, j'ai soixante-deux ans passés. Je suis malade, c'est vrai: mais je ne suis pas un imbécile. Je connais mon catéchisme aussi bien que personne, et l'on ne m'en fera pas accroire! Tenez, frère Jean, je ne sais si vous pensez comme moi, mais il me semble que le révérend frère Macé n'est pas aussi savant qu'on pourrait bien le croire: qu'en dites-vous? exprimez franchement votre pensée, je ne le lui répéterai pas.

— Qu'il soit savant ou non savant, c'est ce que je ne vous dirai pas, et pour cause. Votre fils, maître François, s'y connaîtrait mieux que moi, sans doute, mais vous avez juré de ne plus le voir, et c'est un vilain jurement que vous avez fait là.

— Ah! ne m'en parlez pas, frère Jean, ne m'en parlez pas: je suis assez tourmenté à son sujet. Hier soir le métayer avait emporté mon diurnal pour en nettoyer les fermoirs: quand il me l'a remis et que je l'ai ouvert, il en est tombé une lettre dont je ne reconnaissais pas d'abord l'écriture. Cette lettre m'a bien donné à penser.

— Et cette lettre venait de maître François ? dit le moine faisant l'ignorant (car c'était lui-même qui, la veille, avait caché la lettre dans le livre, pendant que le métayer tournait le dos.)

— Si elle vient de lui, je ne sais trop comment, dit le malade, car le métayer m'a juré, par tous les saints, que personne autre que lui n'avait touché au livre, et que d'ailleurs, excepté frère Macé et vous, que nous voyons presque tous les jours, personne n'est venu à la maison ; cela me confond, en vérité : et je suis presque tenté de croire que mon malheureux fils est devenu sorcier, comme les moines de la Basmette l'en accusent.

— N'en croyez rien, dit frère Jean. Ce serait plutôt un miracle du ciel pour faire éclater l'innocence d'un bon religieux qu'on calomnie.

— Croyez-vous cela, frère Jean ? Mais vous savez bien que François est un écervelé qui ne peut rester nulle part. Lors de ses démêlés avec les moines de Fontenay-le-Comte, n'ai-je pas cru bonnement qu'ils étaient jaloux de lui à cause de ses grandes études ? Frère Macé m'a bien fait changer d'avis ; il connaît un peu les religieux de Fontenay, et d'ailleurs il pose en principe une maxime fort sage : c'est qu'un moine a toujours tort lorsqu'il ne s'accorde pas avec ses supérieurs. Enfin, n'importe ; j'ai cru que mon vaurien avait raison, et j'ai fait exprès le voyage de la Basmette pour m'assurer qu'il y serait bien. Lui-même m'a écrit qu'il y jouissait d'une grande liberté, et qu'il était au mieux avec le prieur... et puis voilà que j'apprends des algarades, des profanations, des impiétés !

Mais à l'entendre, cependant, c'est toujours lui qui a raison, et ses supérieurs qui ont tort. Il m'écrit un tas de belles choses et proteste de sa foi en Jésus-Christ et en son Église, de son inviolable attachement pour ses devoirs, de sa tendresse pour son père. Tous les huguenots et tous les impies en disent autant... Cependant, je ne sais pourquoi, je suis dans une grande perplexité. Je me méfie du beau langage, et voilà que je m'y laisse prendre ; car depuis que j'ai lu, pour mon malheur, la lettre de ce libertin, je goûte beaucoup moins les sermons de frère Macé, et je crois en vérité que tout à l'heure je raisonnais contre lui ; enfin, mon pauvre frère Jean, que vous dirai- je ? me voilà tiraillé de droite et de gauche ; car d'un côté j'ai promis à frère Macé de ne jamais plus m'occuper de cet indigne fils, et de l'autre pourtant je ne dois pas, comme dans sa lettre il le dit très-bien, le condamner pour jamais sans l'entendre. J'ai eu tort de lire cette maudite lettre... Je ne sais quoi s'est remué dans mes entrailles, et faut-il que je vous l'avoue ? oui, je vous l'avouerai tout bas si vous me promettez que frère Macé n'en saura rien, eh bien ! en vérité, j'ai pleuré après avoir lu cette lettre. Il est bien difficile de ne pas les aimer toujours un peu, ces pauvres drôles qu'on a vus si petits... Tenez, frère Jean, tenez, grondez-moi, car voici que je redeviens tout bête... Le fripon !... le pendard ! ajouta le vieillard en élevant la voix et en sanglotant, qu'il ne revienne jamais, que je ne le voie plus. C'en est fait, c'est fini pour toujours ; il a trop abusé de ma bonté !

— Si pourtant il revenait en ce moment, dit frère Jean, et supposé qu'il ne soit pas sans reproche, s'il venait comme l'enfant prodigue se jeter à vos pieds en vous disant...

— Non! non! non! cria le vieux avec colère, après avoir essuyé une larme au coin de son oeil, je le pleure, mais je le maudis. Je ne l'écouterai point, il m'a assez empoisonné l'esprit de sa lettre pernicieuse. Si notre bras droit nous est un sujet de scandale, l'Écriture dit qu'il faut nous le couper; qu'il soit innocent, je le souhaite pour lui; mais ses supérieurs le condamnent. Arrière! loin de moi l'hérétique, je lui dis Raca!

— Celui qui dit à son frère Raca sera condamné par le jugement, dit frère Jean.

— Eh! non, ce n'est pas cela, vous citez mal l'Évangile. D'ailleurs, ce qu'on ne doit pas dire à son frère, on peut bien le dire à son fils... Aïe! aïe! voilà un accès de goutte qui me prend! Ah! pendard de fils! ah! vaurien! je te renie! je te déshérite! je déshérite tout le monde! Aïe! aïe! miséricorde! mon Dieu! *confiteor!* j'ai péché! Ah! chienne de lettre! maudite lettre! je vais te jeter au feu. Au secours! on me tenaille, on me mord, on me brûle!

— Je citais mal l'Évangile, en effet, dit frère Jean; il y a: « Celui qui dira: vous êtes, fou sera condamné à la gêne et au feu. C'est sans doute pour cela que vous brûlez la lettre. Vous agissez mal envers ce pauvre maître François, et voilà que le bon Dieu vous punit.

— A mon secours! à mon secours! poursuivit eu criant le vieux Thomas; frère Jean, mon ami, je crois que je vais en mourir; ce frère Macé n'entend rien à ma maladie, le médecin du couvent non plus. Je veux un médecin qui sache quelque chose.

— Attendez, dit frère Jean, voici un merveilleux coup de hasard, ou pour mieux dire de Providence. Hier, en me rafraîchissant à la Cave peinte, j'ai rencontré un grand docteur qui arrive de Perse, où il a guéri toutes les femmes et même les chats et les chiens du grand sophi...

— Le sophi de Perse?

— Ma foi, le Grand Mogol, si vous voulez, ou le grand schah. Aussi bien, je vous disais qu'il avait guéri tous les petits chats, ce sont probablement les enfants de ce grand seigneur. Pour en revenir à mon médecin, c'est un homme prodigieux qui ressusciterait des morts; mais je ne sais s'il voudrait bien venir ici, car il ne fait que passer dans le pays, et je crois qu'il repartira aujourd'hui même. Et tenez, cela me rappelle que je devrais aller tout présentement le voir à la Roche-Clairmaud, où il doit être venu pour visiter une personne qui lui est fort recommandée; j'avais promis de boire avec lui le coup du départ, mais je ne puis quitter ainsi cet excellent maître Thomas, surtout au moment où ses douleurs le font le plus souffrir.

— Et comment s'appelle ce grand médecin, je vous prie?

— Maître Rondibilis-Panurgius-Alcofribas.

— Frère Jean, vous êtes de mes amis?

— Je suis tout à vous et aux vôtres.

— Voulez-vous me rendre un grand service?

— Je veux tout ce que je puis pour vous.

— Eh bien! il faut tout de suite que vous partiez pour la Roche-Clairmaud; c'est tout près d'ici. Allez vite et revenez plus vite encore, mais ne revenez pas seul, entendez-vous! Amenez-moi, maître Risibilis... Cacofribas... Comment l'avez-vous appelé? Dites-lui que j'ai des écus au soleil qui font litière pour la science. Dites-lui que je souffre, que je meurs, que je voudrais bien guérir et vivre encore un peu, ne fût-ce que pour ne pas laisser prendre si tôt la Devinière à ce frère Macé Pelosse, et à vous tous, méchants frocards que vous êtes! Ah! le pied! aïe! aïe! aïe! Courez vite, frère Jean, vous êtes un brave et excellent religieux, et les moines ne sont pas de méchants frocards; mais courez, pour l'amour de Dieu!

— Vous allez me faire des affaires avec le frère Macé, dit Jean Buinard en se grattant l'oreille. Il m'a défendu de vous laisser seul et de laisser entrer personne. Vous savez bien qu'il vous garde à vue, pour qu'on ne vienne pas vous détourner de vos bonnes dispositions pour le couvent.

— Il me garde à vue! dit le père Thomas furieux et se soulevant à demi sur sa chaise. Ah! il me garde à vue! Je trouve l'aveu naïf et la chose bonne à savoir. Il me croit donc bien bas, et il voudrait donc bien me voir mort! Le médecin! vite le médecin! qu'il me guérisse seulement pour un an, et je lui donnerai bonne part de l'héritage des moines! Doucement, doucement, mes bons pères! vous ne la tenez pas encore, la bourse du vieux Rabelais; et le raisin de la Devinière ne mûrira peut-être pas encore cette année pour vous!... Ce n'est pas à vous que je parle, frère Jean, mon excellent ami, et vous en boirez toujours avec moi tant que vous voudrez, si jamais je puis boire encore... Allez vite, et dites en passant à Guillaume qu'il en tire du frais ; vous boirez à votre retour. Mais ne perdez pas un instant, je vous prie.

— J'y vais donc, dit frère Jean ; aussi bien m'eût-il été pénible de laisser partir ce fameux docteur sans le revoir. Mais si frère Macé revient pendant que je n'y serai pas ?...

— Prenez la clef de la grande porte ; vous la fermerez en sortant, et dites à Guillaume de monter ici : je veux qu'il n'ouvre à personne avant votre retour. Ah ! l'on me garde à vue ! Je suis bien aise de l'apprendre ! Eh bien ! frère Macé gardera la porte si bon lui semble ; et d'ailleurs il ne reviendra peut-être pas de si tôt.

— Allons, je vais faire toute diligence ; mais, si vous m'en croyez, éconduisez doucement frère Macé sans le mettre à la porte ; il ne faut jamais fâcher un saint homme, cela fait loucher le bon Dieu. Surtout gardez-moi le secret !...

— Courez donc vite et ne craignez rien : me prenez-vous pour une pie borgne ?

— Je vous prendrais plutôt pour un rossignol aveugle, quand la goutte vous fait chanter ; car vous vous plaignez alors comme devait se plaindre Philomèle... lorsqu'elle était enrhumée. Je cours sans m'arrêter, et il n'y aura pas de ma faute, si bientôt je ne vous amène Panurgius Alcofribas.

IV

L'ORDONNANCE D'ALCOFRIBAS

Depuis le matin, maître François attendait frère Jean dans une cabane à demi cachée dans un massif de verdure, au pied de la Roche-Clairmaud. Cette cabane était celle d'une pauvre orpheline, la fille de Jacques Deschamps, le manouvrier mort à la peine. On la nommait Violette, à cause de sa modestie, et peut-être aussi parce qu'elle était bonne et jolie comme les petites fleurs de mars. Elle semblait aussi tout parfumer autour d'elle de simplicité et de fraîcheur, vivant seule et cachée, fleurissant en secret sous la feuillée, au pied de la montagne, pleurant à la rosée d'amour, et baissant doucement la tête. Pauvre petite Violette Deschamps !

La cabane de l'orpheline était toute pauvrette et délabrée en dehors, proprette et bien entretenue au dedans, autant que le permettait l'indigence de la jeune fille. Mais pourquoi l'appeler jeune fille encore ? La pauvre belle ne l'est déjà plus, et son visage n'a changé que pour s'attrister et pâlir. Seule et sans protecteur presque au sortir de l'adolescence, elle avait d'abord langui de la soif d'amour; car c'était un brave petit cœur, plus délicat et plus aimant qu'on ne s'attend d'ordinaire à les rencontrer au village, sans expérience aucune, et jugeant de tout d'après elle-même; elle avait bien vite aidé à la tromper le premier qui s'en était donné le passe- temps. Mais pour ne trouver qu'un passe-temps à tromper une aussi bonne et généreuse enfant, il fallait être une brute ou un méchant-; Jérôme n'était précisément ni l'un ni l'autre: c'était un paresseux et un ivrogne.

Qui se ressemble s'assemble, dit un proverbe trivial. Cependant, en dépit de la sagesse des nations, la sympathie quelquefois, et l'amour très-souvent, rapprochent des naturels opposés comme étaient ceux de Violette Deschamps et du cabaretier de la Lamproie.

Elle s'était prise à lui d'ailleurs par les liens de la reconnaissance; le seigneur de la Devinière avait payé les dettes de Deschamps, pour empêcher que sa maisonnette ne fût vendue à sa mort. Jérôme avait été le messager de son oncle, et s'était fait l'entremetteur dans cette affaire de bienfaisance, par bonté de cœur d'abord, puis après par intérêt de convoitise. Il était toujours joyeux et grand parleur; la jeune fille était triste et timide. Faute de mieux, elle s'habitua à lui et crut l'aimer, parce qu'elle le parait de tout ce qu'elle imaginait elle- même de plus agréable. Elle s'était enfin donnée à lui les yeux fermés et souriante à sa chimère, comme ces jeunes veuves qui croient en rêve tenir l'époux qu'elles regrettent, et se réveillent en embrassant leur traversin.

À l'époque où se passent les faits de ce récit, Violette
Deschamps s'était déjà réveillée, mais son mauvais rêve
d'amour lui avait malheureusement laissé autre chose encore que le désenchantement et le veuvage : les preuves de
sa faiblesse avaient paru sous la forme d'un bel enfant. Le
seigneur de la Devinière lui avait impitoyablement retiré
sa protection, à l'instigation du méchant frère Macé, qui
d'abord avait essayé lui-même de protéger l'orpheline, et
avait été mis par elle à la porte de sa cabane à la suite d'une
conversation un peu vive qu'ils avaient eue on ne sait trop
sur quel sujet. Jérôme avait peu à peu cessé de venir voir
Violette dès qu'il l'avait vue compromise, et s'était contenté
de lui envoyer des secours, qu'elle refusa avec fierté, disant
qu'elle saurait vivre de sa quenouille et mourir de faim plutôt
que de rien accepter de celui qu'elle n'estimait plus. Ainsi,
autant la fortune la rabaissait, autant son âme se tenait-
elle élevée et fière, et comme dans ce temps-là les mœurs
de l'âge d'or semblaient encore s'être attardées et comme
oubliées dans les campagnes de la Touraine, ce n'était pas
sur la pauvre fille qu'on faisait généralement retomber le
blâme ; et la punir encore d'avoir été si malheureuse aurait
semblé aux bonnes gens de la Roche-Clairmaud quelque
chose de trop cruel.

Maître François, revêtu d'une ample robe noire, la tête
enfoncée dans une profonde calotte à la Louis XI, et la
moitié des traits cachés par une barbe blanche postiche,
avait d'abord fait grand'peur à la pauvre abandonnée ; mais
il lui avait parlé si doucement à travers la cloison en lui
disant qu'il était un médecin et un vieillard ; ses paroles

étaient à la fois si bienveillantes et si bien dites, que Violette entr'ouvrit doucement la porte.

— Vous êtes médecin? dit-elle, entrez si c'est la Providence qui vous envoie : car aujourd'hui je ne me sens pas bien, et maintenant j'ai peur de mourir; ma vie n'appartient plus à moi seule.

Maître François entra gravement et s'assit près de la jeune femme; il la regarda attentivement, lui prit le bras, puis promena son regard autour de la pauvre chambrette; il sourit alors avec amertume, et reportant son regard sur Violette, il surprit deux larmes prêtes à s'échapper de ses grands yeux noirs.

— Est-ce que vous l'aimez encore? lui demanda-t-il à voix basse et de son accent le plus doux.

À cette question, Violette tressaillit.

— Qui donc? demanda-t-elle d'une voix tremblante.

— Celui qui vous a rendue mère.

— Laissons en paix les morts, dit la femme en baissant les yeux.

Le médecin à la barbe blanche parut étonné à son tour, maître François était surpris en effet de rencontrer dans une si modeste condition cette dignité de visage et de caractère. Il admirait cette fleur rare et précieuse perdue dans les champs et blessée par le pied d'un rustre. La réponse de Violette parut le faire un moment réfléchir, puis, essayant de sourire :

— Les morts ne reviennent pas, dit-il, et les infidèles peuvent revenir quelquefois.

— Qu'est-ce que c'est que d'être infidèle? dit la jeune mère, on aime ou l'on n'aime pas; et quand on aime, c'est pour la vie. J'ai fait une chute comme en peuvent faire ceux qui marchent en dormant, voilà tout. Je ne reproche rien à personne, car c'est moi qui me suis blessée... Parlons d'autre chose, monsieur le docteur : je suis mère et je voudrais nourrir mon enfant; mais je crains que la langueur qui me consume ne tarisse bientôt mon lait. Que faut-il faire? que m'ordonnez-vous?

— Hélas! dit le docteur en hochant la tête, si j'avais le pouvoir de vous procurer l'objet de l'ordonnance, je vous ordonnerais d'être heureuse.

— Heureuse, ne le suis-je pas? s'écria Violette Deschamps, dont les yeux noirs se ranimèrent. Et courant vers les rideaux de serge qui cachaient son lit, elle les tira avec vivacité et découvrit un petit enfant qui dormait enveloppé de pauvres langes; vous voyez bien, docteur, continua-t-elle, que le bon Dieu m'a visitée et que Noël a passé dans ma cabane! Et ce disant, elle prenait doucement et avec soin le poupon tout endormi, et le soulevant sur ses bras, elle restait tout occupée à le regarder, et ne semblait plus se souvenir que maître François était là, tant elle était énamourée de son cher petit nourrisson.

Maître François se leva et la salua profondément en souriant et en disant :

— Je vous salue, vous, qui êtes bénie entre les femmes; le Seigneur est avec vous, et le fruit de votre sein est béni.

— Vous avez raison, lui dit simplement Violette; le bon Dieu est dans le cœur des femmes lorsqu'elles regardent leur premier enfant. J'aurais bien voulu rester vierge toujours comme Marie; mais, que Notre-Dame me le pardonne, je me trouve encore plus heureuse d'être mère quand je regarde mon pauvre cher petit Jésus.

— Ainsi, vous pardonnez à Jérôme?

— Qu'est-ce que c'est que Jérôme? Je ne connais pas cet homme- là?

— Comment donc se nomme alors le père de cet enfant?

— Dans le ciel, il s'appelle Dieu, dit la jeune mère, qui en ce moment était sublime, et dans mon cœur, il s'appelle amour. J'ai conçu cet enfant parce que j'ai aimé, et je me suis trompée d'abord; mais désormais je ne me tromperai plus, car celui-ci je le connais, et il s'est formé auprès de mon cœur. C'était lui que j'aimais et que je cherchais: je l'ai trouvé et ne m'en séparerai plus.

Et Violette attachait avidement ses lèvres au front de son fils.

En ce moment, les couleurs de la santé avaient reparu sur son visage; ses yeux brillaient d'un éclat extraordinaire; elle était belle comme une jeune mariée qui reçoit le premier sourire de son époux, lorsque leurs yeux se rencontrent pour la première fois à leur réveil du lendemain; mais tout à coup Violette pâlit et fut obligée de s'asseoir; à peine lui restait-il assez de force pour présenter le sein à son enfant qui s'éveillait, et qui ouvrit sa petite bouche vermeille à la manière des oisillons lorsqu'ils attendent la becquée.

— Pauvre mère! disait tout bas le frère médecin, comme elle est loin de cet animal de Jérôme! Mais le sentiment chez elle est trop exalté; elle mourra d'amour maternel; son enfant lui sucera l'âme. Comment le cabaretier de la Lamproie l'eût-il comprise? elle ne se connaît pas elle-même, et je l'observe comme un phénomène de l'ordre moral. Telles ne sont pas en vérité les femmes ordinaires, et c'est un bonheur pour les ménages, car les hommes seraient à refondre, et pas une épouse peut-être ne daignerait détourner les yeux de dessus son premier enfant pour reconnaître son mari. Le monde ressemblerait à la république des abeilles; les femmes gouverneraient tout, et les pauvres frelons de maris seraient chassés à coups d'aiguilles et de fuseaux. Le sceptre alors ne dégénérerait jamais en quenouille; mais la quenouille s'érigerait en sceptre. Pauvre Violette Deschamps, tu n'es pas de ce monde-ci; et quand ton fils n'aura plus besoin de toi, ta vie se perdra dans la sienne! Je ne veux pas te croire sage; car je ne rirais plus, et voilà déjà que je pleure. Je te prends pour un paradoxe: je le vois et je n'y crois pas.

Après ces réflexions du penseur, le médecin conseilla doucement à Violette de se calmer, et d'éviter autant qu'elle pourrait les divagations de la pensée et les émotions trop vives de l'amour.

— Dormez, lui dit-il en lui passant la main devant les yeux; dormez, apaisez-vous, soyez calme, rafraîchissez votre sang, pour que le lait du cher petit soit doux et pur. Nous songerons à votre enfant et à vous; vivez pour lui, et laissez reposer votre âme, nous allons travailler pour vous.

En ce moment, frère Jean vint frapper à la porte de la maisonnette.

— Je suis à vous, dit maître François.

— Que me veut ce moine ? demanda Violette avec in-quiétude.

— Il ne vous veut rien ; il vient me chercher pour le seigneur de la Devinière qui est malade.

— Ah ! fit Violette avec douceur, j'en suis fâchée, car il a été bon pour moi.

— Le seigneur de la Devinière est mon père, dit maître François en ôtant un instant sa calotte et sa longue barbe qu'il remit aussitôt ; ou du moins il était mon père. Je sais qu'il a été rigoureux pour vous comme pour moi. Je veux qu'il cesse de reconnaître son fils, et qu'il reconnaisse le vô-tre ; je l'adopte déjà en son nom, ce cher petit ! Mais quoi ! il nous fait la grimace ! il pleure, il refuse de téter ! Allons, je crois que vous allez le mettre dans de nouveaux langes, et je sors assez à propos, Croyez-moi, chère enfant, vivez sur la terre, puisqu'il le faut et sachez bien que les poupons ne vivent pas seulement d'amour maternel. Vous avez un brave cœur dont je comprends bien toute la fierté, et je vous félicite de ce que le malheur ne vous abaisse pas. Vous souffrez cependant, et vous êtes en langueur : c'est du re-gret pour le passé, de la dignité blessée pour le présent et de l'inquiétude pour l'avenir. Reposez-vous sur nous, tout s'arrangera, et si vous croyez une bonne fois que votre en-fant sera heureux, vous ne serez pas fâchée de l'avoir mis au monde. Il vous tiendra lieu de tout, et vous serez fière s'il profite de vos soins. À revoir bientôt ; je vous laisse, faites la toilette du poupon.

Il sortit et referma la porte.

— Eh bien ! lui dit frère Jean, que dites-vous de la petite fille ?

— Je dis que la petite fille est une grande femme.

— Mais pas déjà si grande, ce me semble.

— De la tête aux pieds, non ; du cœur à la tête, oui.

— Elle ressemble en ce cas à ces dives bouteilles au
long col qui renferment les vins du Midi. Pour moi, dans
les bouteilles, j'aime mieux le ventre que le goulot ; dans les
volailles j'aime mieux la croupe que le col, et dans les femmes j'aime mieux le cœur que la tête. Mais qu'avez-vous
donc, maître François ! Vous voilà tout songe-creux et tout
pensif : faisons-nous banqueroute à la joyeuseté ? Vive la
botte de Saint-Benoît, monsieur le docteur, vous porterez
tout seul le bonnet vert, si bon vous semble ; pour le moment je m'en dépars, et je soutiens qu'il vaut mieux rire.

— Je pense comme toi, frère Jean, et cesse encore une
fois de me dire vous. Je veux prendre tout en risée, mais
on rit quelquefois aux larmes, et je crois que je viens de
pleurer.

— Oh ! *Lacryma Christi !*... Mais, hâtons-nous, le vieux
goutteux nous attend ; père Macé est consigné à la porte,
et, d'ailleurs, il ne viendra point. Je lui ai préparé de l'oc-
cupation au monastère et ailleurs, il aura de quoi exercer
son zèle et peut-être sa patience, si Dieu lui en connaît un
peu.

Laisse-moi te dire *vous* pour m'y habituer : tu n'es plus
le frère François, vous êtes le grand docteur Rondibilis
Panurgius Alcofribas, médecin du Grand Mogol et autres

chats de Perse. Vous possédez surtout des recettes infaillibles pour la guérison des goutteux.

— Albaradim Gotfano deehmin brin alabo dordio falbroth ringnam abaras, dit gravement maître François.

— Arrêtez, dit frère Jean. Ne faites point venir les diables avant que nous ne soyons dans la chambre du bonhomme, car s'ils doivent entrer avec nous, il ne voudra jamais nous faire ouvrir la porte.

— Ils tardent bien à venir, disait le vieux Thomas en s'agitant dans son fauteuil. Guillaume, va donc voir s'ils viennent... non, verse-moi d'abord de cette tisane dans mon hanap... Au diable l'imbécile ! elle est trop chaude, il y en a de la froide dans cette cruche ; non, pas dans celle-ci, c'est l'eau de mon remède.... Allons, bon ! voilà qu'il renverse tout dans la cendre ! oh ! le damné garde-malade !

— Pardienne ! murmurait tout bas le gros Guillaume, je sommes le métayer de la Devinière, et je ne sommes ni apothicaire ni médecin !

— Que parles-tu d'apothicaire ? dit le vieux goutteux qui détestait presque autant ce mot que celui de cabaretier. Je crois qu'il me dit des injures.

— Moi ! je crois qu'on frappe à la porte, et ce n'est pas malheureux, tant vous devenez quinteux et difficile. C'est sans doute frère Jean qui revient. Justement le voilà qu'il entre ; il avait donc la clef de la grande porte ! Un grand sorcier tout noir entre avec lui, les voici qui montent. Vous n'avez plus besoin de moi, je m'en retourne soigner mes bêtes.

— Va, et que le ciel te confonde! tes bêtes ont plus d'esprit que toi. Décidément il faudra que frère Macé me trouve quelque valet intelligent; je suis trop isolé ici. On m'enferme avec ce butor, on veut me faire mourir plus vite.... Entrez, frère Jean, entrez, monsieur le médecin, et pardonnez si je ne me lève pas; vous voyez que ce coussin et ces chiffons me tiennent par la jambe.

Avant d'entrer, maître François avait placé en équilibre sur son nez une large paire de lunettes vertes pour déguiser ses yeux. Il entra lentement et sans parler, prit le bras du malade, lui tâta le pouls, fit deux ou trois grimaces, haussa les épaules autant de fois, leva les doigts comme s'il écrivait en l'air, versa du contenu du pot à tisane dans le creux de sa main, le flaira, le goûta, jeta le reste en faisant une nouvelle grimace plus expressive que les autres; puis, faisant signe à frère Jean, qui se tenait le menton pour ne pas rire, de lui avancer un fauteuil, il s'approcha d'une table, s'assit, posa les deux coudes sur la table, prit sa tête dans ses deux mains, et parut méditer profondément.

— Frère Jean, mon ami, dit tout bas le goutteux au moine qui s'était rapproché de lui, je me repens, ou peu s'en faut, d'avoir fait venir ce païen. M'est avis qu'il est en commerce avec le diable. Avez-vous vu comme sans rien dire il a deviné ma maladie et l'ânerie du médecin de Seuillé? O le savant homme! mais je crains qu'il n'y ait péché de le consulter; j'ai peur qu'il ne m'en dise trop, et je tremble de l'interroger.

— Il n'a encore rien dit, observa frère Jean.

— C'est ce qui prouve son grand savoir : un ignorant aurait parlé tout d'abord. Mais croyez-vous qu'il n'ait rien dit ? N'avez-vous pas vu flamboyer ses lunettes, et sa grande moustache se mouvoir pendant qu'il me tâtait le pouls ? Ses doigts m'ont comme brûlé la main. Ce doit être le diable ou l'un de ses émissaires. Je voudrais bien lui dire de s'en aller. Arrière, Satanas ! Sainte Brigitte, priez pour nous !

— Si c'est le diable, c'est un bon diable ; je le connais, dit frère Jean.

Cependant, voici le docteur qui se lève, fait deux ou trois tours par la chambre, puis d'une voix magistrale :

— Qu'on emporte ces drogues, dit-il en montrant les tisanes, qu'on tire ces rideaux et qu'on laisse le soleil entrer.

Frère Jean se hâta d'accomplir l'ordonnance, et le soleil jaillissant à travers les treillis des fenêtres, inonda de son reflet d'or la chambre poudreuse et enfumée.

— Faites apporter du linge blanc, du vin dans des flacons bien clairs et bien brillants, et des fleurs pour cette cheminée.

Le vieux Thomas ne revenait pas de sa surprise. On se moque de moi, se disait-il en lui-même. Il crut donc à propos d'interpeller le docteur en termes scientifiques, autant que le pouvait sa propre science d'apothicaire, sur les vertus des médicaments ; il balbutia même quelques barbarismes latins, ou du moins qui prétendaient au latinisme ; mais il fut si étourdi des réponses qu'il reçut en beau français plein d'expressions techniques, en latin cicéronien, et même en grec convenablement prononcé, qu'il s'inclina tout ébahi devant la science du docteur.

Cependant, par les soins de frère Jean, la chambre du malade avait pris un nouvel aspect ; une nappe blanche avait été étendue sur la table, des flacons brillants comme des rubis ajoutaient à l'éclat du linge la gaieté de leur reflet vermeil.

Des fleurs apportées par les enfants de Guillaume garnissaient la cheminée et les vieux bahuts. Le père Thomas demanda au médecin ce que signifiaient tous ces préparatifs.

— Il faut bien fêter, votre guérison, dit le docteur, et rajeunir un peu cet appartement dont je vais rajeunir le maître.

— Vous allez me rajeunir, dit le vieux Thomas.

— Voyez déjà, dit maître François, en décrochant et en lui présentant un assez lourd miroir qui était suspendu dans un coin de la chambre.

Le vieux Rabelais avait en effet les yeux plus brillants que de coutume, son front semblait se dérider, et le reflet des flacons posés sur la table auprès de lui semblaient enluminer ses joues.

— Faites maintenant apporter de l'eau légèrement parfumée de menthe, continua le médecin, et lavez-vous-en les mains et le visage. Dégagez votre tête et votre cou de ce bonnet et de ces linges, mettez un peu de vin sur ce mouchoir, et bassinez-vous-en les tempes et la paume des mains ; aspirez l'odeur de ce flacon ; n'êtes-vous pas déjà mieux ? Pensez maintenant aux beaux jours de votre jeunes-

se : ils sont loin les gaillards ! Vous souvenez-vous du temps
où vous avez aimé celle qui devint madame Rabelais ? Dieu
la bénisse, la bonne chère âme ! elle n'engendrait pas la tristesse. Vous rappelez-vous ses chansons, lorsqu'elle berçait
sur ses genoux son gros joufflu d'enfant, son petit Franciot
que vous aimiez tant voir, lorsqu'il prenait votre grand verre
à deux mains et s'y plongeait le nez et les yeux pour humer
la dernière goutte !

— Vous l'avez donc connue ? dit le vieux Thomas tout
étonné.

— La science fait connaître toute chose, dit gravement
le médecin.

— Eh bien ! vous devez savoir que le petit Franciot est
devenu un mauvais sujet et un drôle que je ne reverrai jamais... et voilà ce qui me mettra bientôt en terre.... Aïe !
aïe ! je crois que ma goutte me reprend.

— Non, ce ne sera pas votre fils qui vous mettra en
terre. Les moines de Seuillé ne veulent pas qu'il accom-
plisse ce devoir, dit le docteur en faisant semblant de lire la
destinée dans la main gauche du malade.

— Frère Jean, vous avez parlé ! s'écria alors le vieux
Thomas.

— Ce n'est toujours pas dans mon intérêt, dit le moine.
Mais en vérité, c'est qu'il m'est pénible de voir que frère Macé voudrait vous enterrer vivant. Moi je vous aime
mieux que votre héritage.

— Vous avez donc fait votre testament ? dit le docteur
à maître Thomas. La mort, selon vous, ne venait donc pas
assez vite ? Vous l'appeliez de toutes les manières : cette

chambre transformée en tombeau, ces médecines à faire vomir Satanas, votre confesseur toujours pendu à vos côtés comme un chapelet de sottise, et votre testament déjà remis peut-être entre les pattes de ce bon raminagrobis!...

— Non, pas encore, il est ici, dit le malade; mais j'ai promis sur le saint Évangile que je le lui remettrai quand il viendra me le demander.

— Fort bien. Or çà, maintenant, voulez-vous guérir ou mourir?

— Je veux guérir, si c'est possible, et le plus tôt qu'il se pourra.

— Vous conformerez-vous en tout point à mon ordonnance?

— Je le promets, car déjà il me semble que vous m'avez fait un grand bien.

— Je vous ordonne donc, dit maître François, de changer absolument de régime, et d'éloigner de vous tout ce qui peut sentir la maladie. Il faut changer d'air, de matelas, de fauteuil, de chambre, s'il se peut, et surtout de confesseur.

— Pourquoi de confesseur?

— Parce que, si je suis bien informé, le vôtre est malade et d'une mauvaise haleine. Vous pourrez le reprendre quand vous serez guéri; en attendant, vous avez frère Jean, qui est vermeil et bien nourri, vous pouvez le consulter sur vos scrupules de conscience.

— J'aimerais mieux quelqu'un de plus savant et de plus sévère, dit le vieux en faisant la moue.

— Eh bien! voulez-vous que je vous envoie un de mes grands amis qui voyage avec moi et qui se trouve en ce moment à Chinon? C'est le révérend père Hypothadée, professeur en théologie, qui se rend à Rome pour éclairer la conscience du pape, et matagraboliser la réconciliation des papefigues.

— Je le veux bien voir, et recommandé par vous il ne peut être qu'un savant homme.... Oh! si mon fripon de fils avait voulu étudier!

— Comment! votre fils n'étudiait pas! Mais j'avais entendu dire que les moines de la Basmette l'avaient chassé à cause de son grand savoir.

— N'en croyez rien, docteur; il s'est enfui après avoir commis des sacrilèges, et s'il est devenu savant, c'est dans la science des ivrognes. Qu'on ne me parle jamais de lui!

— Soit. Mais calmez-vous et tâchez de vous distraire. Pensez à la santé plutôt qu'à la maladie, à la vie plutôt qu'à la mort; ayez devant vous tant que vous pourrez les images de la jeunesse; évitez tout ce qui peut vous porter à l'impatience, et pour cela, au lieu de vous faire servir par le gros métayer Guillaume, écoutez ce que dit la Sainte Écriture quelque part, dans les livres sapientiaux: « Où la femme n'est point le malade languit. » Faites-vous soigner par une femme, et qu'elle soit jeune et gentille, pour mieux vous réjouir l'esprit. La beauté d'ailleurs est faite pour donner de bonnes pensées; c'est une image de Dieu et une confusion pour la laideur du diable.

— Mais que dira frère Macé?

— Ne m'avez-vous pas dit que vous vous en rapporteriez à mon docteur Hypothadée? Je vais le chercher et je le ramène. Je me charge aussi de vous trouver une garde-malade. J'espère que vous serez content de mon choix.

— Vous conduirai-je ? dit frère Jean.

— Non, restez ici, et veillez à l'accomplissement de l'ordonnance. Puis, s'approchant de son oreille, prenez garde surtout que frère Macé n'arrive sur ces entrefaites.

— Ne craignez rien, dit frère Jean, je l'ai fait envoyer par le prieur au château du seigneur de Basché, sur un faux avis que le seigneur était malade et voulait se confesser à frère Pelosse. Je crois qu'il sera bien reçu ; car vous connaissez le seigneur de Basché ?

— Oui, oui, dit frère François, celui qui daube si bien sur les chicaneaux. Gare aux épaules de frère Macé.

— A lui le soin de ses épaules ; à vous le soin du bonhomme. Mais comment ramèneras-tu le docteur Hypothadée ?

— Je l'enverrai seul. Frère Jean, mon bel ami, tu aurais dû le deviner.

V

LA QUENOUILLE DE PÉNÉLOPE

Le docteur Rondibilis Alcofribas avait fait environ cent pas en longeant la muraille du clos de la Devinière, et il était arrivé au point où le chemin de Seuillé se croise avec celui de la Roche-Clairmaud, lorsqu'il vit venir à lui un quidam assez mal en point, qui paraissait être là pour attendre quelqu'un. Cet homme était « beau de stature et élégant en tous linéaments » du corps, mais tant mal en ordre, qu'il semblait être » échappé des chiens, ou mieux ressemblait un cueilleur » de pommes du pays du Perche. » Maître François, que nous venons de citer ici, regarda attentivement cette figure, croyant bien y trouver quelque chose de connaissance ; et de fait, le quidam avait, quant aux Rabelais, un air de famille si prononcé, qu'il eût été difficile de le méconnaître longtemps pour un des leurs. À part qu'il marchait un peu en poussant le ventre en avant et en laissant trimbaler sa tête comme le Silène de la Cave peinte, il avait dans toute sa personne un certain air de distinction mal gardée. Ses

regards un peu ternes pouvaient passer pour très-doux avec
un peu de bonne volonté; et c'est ce qui expliquerait l'illusion de la pauvre Violette qui, en un beau jour de printemps, avait embelli ce garnement de toutes les tendresses
de son âme, et s'était prise à l'aimer d'amour.

Nous avons déjà reconnu ce fripon de neveu qui tenait
alors pour son oncle le cabaret de la Lamproie, ou plutôt
qui le laissait gérer par cette grosse servante aux mains rouges, devenue maîtresse chez lui, au grand profit de frère
Jean.

— Monsieur le docteur, dit-il en prenant un air câlin,
et en rajustant les boutons de son pourpoint, vous venez de
la Devinière?

— Vous m'avez vu sortir? dit maître François.

— Comment se porte mon oncle très-honoré, messire
Thomas Rabelais de la Devinière?

— Que n'entrez-vous le lui demander à lui-même?

— On ne me laisserait jamais parvenir jusqu'à lui. Vous
ne savez donc pas que le damné de frère Macé Pelosse...
mais vous ne connaissez pas peut-être frère Macé Pelosse,
le grand zélateur, ou je me donne au diable, de la religion
de saint Benoît? Il s'est emparé de l'esprit de mon oncle et
de sa porte, vous avez dû le voir; c'est un petit moineton
jaunâtre et sournois, qui ne sort pas de la chambre du malade. Il a donné le mot au métayer Guillaume, qui est tout
à sa dévotion depuis qu'en mourant sa femme se confessa
au frère Macé; ce qui, je crois, la fit mourir huit jours plus
tôt de la peste, tant le frère a mauvaise bouche. Vous comprenez cependant bien, monsieur le docteur, que je veux

savoir des nouvelles de mon oncle, et que je ne voudrais pas le laisser mourir sans m'être réconcilié avec lui.

— Que lui avez-vous donc fait?

— Rien, sur mon honneur! Mais j'ai fait, je crois, quelque chose à une petite qu'il protégeait sans l'avoir jamais vue, bien qu'elle fût presque notre voisine. Mais vous devez bien savoir tout cela, docteur, puisque vous avez passé quelques instants chez elle, à la Roche- Clairmaud, avant de venir voir mon oncle. Tout se sait bien vite dans la campagne.

— Je suis allé en effet ce matin chez une belle jeune femme qui vient de mettre au monde, il y a un mois à peine, un enfant beau comme un Cupidon et vermeil comme un Bacchus. Est-ce vous qui en êtes le père?

— Mais... c'est selon. Cela dépendra beaucoup de mon oncle. Dites-moi, cependant, est-il bien bas? a-t-il la fièvre? parle-t-il? garde-t-il le lit?

— C'est selon, dit à son tour le docteur en souriant, cela dépend beaucoup de son neveu qui le rajeunirait, dit-il (c'est de maître Thomas que je parle), si lui, le neveu, voulait prendre une conduite plus régulière. Mais parlons, s'il vous plaît, de cette pauvre Violette. Comment diable, grand mauvais sujet que vous êtes, avez-vous pu séduire et tromper une si sage et si bonne fille?

— Bon! ce n'est pas moi qui l'ai séduite. Je ne m'en flatte pas, et je la crois plus séduisante que moi de toutes manières. Quant à la tromper, je m'en suis bien gardé, et si je ne lui convenais pas, c'était elle-même qui se trompait. Ai-je pris un nez de carton pour aller la voir? ai-je exagéré

l'élégance de mes braguettes ? lui ai-je proposé de brûler
ensemble des cierges devant sainte Nytouche ? Point. J'ai
voulu faire avec elle un transon de chère-lie. Mais je n'ai
jamais pu lui égayer le cœur. En se laissant embrasser elle
pleurait. Le soir, quand j'étais près d'elle et que je voulais
batifoler, elle me faisait taire et passait des heures à regarder les étoiles en me serrant la main, tandis que de l'autre
j'étouffais sur ma bouche des bâillements démesurés. En
honneur, elle est bien gentille, mais elle est aussi par trop
ennuyeuse.

— Que ne la laissiez-vous tranquille.

— Eh ! que ne me laissait-elle en repos ? est-ce ma faute à moi si pendant deux mois et demi ses yeux m'ont fait
tourner la tête ?

— Non, sans doute, mais c'est bien votre faute si vous
l'avez abandonnée après l'avoir rendue mère.

— Eh bien, c'est ce qui vous trompe encore : je ne l'ai
pas abandonnée ; c'est elle qui ne veut plus me voir.

— Vous l'avez sans doute offensée ?

— Oh ! mon Dieu, non ; elle s'est offensée elle-même
en s'apercevant à la fin que je bâillais à n'y plus tenir quand
je restais longtemps près d'elle.

— Elle a pensé alors qu'elle vous ennuyait.

— Probablement ; et voyez l'injustice ! Ennuyer les gens,
c'est leur rendre un mauvais service ; mais leur en vouloir de
l'ennui qu'on leur cause ; n'est-ce pas faire payer l'amende
à ceux qui sont battus ?

— En vérité, dit à part lui maître François, ce garçon-là
n'est pas si bête qu'on avait bien voulu me le dire.

— On vous a dit que j'étais bête, dit Jérôme qui avait entendu cette réflexion faite à demi-voix. Qui vous a dit cela, Violette, peut- être ? Si c'est elle, je le lui pardonne ; elle m'a vu bien bête en effet quand je roucoulais l'amour à ses genoux comme une tourterelle malade ; et puis, quand j'allais la voir, j'avais toujours peur de sentir le vin, et je ne buvais pas. Or, quand je n'ai pas bu, je suis sot comme une cruche qui a perdu son anse. Mais, à propos de cruche, parlons de mon oncle, s'il vous plaît.

— Jeune homme, songez bien que vous êtes de sa famille.

— J'y songe beaucoup, et je m'inquiète fort de la santé du vieux père Thomas ; car vous saurez que je fais valoir le cabaret de la Lamproie pour son compte et que, tout bien réglé, il ne me reste pas un sou de bénéfice.

— Surtout quand vous venez de boire.

— Quand je viens de boire ! Ah ! voilà le grand mot lâché ! Je vois bien qu'ils vous ont fait mon portrait, et que vous en savez long de nos affaires. Ainsi, à les entendre, je bois ! tandis que je pousse la délicatesse jusqu'à me refuser, à la Cave peinte, une seule bouteille du vin de mon oncle !...

— C'est bien ce qu'on m'a dit. Mais on prétend aussi que vous êtes moins scrupuleux hors du logis, et que pour une bouteille que vous vendez chez vous, vous en buvez cinq dans les cabarets des environs.

— Cinq ! oh ! les calomniateurs ! je ne procède jamais que par trois, six, neuf et douze ; ce sont des nombres sacrés, comme dit Paracelse.

— Vous connaissez les ouvrages de Paracelse ? en vérité, vous m'étonnez !

— Je n'ai jamais lu Paracelse, comme bien vous pouvez croire, et je ne sais même pas ce qu'il était; mais j'ai
trouvé quelques mots sur ce qu'il disait des nombres dans
une page qui avait servi à envelopper, pour la garantir des
oiseaux et des mouches, une grosse grappe de pineau.

— Voyez comme la science est toujours bonne à quelque chose !

— Sans doute, et je voudrais bien être aussi grand clerc
que vous, ne fût-ce que pour savoir si mon cher oncle pen-
serait déjà à faire un mot de testament.

— Je crois, entre nous, qu'il y pense, dit mystérieuse-
ment Alcofribas.

— Et il donne tout aux moines de Seuillé, n'est-ce pas ?
même la Devinière, même le cabaret de la Cave peinte, d'où
je vais être chassé comme un intrus !

— Je ne sais rien de ses dispositions testamentaires;
mais il demande à voir Violette Deschamps et son enfant
qu'elle garde comme un beau petit Jésus, ne le laissant voir
à personne. Je vais de ce pas chez elle pour la décider à venir. Je fais une indiscrétion en vous le disant, mais vous me
paraissez un bon vivant et un bon buveur, et je me sens tout
disposé à vous obliger.

— Grand merci ! docteur, nous boirons ensemble; et ce
soir nous nous retrouverons bien, puisque je sais à quel endroit de Chinon vous avez pris logement, et que frère Jean
est de vos amis; je rentrerai aujourd'hui même à la Cave
peinte exprès pour vous. Mais vous allez donc voir cette pe-

tite Violette? Pauvre fille! elle est bien jolie, n'est-ce pas?
un peu triste seulement, et des idées!... comme on n'en a
pas. C'est à la croire folle; mais sa folie n'est pas amusante,
c'est dommage; elle ne parle que par sentence; on la dirait ensorcelée. Je voudrais pourtant bien la revoir... et son
enfant... Pauvre petit, que je n'ai pas même entrevu depuis
qu'il est au monde... Écoutez, docteur, je veux que vous
lui parliez pour moi; puisque mon oncle veut la voir, moi
je veux ce que veut mon oncle. J'ai cessé de voir Violette
parce que nos amourettes déplaisaient à mon oncle; il ne
m'a pas encore pardonné, et le désespoir depuis ce temps-la
m'emporte à travers tous les cabarets du pays. Je ne m'éloi-
gne que de la Cave peinte, qui me rappelle trop vivement
le souvenir de mon bon oncle... Mais est-il possible qu'il
demande à voir Violette? il va lui faire quelque avantage
pour me faire pièce et me narguer. Pauvre fille! j'ai toujours
pensé à l'épouser cependant! elle ne le croit pas, et cela n'en
est pas moins vrai. C'est cette grosse sotte de Mathurine
aussi qui m'en a détourné. Ne veut-elle pas aussi que je
l'épouse, celle-là? Que n'épouse-t-elle frère Jean? Je vais
avec vous, docteur, allons à la Roche-Clairmaud, je veux
revoir ma pauvre petite Violette.

— Elle ne voudra pas vous parler.

— Eh bien! vous lui parlerez pour moi. Promettez-
lui....

— Quoi?

— Que je l'épouserai si mon oncle lui donne une bonne
part de son bien.

— Je pense qu'elle sera touchée de votre bon vouloir.

— Vous pouvez compter sur ma gratitude, docteur, si vous prenez mes intérêts dans cette affaire, ajouta le compère Jérôme en faisant mine de fouiller à son escarcelle.

— Fi donc! dit Alcofribas en passant dédaigneusement devant lui et en tendant la main derrière le dos comme un vrai médecin de comédie. Mais il n'y avait rien dans l'escarcelle du cabaretier, et il crut se tirer d'affaire en mettant sa main vide dans celle du docteur qui la retira brusquement en disant encore une fois : Fi donc! Puis maître François continua sa route en pressant le pas d'un air fâché, tandis que le cousin Jérôme le suivait à la piste en le suppliant de l'entendre.

— Vous serez hébergé tant qu'il vous plaira à la Lamproie, vous y serez comme chez vous, et eussiez-vous aussi peu d'argent qu'il y en a pour l'heure dans mes grègues et dans ma gibecière, on se tiendra pour bien payé et très-honoré quand il vous plaira de partir.

— Je pars ce soir même, dit le docteur, et c'est messire Jean Buinard qui s'est chargé de mes dépens.

Se disputant ainsi, ils arrivèrent par delà le gué de Fresnay, au pied de la roche Clairmaud.

— Restez à distance, dit vivement maître François, je parlerai pour vous, mais n'approchez pas : voici la cabane de Violette ; elle est assise sur le seuil.

En effet, la jeune mère était assise devant sa porte, son petit enfant dormait couché sur ses genoux, abrité du soleil par un petit lange bien blanc. Elle filait avec précaution sa quenouille, en chantant à demi-voix un Noël dont le refrain était :

Dormez-petit,
Dormez, mignon,
Dormez, gentil
Petit poupon.

Elle sourit mélancoliquement en voyant revenir le docteur. Quant à Jérôme, il s'était caché derrière un gros arbre.

— Eh bien! dit le docteur, nous devenons donc moins sauvage? nous prenons un peu de soleil, et nous ne cachons plus le petit Jésus que voilà au fond de notre maisonnette.

— Non, dit Violette avec douceur, je sais bien maintenant que personne ne veut me le prendre. J'avais peur dans les premiers jours qu'un homme ne prétendit être le père de mon enfant, ce qui eût été un grand mensonge, car c'est le bon Dieu qui m'a donné mon enfant à la suite d'un beau rêve que j'ai fait. Je suis encore ce que j'étais avant, puisque je n'ai pas aimé d'homme, et qu'aucun homme ne m'a aimée! Tout ce qui est resté vrai de mon joli songe d'amour, c'est toi, mon bel enfant chéri! et Violette effleura de ses lèvres le front paisible de son enfant.

Maintenant, ajouta-t-elle, pourquoi le cacherais-je? je n'ai pas honte de lui; j'en suis fière! Il faut bien que je le montre au soleil pour que le soleil le réchauffe et le caresse. Tout le ciel doit l'aimer et lui faire gracieux accueil, puisque c'est l'enfant du bon Dieu.

— Ma chère Violette, dit maître François un peu ému, ne seriez- vous pas bien aise de donner un nom à ce petit ange?

— Oh! certainement! dit naïvement la mère; je veux le faire baptiser. Si j'ai tardé jusqu'à présent, c'est que je craignais de parler à M. le curé, car je ne comprends jamais rien à ce que les prêtres me disent, et il me semble toujours qu'ils me regardent comme une folle.

— Je suis prêtre et je vous comprends. Je me charge du baptême, mais ce n'est pas de cela que je voulais vous parler. Vous savez que devant la loi un enfant, pour être légitime, doit porter le nom de son père.

— Nous l'appellerons donc *Amour trompé*, dit tristement la jeune femme... Oh! non cependant, pas trompé; puisque c'était mon enfant que je désirais! Si ce cher mignon doit porter le nom de son père, il faudra lui donner le plus joli de tous les noms du bon Dieu.

— Je vois que vous ne pardonnez pas à celui qui vous a trompée. Mais s'il était repentant, et qu'il voulût vous épouser, le refuseriez- vous?

— Qui donc? dit Violette, comme sortant d'un rêve.

— Moi, dit alors Jérôme en sortant tout à coup de sa cachette et en se jetant assez gauchement aux genoux de la jeune femme.

— Mon enfant! prenez garde! ne touchez pas à mon enfant! dit- elle en se levant avec précipitation.

— Imbécile! dit maître François, vous avez tout gâté; qui vous priait de venir ici?

Violette était rentrée dans sa cabane et avait refermé sa porte.

— Eh bien! tant pis! disait Jérôme: il faut que je lui parle. Et il frappait en appelant: Violette! ma chère petite Violette!

— Que me voulez-vous, monsieur? Jérôme dit une voix de l'intérieur.

— Vous demander pardon, Violette, et faire ma paix avec vous.

— Je n'ai rien à vous pardonner, et je ne suis en guerre avec personne. Laissez-moi travailler et allez-vous-en.

— Violette, ma pauvre Violette, j'ai bien des torts envers toi, mais je veux tout réparer. Je reconnaîtrai ton enfant.

— Comment reconnaîtriez-vous mon enfant? Vous ne m'avez jamais connue, et moi, lorsque j'ai cru vous connaître, c'est que je vous prenais pour un autre.

— Vous voyez bien qu'elle bat la campagne, dit alors le cousin en se retournant du côté d'Alcofribas.

Le docteur ne l'écoutait pas et se promenait devant la porte en tenant sa longue barbe dans une de ses mains, et murmurait tout bas: « Sublime, sublime nature! bizarre exception qui confirme la règle!... Combien tu vas me faire mépriser les femmes!

— Ne craignez rien et ouvrez-nous, Violette, dit-il enfin à son tour; si Jérôme vous est désagréable, il s'en ira.

Violette ouvrit tout à coup la porte, mais elle ne tenait plus son enfant; elle l'avait déposé sur son lit et avait fermé les rideaux.

Elle parut sur le seuil de sa cabane avec un visage calme.

— Je ne crains pas monsieur Jérôme, dit-elle ; pourquoi me ferait- il du mal ? Nous ne sommes rien l'un à l'autre. Pourquoi pense-t-il encore à moi, quand je ne pense plus à lui ?

— C'est que je m'inquiète de vous, dit effrontément l'ivrogne. Il faut bien que vous viviez, et votre quenouille ne peut suffire pour vous et votre enfant.

— Monsieur, répondit Violette, ne me faites pas rougir en me rappelant que j'ai reçu autrefois quelques secours de votre oncle. Il a dû regretter de n'avoir pu me les apporter lui-même. Toutefois, je ne vous reproche rien ; ce qui est arrivé, Dieu l'a permis. Quant à vous, permettez-moi de ne plus vous connaître.

— Mais enfin, comment pourrez-vous élever cet enfant, si vous n'avez pas un mari ? Et comment ferez-vous pour que votre fils ne soit pas toute sa vie... un bâtard ?

— Un bâtard ! dit la jeune femme avec hauteur. Les bâtards sont les enfants qui font rougir leurs mères, les enfants des femmes qui se sont vendues à des hommes qu'elles n'aimaient pas ! Les bâtards, ce sont les enfants qui font horreur à leurs mères elles-mêmes. Le mien est légitime, car je l'aime et j'en suis fière ! J'ai eu assez d'amour pour justifier et ennoblir sa naissance. Cet amour, je le donnais à qui ne pouvait le recevoir ni même le comprendre ; il m'est donc resté tout entier ! J'aimerai mon enfant pour deux. J'ai sans doute un amant ou un mari quelque part, dans le ciel peut-être : je ne sais, mais je sens qu'il existe, puisque j'aime de tant d'amour ! C'est à celui-là qu'appartient l'âme qui est sortie de mon âme, c'est lui qui adoptera cet enfant de moi toute seule, cet enfant qui m'est venu comme je m'oubliais en songeant à mon véritable bien-aimé. Vous riez, monsieur Jérôme, et vous ne comprenez rien à ce que je dis. Vous voyez bien que vous n'êtes pas le père de mon enfant, et que je n'ai jamais pu être rien pour vous ?

— La pauvre petite a la fièvre, dit tout bas Jérôme au docteur ; c'est une suite de ses couches probablement, car avant elle était loin de parler ainsi. C'était une jeune fillette toute douce et toute timide.

— En effet, dit maître François, je la trouve un peu exaltée. Retirez-vous, croyez-moi ; votre vue lui fait mal ; nous ferions peut- être mieux vos affaires en votre absence.

— Je me recommande à vous et je m'en vais. Adieu donc, méchante Violette.

— Merci, monsieur Jérôme, et ne vous dérangez plus pour moi.

Le cabaretier de la Cave peinte s'éloigna lentement, et maître François se rapprochant de la jeune mère :

— Enfant, lui dit-il, où avez-vous puisé ces idées étranges ? et pourquoi êtes-vous sans pitié pour un homme que vous pourriez peut-être rendre meilleur ? je vous le confesse, j'ai pensé au respect qu'on doit à la Vierge Marie en vous voyant si fière de bien aimer votre cher enfant, et je vous crois pure de cœur et vierge d'âme, ce qui vous anoblit comme femme et comme mère. Pourquoi donc ne seriez-vous en tout semblable au divin modèle des femmes ? Au lieu de mépriser les petits que ne les grandissez-vous en les élevant sur vos bras ? Je vous le dis, Violette, vos idées sont folles, parce qu'elles sont à moitié sublimes ; vous avez voulu être amante et vous n'avez été que mère, vous l'étiez même pour celui qui n'était pas digne de vous, car semblable à la femme qui aime le petit enfant, lorsqu'il ne peut encore ni penser à elle ni la connaître, vous revêtiez la pauvreté de son naturel de toutes les richesses du vôtre ; est-ce donc parce que la misère de votre protégé a paru plus grande que vous avez dû cesser d'être généreuse envers lui ? un amour comme le vôtre, Violette, ne se trompe jamais que lorsqu'il se lasse. Vous ne pouvez peut-être plus être l'amante de Jérôme, mais vous pourriez encore être sa mère, et étendre jusque sur lui un peu de cet amour que vous avez pour votre enfant.

— Si Jérôme était malheureux, abandonné ou malade, dit Violette en baissant la tête et en essuyant une larme, je me dévouerais volontiers pour lui.

— Je le crois sans peine, vous devez être le bon ange de ceux qui souffrent.

— Les gens des environs me consultent assez volontiers quand ils sont malades ; je ne saurais dire si c'est qu'ils me supposent un peu sorcière. Mais je leur donne simplement les conseils qui me viennent au cœur, et je suis heureuse de leur être utile.

— Eh bien ! si je vous proposais de remettre la paix dans la conscience d'un vieillard, de réconcilier une famille, de guérir peut- être un malade, viendriez-vous avec moi ?

— J'irais : car vous avez gagné toute ma confiance.

— Venez donc chez le seigneur de la Devinière. Chemin faisant je vous expliquerai pourquoi... ou plutôt attendez-moi ici, car il faut d'abord que je retourne à Chinon, et que j'y change de costume; dans une heure je serai ici, et je vous prendrai avec moi; nous tâcherons de faire en sorte que votre journée ne soit pas perdue.

— Oh! que cela ne vous inquiète pas, lorsque je perds un jour à visiter des malades ou à pleurer, je regagne en veillant la nuit ce que j'ai perdu le jour.

— Voilà pourquoi vous êtes souffrante, chère enfant, vous usez le fil d'or des Parques sur la quenouille de Pénélope. Laissez-moi vous parler en père; je suis prêtre et j'en ai le droit; je suis médecin et vous m'avez consulté; je suis homme enfin, et vous m'avez tout ému; aussi, devant vous seule, et pour la seule fois de ma vie peut- être, je dépose le masque de plaisanterie et de risée que je me suis fait pour dérober la franchise de mon visage à la malveillance des hommes; plus tard nous nous connaîtrons peut-être mieux, et si je ne puis alors vous faire rire avec moi, je viendrai pleurer avez vous. Je vais revenir déguisé en théologien, et j'aurai bien du malheur si vous ne riez pas un peu de mon costume et de ma tournure. Je vous dirai, en cheminant avec vous vers la Devinière, pourquoi je suis forcé de faire cette mascarade. C'est pur devoir d'amour filial.

— Eh bien! donc, je vais vous attendre, dit Violette, et j'irai avec vous où vous me conduirez.

VI

LES SENTENCES D'HYPOTHADÉE

Une heure ne s'était pas écoulée que maître François ayant changé de barbe, s'étant coiffé d'un chaperon quelque peu gras et remplaçant ses lunettes par un garde-vue de taffetas, vêtu, comme Janotus de Bragmardo, d'un liripipion à l'anticque, portant sous le bras un gros et gras infolio qui plus fort sentait, mais non mieux que roses, arriva chez Violette Deschamps et lui expliqua de son mieux le personnage d'Hypothadée, qu'il allait faire près du vieux Thomas. La confiance s'était déjà établie entre elle et lui, car les âmes au-dessus du vulgaire se comprennent dès qu'elles se rencontrent. La jeune femme expliqua à l'homme d'esprit pourquoi elle se tenait habituellement renfermée, ne parlant à personne, parce que personne ne parlait comme elle. Maître François apprit alors que le pauvre manouvrier Deschamps n'était pas né dans ces belles campagnes de la Touraine, et que son langage et ses manières vulgaires avec les profanes cachaient dans l'intimité de ses entretiens avec sa fille la plus parfaite distinction ; mais qu'il l'avait toujours instruite à ne tenir aucun compte de ce qui était dans le monde, se préoccupant seulement de ce qui devait être. Violette n'en savait pas davantage, et son père avait sans doute un secret qu'il avait emporté en mourant.

— Je crois le deviner, dit maître François ; c'était sans doute un de ces hommes que l'esprit d'avenir tourmente, et qui ont peur d'eux-mêmes. Mais pourquoi, lui qui savait si bien prendre l'apparence des idées communes, ne vous apprenait-il pas à vivre au milieu de ce monde ?

— Il le voulait, dit Violette, mais j'aimais mieux les idées de mon père ; et puis il ne croyait sans doute pas mourir si tôt.

— Pauvre digne homme ! murmura maître François, livré aux angoisses de la pensée et aux fatigues du travail, il ne devait pas compter sur la durée de sa chandelle ; il la brûlait par les deux bouts.

Chemin faisant pour la métairie de la Devinière, maître François aussi se confiait à Violette, et lui parlait de ses projets pour l'avenir. Il n'avait qu'un but, la liberté de sa conscience ; qu'un espoir, l'indépendance de sa pensée. Il espérait parvenir, à force d'adresse, à l'impunité de l'intelligence et du talent. Violette était vivement émue et pressait doucement son enfant contre sa poitrine ; car on peut bien avoir supposé déjà que le marmot n'avait pas été laissé seul dans la cabane.

— D'ailleurs, disait maître François, je veux lui donner le baptême. Nous trouverons pour lui sans doute un parrain à la Devinière. Je veux porter bonheur à ce que vous aimez le mieux.

En arrivant chez le vieux Rabelais, maître François, devenu le docteur Hypothadée, donna à sa voix une lenteur solennelle et un accent un peu nazillard qui le déguisaient parfaitement, et l'empêchaient de ressembler en rien à celle du médecin Alcofribas.

Si l'on me demande où il avait pris ces divers déguisements, je répondrai que frère Jean les avait empruntés, moyennant une pistole, chez un fripier de Chinon, et les avait portés lui-même secrètement au logis de la Cave peinte, dans la chambre de maître François.

Le révérend père Hypothadée fut donc reçu par frère Jean, qui le conduisit à la chambre du malade ; quant à Violette, on la fit asseoir dans une chambre du rez-de-chaussée, en attendant que le vieux Thomas voulût la voir. Le métayer Guillaume ne comprenait rien à tout cela, et se demandait si on allait remettre son propriétaire en nourrice. Toutefois, il ne disait rien, pensant que tout se faisait d'accord avec les moines de Seuillé, puisque frère Jean des Entommures semblait diriger toute l'affaire. Il prenait donc tout en patience, et profitait de l'ordre qu'il avait reçu d'exhiber du vin de la cave et de remplir les flacons du meilleur, pour goûter un peu si le piot se conservait bien et ne sentait pas le moisi.

Pendant l'absence un peu longue de maître François, frère Jean avait égayé les esprits du vieux goutteux en lui racontait des histoires à rire. Il lui avait dit, entre autres, celle de ce paysan qui fut médecin malgré lui, et qui guérit la fille du roi rien qu'en se grattant le haut des jambes devant un feu clair, puis rassembla tous les malades de la

ville et leur fit crier à tous qu'ils étaient guéris, rien qu'en
leur proposant de brûler le plus malade d'entre eux, et de
mettre sa cendre en tisane pour la guérison des autres. Le
vieux Thomas riait à gorge déployée, car l'accès de goutte
était passé ; et l'assurance du docteur, qui avait promis de le
rajeunir, l'aspect nouveau de sa vieille chambre, le grand air
ivre de soleil et tout parfumé des senteurs de la belle saison,
le souvenir de son jeune temps, et je ne sais quelle envie,
dont le vieillard s'étonnait lui-même, de secouer l'ennui
qu'avaient appesanti sur sa tête embéguinée les capucina-
des de frère Pelosse, tout cela regaillardissait le bonhomme,
et, comme rien n'est meilleur pour les goutteux que de se
distraire et de rire, comme la maladie de vieillesse s'aggrave
toujours par le chagrin, il s'ensuivait naturellement que
l'ordonnance de Rondibilis opérait déjà des merveilles.

— Dieu nous protège, frère Jean, mon grand ami, dit
l'ex-apothicaire, en essuyant au coin de son oeil une larme
de gaieté ; je vois bien maintenant que le docteur, votre
ami, est un grand homme, et qu'il ne guérit pas ses malades
par des balivernes ; je crois que les bons pères de Seuillé
ne vendangeront pas encore cette année dans le clos de la
Devinière. Buvez à ma santé, mon bon frère ; si j'osais, j'en
boirais une goutte : mais, à propos de goutte, je ne veux pas
fâcher la mienne. Elle passera, mon gros ami, elle passera,
notre père en Dieu, et alors nous ferons chère-lie ! frère
Macé n'en aura rien. Mais voilà bien longtemps que le
docteur Alcofribas tarde à revenir ; n'aurait-il plus trouvé à
Chinon le révérend Hypothadée ?

— Je crois plutôt qu'il est fatigué, et qu'il se repose : voilà bien du chemin qu'il fait aujourd'hui. Ou bien, peut-être, il aura été arrêté à Chinon par quelque autre goutteux de bon aloi. Il faut bien partager avec ses frères les ressources que Dieu nous envoie, et vous êtes trop bon chrétien pour vouloir du soulagement pour vous seul. Mais je crois que le voici ; ne bougez, je vais lui ouvrir.

Un moment après, frère Jean introduisait Hypothadée.

— Que la paix soit dans cette maison, dit en entrant le théologien d'une voix grave et lente ; je viens de la part de mon docte confrère le docteur Rondibilis Alcofribas, qui est resté à Chinon pour soigner le maître de l'auberge de la Lamproie, atteint soudainement d'apoplexie.

— Quoi ! dit le vieux Thomas, mon neveu ! le malheureux est-il en danger ? Voilà pourtant la suite de son inconduite. Le docteur le croit-il en danger ?... J'avais bien prévu que tout cela finirait mal. Allons ! je n'aurai plus besoin de le déshériter, et s'il en meurt je lui pardonne.

— Puisse le bon Dieu, notre Seigneur, ne point vous pardonner vos péchés à une si dure condition, dit en saluant Hypothadée.

— Monsieur notre maître, reprit le bonhomme Rabelais, je vous ai fait mander pour que vous me tiriez de toute perplexité d'esprit ; afin que la nature opère sans obstacle pour ma guérison, selon le bon vouloir de notre docteur Rondibilis. Et d'abord, dites-moi si vous ne pensez pas que du bien amassé pendant toute la vie d'un homme lui soit une lourde charge à sa mort ?

— La mort nous décharge de tout, excepté de nos mauvaises actions et de nos mérites.

— Hélas! mon père, c'est précisément cela qui m'effraye. Quand je mourrai, j'aurai été riche, et notre Seigneur a crié: Malheur aux riches! C'est pourquoi je pensais à me dépouiller de tout avant de mourir, afin de sauver ma pauvre âme par la vertu de pauvreté.

— Lisez saint Paul, il vous dira que la pauvreté volontaire n'est rien sans la charité qui la vivifie.

— C'est bien pour cela que j'ai résolu de faire la charité de tous mes biens aux pauvres moines de Seuillé.

— Voilà une charité qui me semble peu charitable.

— Pourquoi donc?

— Vous voulez vous sauver par la pauvreté en risquant de perdre les bons moines par la richesse.

— Mais, que voulez-vous que je fasse! Je ne veux plus entendre parler de mon vaurien de fils, et j'ai un neveu qui est un mauvais drôle; l'enrichir serait mettre l'argent du bon Dieu dans l'escarcelle du diable.

— L'argent du bon Dieu, dites-vous! oh! oh! qu'est ceci? Ne savez-vous pas comment notre Seigneur appelle le Dieu de l'argent? il le nomme *Mammona*, et en fait le dieu de l'iniquité. Je ne connais, pour moi, d'autre argent du bon Dieu que les trente deniers au prix desquels on le vendit, et qui servirent ensuite à ouvrir l'auberge de la mort; c'est Haceldama, le champ du sang, la sépulture des étrangers.

— Que dites-vous donc à votre tour, mon père? Quoi! l'argent appartient au diable! Mais n'est-ce pas l'argent qui paye la pompe des églises et les sacrements qu'on y donne ? car s'il est défendu de vendre les sacrements, on les donne gratuitement à ceux qui font volontairement quelque aumône à la sainte Église. Or, afin que les fidèles ne soient pas embarrassés, les tarifs sont fixés d'avance, et tout se fait pour la gloire de Dieu.

— Je n'en disconviens pas ; car, en ma qualité de théologien ordinaire du pape, je suis avant tout l'enfant soumis de l'Église. Judas a été un grand criminel de vendre son Maître, parce que l'Église infaillible n'avait pas encore autorisé ce commerce. Il exerçait sans lettre patente. D'ailleurs, maintenant, comme vous dites, on ne vend plus Jésus-Christ, on le donne pour de l'argent, et c'est bien différent ; et puis, à cet échange tout généreux, c'est la sainte Église qui perd, puisque l'argent n'est que fumier du diable, pour lequel elle nous donne le bon Dieu et toutes ses grâces.

— Vous dites bien, maître Hypothadée ; oh ! que vous dites bien ! Partant, vais-je donner certainement tout mon argent aux bons moines, puisque l'argent n'est que fumier de Satanas : la question n'était que de savoir si, pour mon salut, volontiers ils se feraient les palefreniers du diable. Frère Macé m'a déjà rassuré sur ce point.

— Voyez la charité du saint homme ! Mais ne craignez-vous pas d'en abuser, messire Thomas ? Est-il charitable, encore une fois, de mettre son prochain en péril ? N'avez-vous pas peur que cet argent ne pèse sur la conscience du frère Macé ?

— Oh ! tant s'en faut ; qu'au contraire il acceptera volontiers pour son couvent, non-seulement tout mon argent comptant, mais encore la Devinière et jusqu'au revenu de l'auberge de la Lamproie ; il assure que plus le couvent devient riche de biens, plus les frères sont pauvres d'esprit, et que c'est là réellement ce que le Sauveur recommande.

— Frère Macé est, à ce que je vois, un connaisseur en fait de pauvretés d'esprit. Il aime mieux que les moines se grisent que de penser à mal, et il tire merveilleusement la conclusion de l'argument *qui bene bibit bene dormit.* Revenons à votre neveu : le voilà donc bel et bien déshérité ?

— Et c'est juste, n'est-ce pas ? un ivrogne !

— Un débauché !

— Oui, qui séduit les petites filles.

— Et qui ne les épouse pas.

— Ah bien, oui ! il ne lui manquerait plus que de vouloir les épouser.

— Il ne lui manquerait que cela pour être excusable, n'est-ce pas ? En effet, le mariage répare l'offense faite à Dieu et aux parents.

— Des parents ! ah bien, oui ! la donzelle n'en a pas ; c'est une orpheline.

— A laquelle vous avez servi de père ; on m'a raconté cette histoire. Mais est-il bien vrai que vous ne l'ayez jamais vue ?

— Qui ?

— La petite Violette Deschamps.

— Je l'ai vue toute petite, et je ne croyais pas alors qu'elle grandirait pour me faire tout ce chagrin ! Depuis, elle n'est pas venue une seule fois à Chinon ni à la Devinière ; mon fripon de neveu se chargeait de m'en donner des nouvelles, mais il me cachait bien celles qui le concernaient, le paillard ! Bref, ils m'ont bien trompé, les sournois.

— Comment aussi chargiez-vous votre neveu, un jeune homme, un mauvais sujet, de voir chez elle votre petite protégée ? N'était-ce pas envoyer le loup dans la retraite de la brebis ?

— Mon Dieu, nous autres bonnes gens de la Touraine, nous ne croyons au mal que quand il est arrivé.

— Mais alors le réparez-vous ?

— Quoi réparer ? et que voulez-vous que je répare ? l'honneur d'une fille ? c'est un bijou qui ne se raccommode jamais. D'ailleurs chacun doit répondre de ses fautes, et j'ai assez des miennes.

— Pardonnez-nous nos offenses comme nous pardonnons à ceux qui nous ont offensés, disent les patenôtres.

— Mais... en tout ceci personne ne m'a offensé, que je sache.

— Eh bien ! alors, pourquoi vous chargez-vous de punir ?

— Mon bien est à moi, monsieur notre maître, et j'en puis faire ce qui me plaît, dit ici le vieux Thomas impatienté.

— Fort bien, messire ; voilà qui est parlé. Et si tous les pénitents disaient de même, point ne serait besoin de tant de docteurs pour diriger les consciences. Je fais ce que bon me semble ; voilà qui répond à tout en matière de morale. Le bon Dieu ne dirait pas mieux. Vous n'aviez pas besoin, en ce cas, de nous faire venir ; je vais, s'il vous plaît, retourner à Chinon et je vous renverrai le médecin.

— Ne vous fâchez pas, voyons : je veux faire de ce qui est à moi le meilleur usage possible ; et puisque tout nous vient de Dieu, c'est à Dieu que je voudrais rendre ce qui m'est venu de lui. Je sens bien que lui seul est le grand propriétaire, et que nous sommes ses petits fermiers. Quand nous mourons il nous fait rendre gorge, et nous n'emportons rien qu'un vieux drap, quand notre héritier nous le donne. Cela est bien triste, docteur !

— Oui, triste pour le mauvais riche, et consolant pour le pauvre Lazarus qui doit avoir son tour et se réjouir, tandis que l'autre va pleurer et grincer des dents ; tout cela est dit en parabole et se réalisera en vérité ; c'est pourquoi les sages qui prévoient l'avenir ont horreur du bien mal acquis, et aiment mieux vivre dénués de tout que de mourir voleurs.

— Est-ce donc qu'à votre avis, notre maître, tous les riches sont des voleurs ?

— Oh non ! car vous savez qu'il en entre dans le royaume du ciel autant qu'il passe de chameaux par le trou d'une aiguille. Ceci est parole d'Évangile.

— Voler c'est prendre ce qui appartient aux autres.

— Ou le garder.

— Mais bien des riches n'ont rien pris à personne.

— Beaucoup gardent du superflu, tandis que les pauvres manquent du nécessaire. Que diriez-vous d'un frère qui gaspillerait le reste de son pain après avoir mangé, tandis que son frère à côté de lui mourrait de faim ?

— Je dirais que c'est un mauvais cœur, mais il serait dans son droit.

— Peut-être. Mais si son frère expirant se redressait dans le délire d'une dernière convulsion et voulait étrangler son bourreau avant de mourir, que diriez-vous de celui-là ?

— Ah mon Dieu ! vous me faites peur ! mais je dirais que c'est une bête féroce, qu'il faut l'enchaîner et le pendre.

— Avec tous ses complices ?

— Sans doute, s'il en avait.

— Fort bien. Il faudrait pendre alors avec l'assassin celui qui l'aurait exaspéré et provoqué un crime ; mais le malheureux affamé serait déjà mort et se soucierait peu de la potence ; resterait, monsieur, le beau mangeur qui aurait de l'argent pour se payer une corde neuve. Il aurait bien mieux fait de donner du pain à son frère.

— Docteur Hypothadée, il me semble que ces propos ont je ne sais quoi qui sent l'hérésie. Cependant me voilà tout perplexe et tympanisé. Je ne veux point arriver à la porte du ciel avec une bosse de chameau. Je donne tout aux pauvres, et les vrais bons pauvres ce sont les moines, ils prieront pour le repos de mon âme.

— Et ils boiront votre bon vin à votre résurrection future.

— *Amen !* Je ne pourrai alors leur faire raison.... C'est une triste chose que la mort ! Ah ! le docteur Rondibilis ? Où est le docteur ? voilà que je revieillis ; je crois que mes accès de goutte vont me reprendre.

— Pourquoi aussi pensez-vous sans cesse à ces diseurs de *Requiem ?* Ne vous semble-t-il pas que placer votre héritage entre leurs mains, c'est comme si vous donniez d'avance votre mesure au fossoyeur ? Donnez ou plutôt restituez à

Dieu votre fortune, rien de mieux; mais si vous aimez encore un peu la vie, pourquoi cherchez-vous votre Dieu sous
la figure de la mort? Vive la jeunesse, la santé, la beauté,
la vie! ce sont les vraies images de Dieu! Regardez ce soleil, le prenez-vous pour un hérétique? Il est catholique si
jamais on le fut, car est-il quelque chose de plus universel
que la lumière? Eh bien! lui trouvez-vous le visage blafard
de frère Macé? Ne rit-il pas mieux que frère Jean? n'est-il
pas resplendissant et vermeil? Tous les jours il se rajeunit et s'éveille, comme un beau petit enfant, dans les linges
blancs de dame Aurora, qui le fait jouer avec des roses et lui
passe entre les boucles naissantes de ses cheveux d'or une
main toute humide de rosée; la rosée est la sève des roses;
leur nom atteste leur parenté, et la dive rosée du flacon fait
refleurir les joues et les lèvres des vieillards. Les roses de
la jeunesse sont belles à voir aussi sur les joues des jeunes
filles et des petits enfants. Que ne faites-vous comme le
bon Sauveur qui aimait à se voir entouré de bambins et de
jeunes mères. On dit que des femmes le suivaient partout,
et qu'il embrassait les petits enfants. Cela me rappelle que
je ne suis pas venu seul, et qu'une jeune femme attend en
bas qu'il vous plaise de lui parler. C'est maître Alcofribas
qui l'a choisie et qui vous l'envoie pour vous soigner. Il a
préféré pour cela à tout autre une jeune et belle nourrice,
parce que celle-là sait comment il faut soigner un vieillard
qui soigne un petit nourrisson; et puis, d'ailleurs, il s'agit de
vous rajeunir, et c'est un petit frère de lait que le docteur va
vous donner. Le révérend dom Buinard veut-il bien dire à
la jeune dame de monter?

— Appelez-moi frère Jean des Entommures, dit dom Buinard, je ne réponds qu'à ce nom-là.

Un moment après la jeune femme était introduite ; sa beauté et sa modestie parurent faire une vive impression sur le vieux Rabelais, qui dans sa jeunesse avait passé pour aimer beaucoup les femmes. Violette s'empressa près du vieillard, se souvenant qu'il lui avait autrefois voulu du bien ; mais elle se garda bien de lui dire son vrai nom, car maître François lui avait fait la leçon en route, et s'était emparé complètement de son esprit.

Le vieux ne sentit pas sans tressaillir d'aise, ses petites mains délicates lui soutenir la tête, en arrangeant ses coussins derrière son dos ; Hypothadée, pendant ce temps, tenait le poupon dans ses bras et déridait son front magistral en le berçant, comme eût fait une bonne nourrice.

— Il me semble, dit le père Thomas, que je vois la béate Vierge Marie venir elle-même à mon secours, et que pour remuer mes coussins, elle a donné son fils à garder à M. saint Joseph.

— Saint Joseph est de trop dans l'affaire, dit le faux Hypothadée, je ne suis ni charpentier, ni marié, ni... rien de ce qu'était le grand saint Joseph. Mais la jeune femme que voici est vraiment l'image vivante de la mère de Dieu, et cet enfant ! qu'en dites-vous, bonhomme Rabelais ? N'est-il pas joli comme un vrai bon Dieu nouveau-né ? Voilà une image de Dieu plus gracieuse que frère Pelosse !

— Je conviens avec vous que frère Pelosse n'est pas beau, et je vois que vous le connaissez. Mais, grand Dieu ! j'y pense ; il va revenir ! Que dira-t-il ? Voilà de belles équipées! Comment l'empêcher de rentrer et lui expliquer pourquoi le docteur Alcofribas... Mais frère Jean s'en chargera, n'est-ce pas, frère Jean ? Et vous, monsieur notre maître Hypothadée, vous qui avez une langue dorée, je compte sur vous pour l'apaiser. Tenez, prenez cette clef, ouvrez ce tiroir, prenez dans le coin à droite un paquet de parchemin, c'est mon testament. J'ai juré de le lui remettre ; nous le lui donnerons quand il viendra, et il consentira volontiers à tout.

VII

LA VENDANGE DU DIABLE

On en était sur ces menus propos, lorsque, dans le clos même de la métairie, un bruit horrifique se fit entendre. C'étaient des cris étouffés renforcés par des tumultes confus de grelots et de sonnettes ; des voix qui n'avaient rien d'humain se mêlaient à tout ce tapage : Hho ! hho ! hho ! brrrourrrs, rrrourrrs, rrrourrrs ! Hou, hou, hou ! À l'aide ! au secours ! drelin din din ! Une fumée sentant le souffre et la résine entrait en même temps par les fenêtres.

— Qu'est ceci ? s'écria le vieux Rabelais. Violette courut à son enfant.

— Le voici, ne craignez rien, dit maître François ; je ne sais ce que signifie cette farce. Tenez bien votre poupon ; je sors et vais voir ce que c'est.

— Grand saint Benoît ! dit frère Jean, qui s'était mis à la fenêtre ; c'est frère Macé Pelosse assailli par une légion de diables ; ils le poursuivent dans le clos comme ceux du mystère de la tentation pourchassent le compagnon de saint Antoine.

— Maître François faisait signe de l'oeil à frère Jean
pour savoir si cette plaisanterie venait de lui; mais dora
Buinard paraissait franchement et naïvement étonné
d'abord, puis le rouge de la colère lui monta au visage.

— Ils saccagent la vigne! s'écria-t-il. Attendez, attendez, brigands de diables, je vous donnerai sur les oreilles
et je vous applatirai les cornes. Où est mon bâton de la
croix?

— Frère Jean! frère Jean! à mon secours! miséricorde!
criait d'une voix langoureuse et désespérée frère Pelosse,
cerné par les diables et trébuchant à travers les ceps en renversant les échalas.

— Frère Jean, mon ami, disait le vieux Thomas, maître
Hypothadée, mon père spirituel, voyez ici mon gros livre
d'heures, apportez-le-moi, fermez bien la porte, restez près
de moi, et récitons ensemble alternativement les Psaumes
de la pénitence.

— Pénitence! dit frère Jean; il sera temps de la faire quand le piot nous manquera l'année prochaine. Vive
Dieu! le beau clos de la Devinière! La vigne qui alimente
la Cave peinte, le meilleur vin de la Touraine! les diables ne
le ravageront pas impunément; je le jure par les houzeaux
de saint Benoît! Maître Hypothadée, restez ici pour rassurer maître Thomas; mettez-vous seulement à la fenêtre
et regardez-moi faire, vous allez voir comme j'entends les
exorcismes.

Ce disant, il met son froc en bandoulière, empoigne
son bâton de la croix qui était en cœur de cormier, se pré-
cipite hors de la chambre, et presque au même instant on

le voit tomber dans le clos comme la foudre. Les diables qui poursuivaient frère Macé étaient tout caparaçonnés de peaux de loup, de veaux et de béliers, passementées d'os de mouton, de têtes de chiens, de ferrailles, de chaînes et d'ustensiles de cuisine; ils étaient ceints de grosses courroies auxquelles pendaient de grosses cymballes de vaches et des sonnettes de mulets, ils tenaient en main et agitaient en l'air de longs bâtons noirs pleins de fusées; d'autres portaient de longs tisons allumés sur lesquels ils jetaient de temps en temps de pleines poignées de souffre et de résine en poudre. C'étaient les gens du seigneur de Basché qui, à l'instigation de leur maître, faisaient cette momerie, et étaient venus attendre le moine sur la route de Seuillé, près du clos de la Devinière, dans lequel le frère Macé cherchait vainement un refuge. Ils étaient donc là piétinant la vigne, cassant les bourgeons, renversant les ceps, enfumant et faisant jaunir le pampre, lorsque frère Jean, plus formidable que Samson armé de la mâchoire d'âne, se rua sur eux sans dire gare, et frappant à tort à travers, lourd comme plomb et dru comme grêle, envoya les premiers qu'il rencontra la tête en bas et les pieds pardessus la tête, ratisser les cailloux avec leurs dos. Frère Pelosse plus mort que vif était tombé la face contre terre et n'osait plus lever la tête, frère Jean des Entommures enjamba bravement par-dessus lui et donna avec une nouvelle furie sur les malheureux diableteaux, qui commençaient à lâcher pied et à regarder du côté de la porte. Le bâton de la croix tournoyant en l'air comme l'aile d'un moulin, semblait frapper partout à la fois, de ci, de là, d'estoc, de taille, sur les têtes, sur les bras, sur les jambes, sur les bedaines rembourrées de filasse, sur les griffes qui portaient les torches et les brandons, faisant voler le bois en éclats et le feu en nuages d'étincelles ; aux uns il accrochait en passant leur nez postiche et découvrait le visage camus d'un pleutre, aux autres ils abattait les cornes, et enlevant leur perruque de crin, il mettait à nu le crâne chauve d'un cuisinier dont la femme avait des amants. Les sonnettes tintaient sec sous les horions, comme des armures à l'assaut lorsqu'il pleut des bûches et des pierres ; l'un s'enfuyant en tenant à deux mains sa tête ; l'autre sautillant sur une jambe et faisant piteuse grimace, s'en allait criant son genou ; l'autre s'esquivait à quatre pattes et recevait du pied du frère Jean un argument *à posteriori ;* un autre qui voulait monter sur un arbre, se croyait embroché par le terrible bâton, qui l'atteignait au défaut de son haut de chausses ; c'était une déroute générale ! Jamais diables ne furent si bien rossés.

Le champ de bataille, était jonché de masques, de tisons éteints, de torches brisées, de cornes fracassées ; les fuyards jetaient bas leurs peaux de bêtes pour courir plus vite, plusieurs saignaient du nez et se barbouillaient toute la figure en voulant s'essuyer ; quelques poignets furent foulés, quelques os meurtris, quelques cervelles étonnées ; il n'est point de victoire sans carnage, quand c'est la force qui triomphe ! frère Jean avait vraiment l'air d'un Alcide. Rouge et le front ruisselant d'une noble sueur, les yeux étincelants d'éclairs, la bouche superbe et souriante de dédain, il respectait la vigne souffrante dans les plus grands efforts de sa colère, et sachant diriger ses coups pour ne pas atteindre la jeune anche à demi brisée. On assure qu'il fut moins attentif pour le dos

de frère Pelosse, et qu'en le protégeant de trop près, il laissa
quelquefois son bâton lui fleurer les côtes : le pauvre Macé,
qui mourut huit jours après des suites de son saisissement,
n'a jamais parlé de cette circonstance et se trouva alors trop
heureux d'être délivré, pour chicaner ainsi sur les excès de
zèle du moine et sur les anicroches du bâton libérateur.

Voici maintenant, si vous voulez le savoir, comment
était survenue cette algarade.

Le seigneur de Basché était un viveur, une espèce de
comte Ory, qui conservait les traditions de Villon, et faisait
refleurir les compagnons de la franche lipée. Grand dépen-
sier, il mangeait comme Panurge son blé en herbe, et ne
payant jamais ses dettes, il avait souvent maille à partir avec
les chicaneaux. Ceux qui voudront savoir comment il les
traitait n'ont qu'à relire attentivement les chapitres 13, 14
et 15 du quatrième livre de *Pantagruel.* Il vivait aussi assez
mal avec les moines de Seuillé, avec lesquels il avait procès,
mais s'il en était un qu'il détestât par-dessus tous, c'était
sans contredit ce malencontreux frère Macé. On peut juger
de son étonnement et en même temps de sa maligne joie
lorsque ce moine, trompé par un faux message de frère Jean,
arriva au château de Basché, et dit qu'il venait pour entendre la confession du seigneur. Les valets voulurent d'abord
le chasser en lui riant au nez, mais le sieur de Basché ouvrit
lui-même sa porte, et fit entrer le moine dans son cabi-
net ; puis, sous prétexte d'aller se préparer dans l'oratoire,
il vint réunir ses gens dans la cour, leur dit de se déguiser
en diable et d'aller attendre le moine près du clos de la
Devinière ; rentrant, ensuite près du frère Macé, il s'excusa

de se confesser, alléguant que les diables le tourmentaient et chassaient de sa mémoire le souvenir de ses péchés.

— Si vous vouliez vous dévouer à ma place et répondre pour moi aux mauvais esprits, ils trouveraient à qui parler, et ils seraient obligés de s'enfuir dans la mer Morte. Car jamais n'oseraient-ils assaillir un si saint personnage !

— Frère Macé, flatté dans son amour-propre de saint homme, s'engagea un peu inconsidérément ; le seigneur de Basché alors le remercia, le festoya, ordonna qu'on le fît manger et boire, et dans ses aliments fit mêler des poudres capables d'exagérer les effets naturels de la peur qu'il avait préparée au pauvre frocard, puis il le renvoya très-satisfait, et ne s'attendant à rien moins qu'à ce qu'il devait rencontrer.

Tandis que frère Jean abattait ainsi les puissances de l'enfer, le vieux goutteux, tout tremblant, disait aux faux docteur Hypothadée :

— Donnez-moi l'absolution, notre maître, ils vont venir chercher ma pauvre âme ! Oh ! que ne prennent-ils plutôt celle de frère Macé ! Mon pauvre clos ! mes belles vignes ! je me repens, *confiteor !* j'ai mal fait de donner mon bien h ces moines. Voyez quelle compagnie ils amèneront dans mon clos, et pour qui sera la vendange ! Approchez-vous, ma belle, protégez-moi, avec votre petit enfant innocent ! Maître Hypothadée, sauvez-nous ! je refais mon testament en votre faveur, si vous exorcisez ces diables, je ne veux faire tort à personne : Convertissez mon coquin de neveu, et je lui donnerai la part, seulement, pour Dieu, délivrez-nous.

— Voulez-vous, dit maître François, faire tout ce que je vous dirai ?

— Dites vite, et que ces diables s'en aillent. Ah! mon Dieu, j'entends des cris et des lamentations; ils tordent sans doute le cou à frère Jean et à frère Macé.

— Prenez ce petit enfant dans vos bras; vous croyez, n'est-ce pas, à la vertu de l'innocence contre l'enfer?

— J'y crois, j'y crois! mais faites vite.

— Qu'allez-vous donc faire? dit Violette.

— Vous allez voir, répondit Hypothadée; c'est un charme infaillible pour chasser le diable des maisons, et y faire entrer la grâce de Dieu. Maître Thomas, récitez-nous votre *credo*.

— Volontiers.

Et le vieux Thomas prononça toute la formule.

Maître François, s'approchant alors d'une aiguière, y trempa ses doigts, et, les secouant trois fois sur le front de l'enfant:

— Thomas-François, dit-il, je te baptise au nom du Père, du Fils et du Saint-Esprit.

Puis, reprenant le nouveau baptisé des bras de son parrain improvisé, et l'élevant comme une sainte image;

— Voilà, dit-il, comment le bon Dieu se fait voir aux hommes; adorez le frère nouveau-né du Sauveur.

En ce moment le bruit avait cessé dans le clos, tous les diables étaient en fuite, et frère Jean s'occupait à faire bassiner avec de l'eau-de-vie les contusions de frère Macé, auquel, pour certaines raisons, il fallait aussi faire changer la chemise et les chausses.

Le vieux Thomas était attendri jusqu'aux larmes; il criait miracle, et s'inclinait du mieux qu'il pouvait devant le petit ange que lui présentait maître François.

— Vous voyez, lui dit le docteur, qu'il vient de sauver votre vigne, et que les diables n'y sont plus. Maudiriez-vous votre neveu, s'il vous avait rendu un tel service avec une pareille innocence?

— Ah! le drôle! répondit le père Rabelais, que n'est il encore un petit enfant innocent comme celui-ci! Dire que je l'ai vu naître!... (Et ici la voix du vieillard s'attendrit.) Je croyais qu'à défaut de mon vaurien de fils ce serait lui qui me fermerait les yeux... Me voilà seul maintenant... et je ne veux plus entendre parler ni de mon fils, ni de mon neveu, ni de frère Macé... Quel est le père de ce chérubin?

— Son père est mort, dit Violette, en baissant les yeux.

— Eh bien, je l'adopte!... pour qu'il continue à protéger ma maison contre l'enfer. N'est-ce pas, maître Hypothadée? Je suis déjà son parrain, et je ne veux pas m'en défendre; je ferai plus, je serai son père adoptif. Je ne sais pourquoi il me plaît, et il me semble que mon cœur est tout remué à sa vue. D'ailleurs, il a chassé le diable de céans, il est juste que la maison soit un jour à lui. Je l'avais bien donnée à ce damné frère Pelosse, qui vient d'y amener tout l'enfer.

— Je vous approuve, dit Hypothadée, faites vite, car les diables reviendraient peut-être. Écrivons en deux mots votre volonté, pour mettre tous vos biens sous la sauvegarde de la sainte enfance. Tenez, voici du vélin et de l'encre; moi je ferai l'acte de baptême.

— Écrivez vous-même, je signerai, dit le vieux Thomas. J'ai eu tant de peur de ces diables, que j'ai la main toute tremblante.

Maître François se mit à écrire.

— Un instant, dit Thomas Rabelais en se ravisant ; de qui cet enfant est-il le fils ?

— De Dieu, dit gravement Hypothadée. De Dieu, qui vient de l'adopter par le baptême, et de maître Thomas Rabelais, qui l'adopte par religion, et pour sanctifier sa vie, en élevant un enfant de Dieu, qui a reçu le baptême entre ses bras. Tenez, voici l'acte, signez.

— Mais frère Jean ne revient pas, observa le vieillard.

— C'est que les diables ne sont peut-être pas encore bien éloignés, ou peut-être le gardent-ils en otage.

En ce moment on frappa assez fort à la porte de la chambre. Le vieux Thomas tressaillit.

— Le verrou est-il mis ? dit-il d'une voix effarée. N'ouvrez pas, ce sont eux.

— Qui est là ? dit Hypothadée.

— C'est frère Macé et sa compagnie, répondit du dehors frère Jean en contrefaisant sa voix.

— Arrière ! arrière la compagnie ! s'écria le vieux goutteux. Je me voue à la sainte Vierge, représentée par cette jeune mère, je donne tout à ce petit ange, et que son innocence nous protège. Donnez vite, je vais signer.

— Mais ouvrez donc, criait le frère Macé avec un accent plaintif.

— Vite maintenant, mon père, donnez-moi l'absolution, dit le vieillard ; j'ai satisfait pour mes péchés, que me reste-il encore à faire ?

— Bénir votre nièce et embrasser votre petit neveu. Votre bien ne sortira pas de votre famille.

— Qu'est-ce à dire ! s'écria le vieux Thomas tout ébahi.

— Mais ouvrez donc! êtes-vous morts? criait à son tour frère Jean de sa voix naturelle.

— Ah! c'est notre ami frère Jean, dit Hypothadée. Nous sommes en paix avec Dieu et avec les hommes. Maintenant nous pouvons ouvrir.

VIII

L'ANCIEN ET LE NOUVEAU TESTAMENT

Frère Jean, en attitude de triomphateur romain, son bâton de la croix sur l'épaule et soutenant d'une main le malheureux frère Pelosse, entra dans la chambre, faisant un grand bruit de fanfares.

— Baoum! baoum! Turlututu! tutu! tutu! Place au vainqueur des Philistins et à son armée! Ne regardez pas pour cela la mâchoire de frère Macé; pour vaincre les diables d'enfer nous n'avons pas joué de la mâchoire: c'est le bâton de la croix qui les a chassés avec l'aide des bonnes prières de maître Thomas ici présent et du grand docteur Hypothadée!

— Von, von, vrelon, von, von, bredouillait frère Macé, voulant parler et craignant de cracher ses dents.

— Arrière! arrière! criait le vieux Thomas; vous, sentez le roussi. Ne me touchez pas, vous sortez des griffes du diable!

— Dieu nous soit en aide, dit maître François; tenez buvez ce verre devin frais, notre frère, cela vous raffermira le cœur et vous déliera peut-être la langue.

Mais frère Macé ayant aperçu Violette et son enfant, fit mine de vouloir sortir, et, comme personne ne le retenait, il revint sur ses pas, se laissa tomber lourdement dans un fauteuil avec des soupirs à ébranler les solives, joignit les mains en levant vers le ciel des regards désespérés, et regarda maître Thomas avec fureur.

— Voyez, voyez, docteur Hypothadée, notre maître, il est encore ensorcelé ! il a respiré des diableteaux ; il me semble que j'en vois sortir par ses yeux, par son nez et par ses oreilles. Ne le quittez pas, frère Jean, tenez-le bien ; j'ai peur qu'il ne se jette sur nous ! Onc je ne vis un aussi vilain chrétien. Il va nous donner quelque sort. Maître Hypothadée, chantez-lui un mot d'exorcisme. Il doit être devenu hérétique pour que le diable s'attache ainsi à lui. Faites-lui baiser mon reliquaire.

— Eh ! non, disait maître François, frère Macé est bon chrétien, il a renoncé à Satan, à ses pompes et à ses œuvres ; il a fait vœu et le fait encore de chasteté, d'obéissance et de pauvreté ; n'est-il pas vrai, monsieur mon frère ?

Frère Macé fit signe de la tête que c'était vrai.

— Que lui voulaient les mauvais esprits ? continua le docteur Hypothadée ; il n'est ni païen ni juif et croit à la sainte Écriture. Il respecte l'Ancien Testament et croit à toutes les promesses y contenues ; mais il préfère le Nouveau, et adhère de tout son cœur à tous les articles qu'il renferme, n'est-il pas vrai, frère Macé ?

Frère Macé s'étranglant pour dire oui, et crachant du sang deux ou trois fois, fit encore signe de la tête que c'était vrai.

— L'Ancien Testament, dit le docteur Hypothadée, n'est qu'une figure des biens à venir, c'est la cédule des promesses dont se sont rendus indignes ceux auxquels elles étaient faites. Le second, c'est la réconciliation du père avec sa famille, c'est l'adoption de l'homme nouveau, c'est l'enfant de la femme rendu légitime par la destruction du péché originel ; vous le croyez comme moi, et vous l'approuvez de tout votre cœur, n'est-il pas vrai, frère Macé ?

— C'est... c'est vrai !... toussa frère Pelosse qui s'était décidé à avaler un verre de vin.

— Oh bien, dit le révérend Hypothadée, je vois que nous nous entendons et que vous êtes bon chrétien. Je vous le fais dire, pour rassurer maître Thomas auquel votre aventure d'aujourd'hui avec les diables semble avoir causé des scrupules. Moi, je ne doute pas de vous, car je vous connais de réputation et je suis sur que ce que je viens de dire sur les deux Testaments, vous seriez prêt à le signer.

— De mon sang, grogna frère Macé en cherchant une seconde fois la salive rouge de ses gencives.

— Je le crois certes de tout mon cœur ; mais nous le prouverons à ceux qui pourraient en douter, afin que cette affaire de diablerie qui va faire bruit dans le pays, ne cause à personne de scandale, en faisant à tort suspecter la foi d'un très-vénérable religieux, Or, sus ! voici ce que j'écris et ce que vous allez signer :

« Moi, frère Macé Pelosse » (et à mesure que maî- » tre François prononçait ces paroles, il les écrivait sur » le revers même du parchemin que le vieux Rabelais ve- » nait de signer) « religieux et procurateur de l'abbaye de

» Seuillé, afin que personne ne suspecte mes intentions,
» déclare en présence de..., etc. (ici étaient nommées les
» personnes présentes), que je crois à l'existence de deux
» testaments, l'Ancien et le Nouveau : je reconnais que
» l'Ancien était une figure et contenait des promesses et
» des menaces d'un père qui voulait ramener ses en-
» fants ; je crois que le Nouveau Testament a abrogé
» l'Ancien, et a rendu à l'enfant de l'homme pécheur,
» lavé par le baptême des péchés de son père, tous
» les droits à l'héritage du père de famille, en le fai-
» sant membre de la société des chrétiens et de la sainte
» Église catholique, apostolique et romaine, dans la foi de
laquelle je veux vivre et mourir. »

Que dites-vous de cette formule ?

— Je la signe les yeux fermés, baragouina frère Pelosse,
à la gloire de saint Benoît et à la confusion de tous les diables.

— *Amen!* dit maître François en lui tendant le parchemin et en lui présentant la plume.

— Frère Macé relut la profession de foi des yeux et la
signa.

Le vieux Thomas, qui avait compris tout cet apologue,
ne put se retenir de rire.

— Nous nous en tiendrons donc à ce que dit le Nouveau
Testament, dit-il en regardant Violette.

— Sans préjudice, toutefois, du respect qu'on doit à
l'Ancien, dit frère Pelosse avec effort.

— Certainement, dit Hypothadée, et prenant sur le
prie-Dieu auprès du lit deux gros livrer reliés en parchemin

gothique, il mit dans l'un la donation faite précédemment de tous les biens du vieux Thomas aux moines de Seuillé, et dans l'autre l'écrit en faveur du fils de Violette, signé par Rabelais le père et contre-signe par Macé Pelosse.

— Respect à l'Ancien Testament, dit-il en présentant le premier volume au procurateur de Seuillé, nous croyons l'honorer comme il le mérite, en le remettant entre vos mains. Quant à nous, le Nouveau Testament nous suffit, ajouta-t-il en remettant le second volume avec l'écrit qu'il contenait, entre les mains de Violette.

Frère Macé, se doutant un peu tard de quelque chose, ouvrit précipitamment la Bible qu'on venait de lui remettre : le premier testament de Thomas Rabelais en tomba, à la stupéfaction du moine. Les éclats de rire des assistants lui firent deviner tout le reste. À cette vue, à cette pensée, il oublie toutes ses douleurs ; il se lève, il verdit, ses yeux jettent des flammes ; il ne sait à qui s'en prendre d'abord : maître Thomas est effrayé d'avance du sermon que son ancien confesseur va faire.

— Frère Jean, vous m'avez trompé ! s'écrie enfin Pelosse avec explosion...

Mais, à ce premier mot, il s'arrête, il se tord, il se replie sur lui- même.

— Ah ! je suis empoisonné, s'écrie-t-il d'une voix qui sort à peine du gosier.

— Vous ne l'êtes pas seul, dit frère Jean en faisant mine de se boucher le nez, et c'est moi-même qui me serai trompé, quand j'ai cru tout à l'heure vous avoir fait changer de linge.

— Emmenez-le ! emmenez-le ! cria tout le monde tout d'une voix.

— Maintenant, dit maître François ou maître Hypothadée, comme nous voudrons l'appeler, ouvrons à notre tour le livre que nous avons choisi, et faisons une petite lecture.

Ouvrant alors le volume à l'endroit qu'il avait marqué en y glissant l'extrait de baptême du petit François, il lut avec une voix distincte et les plus douces inflexions l'histoire de l'enfant prodigue. Le vieux Rabelais l'écoutait attentivement, et essuya même une larme qui glissait au coin de son oeil.

— Merci, dit-il à maître Hypothadée en lui serrant la main ; je comprends ce que vous voulez dire ; vous êtes véritablement un homme de Dieu, et vous m'avez mis aujourd'hui en grande paix avec moi-même. Vous m'avez rendu un fils à la place du mien qui s'est perdu ; je vous en remercie, et je me sens joyeux comme le père de famille de la parabole. Je me crois rajeuni de dix ans, et le docteur Rondibilis avait raison lorsqu'il parlait de me rajeunir. Mais pourquoi donc ne vient-il pas ? On dit qu'il soigne mon neveu qui est mourant. Envoyez quelqu'un à Chinon dire à mon neveu qu'il meure en paix et que je lui pardonne ; mais sur toute chose qu'on me ramène ici le docteur Rondibilis Alcofribas.

— Je dois vous dire la vérité, reprit humblement Hypothadée : ce n'est pas auprès de votre neveu qu'est occupé en ce moment mon savant ami le médecin Alcofribas : il soigne dans un galetas de Chinon un pauvre voyageur arrivé dernièrement de l'Anjou dans le plus piteux équipage ; c'est un pauvre orphelin de la religion qui l'a méconnu, et de la maison paternelle qui le repousse ; c'est un enfant prodigue qui demande à quelle condition il pourrait espérer le pardon de son père.

À ce discours, le front du vieillard s'était rembruni :

— Qu'il me prouve son repentir par une conduite meilleure, dit-il, et je le recevrai peut-être ; qu'il étudie et qu'il devienne un médecin comme Rondibilis, ou un théologien et un sage comme Hypothadée, et je le recevrai à bras ouverts !

— Qu'à cela ne tienne, dit maître François.

Aussitôt, jetant bas sa coiffure de sorboniste et sa robe de dessus il tire de sa poche une barbe blanche et des besicles, voilà le docteur Rondibilis, dit-il ; vous venez de voir Hypothadée, et maintenant, ajouta-t-il en ôtant le reste de son accoutrement et sa barbe postiche, voici le pauvre François Rabelais, qui se jette aux pieds de son père, dont il n'a pas mérité le courroux.

Que fit alors maître Thomas ? justement ce qu'avait fait bien avant lui le père de l'enfant prodigue. Il pleura de joie, ouvrit ses bras, et embrassa tendrement son fils. Tous les assistants étaient émus de cette scène comme il convenait de l'être ; frère Jean pleurait en riant et se versait un grand verre de vin, lorsqu'un nouveau personnage qu'on n'attendait pas se précipita dans la chambre ; et resta tout ébahi et comme pétrifié devant ce groupe de reconnaissance mutuelle, de paternelle joie et de réjouissance filiale.

IX

LA DOT DE LA DIVE BOUTEILLE

Le bruit de l'invasion des diables dans le clos de la Devinière s'était déjà répandu au loin à la ronde, et le neveu de maître Thomas en avait été instruit un des premiers. Il n'ignorait pas non plus la présence de Violette Deschamps et de son fils près du malade, car il ne s'éloignait guère ce jour-là de la demeure de son oncle, attiré qu'il était par je ne sais quelle odeur de testament qui le mettait en appétit. Il profita donc du moment où le métayer Gros-Guillaume, encore tout bouleversé de ce qui venait d'avoir lieu, se départait malgré lui de ses habitudes de sauvagerie et laissait entrer dans le clos la foule des voisins accourus au bruit du combat; il en profita, dis-je, pour se glisser entre les curieux et arriver inaperçu jusqu'à la chambre de son oncle, où il entra précisément comme le père et le fils s'embrassaient.

— Et moi donc? et moi? cria Jérôme. M'est avis que j'arrive à propos, et puisque l'on s'embrasse ici, point n'ai-je besoin de pleurer longtemps mes péchés et de crier miséricorde. Ah! sainte bouteille! comme le docteur est rajeuni!

Enchanté de vous voir, cousin; je ne vous aurais pas reconnu. Eh bien! mon oncle, à mon tour maintenant! Ne voulez-vous pas m'embrasser?

— Arrêtez, monsieur, dit le vieux Rabelais, moitié sévère, moitié pleurant et riant à la fois d'avoir revu son fils, car le sentiment paternel venait de s'éveiller et de se manifester d'autant plus vivement dans son cœur, qu'il l'avait plus longtemps comprimé; arrêtez, dit-il à son neveu en lui montrant Violette; mettez-vous d'abord à genoux devant cette charmante femme et tâchez d'obtenir son pardon, si vous voulez avoir le mien.

— En vérité, mon oncle, je n'ai pas d'autre désir; et elle peut vous dire que je lui ai offert de l'épouser; elle m'a refusé avec mépris: que voulez-vous que je lui dise?

— A genoux, te dis-je, et demande-lui pardon.

— Je n'ai rien à pardonner à monsieur, dit Violette; s'il croit faire quelque chose pour moi en m'épousant, j'ai le droit de le remercier et de ne pas accepter ce qu'il regarderait comme un bienfait. J'aime à donner plus que je ne reçois, et je n'accepterai jamais la main d'un homme à qui je ne pourrais pas donner mon cœur en échange. Le monde dira que je suis déshonorée parce que je ne rachèterai pas son estime au prix de la mienne, mais j'en crois plus ma conscience que le monde, et je me chagrinerai peu d'être déshonorée pour lui si je suis honorée par elle.

— Entends-tu, vaurien, comme elle parle? Mais c'est donc une fée ou une princesse déguisée que ce trésor de petite femme-là! Imbécile! qui avait trouvé une si jolie bague à son doigt et qui l'a perdue!

— Je ne le méritais pas, dit le vaurien un peu attendri.

— Voilà du moins une bonne parole, dit le vieux Thomas.

— Pardieu! aussi, pourquoi est-elle si sévère après avoir été si bonne? continua Jérôme : elle a plus d'esprit que moi, je le vois bien. Je n'en suis pas moins un bon enfant; s'il ne tenait qu'à me mettre à ses genoux pour faire la paix, je le ferais bien tout de suite; mais j'ai déjà essayé et je n'ai pas réussi. Le docteur, ou plutôt le cousin, car je vois bien que c'est la même personne... le cousin donc m'avait promis de parler pour moi...

— Et c'est ce que j'ai fait, dit maître François : Violette m'a répondu que si vous étiez malheureux et abandonné de tout le monde, elle se dévouerait encore à vous.

— Tu as dit... Vous avez dit cela, mademoiselle Violette? Oh! tenez, croyez-moi si vous voulez, je suis mauvais sujet, c'est possible; mais je n'ai pas un mauvais cœur!... Pourquoi ne voulez- vous pas vous appeler Mme Rabelais? vous savez bien comme le monde est bête. Si ce n'est pas pour moi, faites cela du moins pour vous. Je vous laisserai tranquille tant que vous voudrez, et je n'entrerai même jamais chez vous si vous ne me le permettez pas... Tenez, voyez-vous... bon... voilà maintenant que les larmes me viennent aux yeux... je suis donc bête aussi, moi? Eh bien, tant pis : j'ai le temps d'être un chenapan, je veux être honnête aujourd'hui... Voyez- vous, il faut que je vous le dise... j'avais d'abord des idées intéressées en vous parlant de mariage; car vraiment je suis un cuistre et je n'ai jamais su ce que vous valiez... Eh bien! tenez aujourd'hui, Violette, rien que de vous voir si douce et si belle, avec ce pauvre chérubin qui devait m'appeler son père... cela me bouleverse tout le cœur... Faites de moi ce que vous voudrez, Violette, et que mon oncle vous donne tout ; vous en méritez encore davantage ! si vous voulez mon nom, je vous le donnerai ; mais vous serez libre de me jeter à la porte comme un chien crotté, si je ne répare pas par ma conduite tous mes torts envers vous... Violette, votre main seulement en signe de pardon, et qu'il me soit permis d'être père au moins une fois et d'embrasser notre cher enfant.

Violette pleurait et regardait maître François.

— Acceptez du moins sa promesse, dit en souriant l'ex-médecin Rondibilis, et donnez-lui un peu de temps pour se corriger. Puisque vous êtes meilleure que lui, c'est vous qui lui devez de l'indulgence : le bon Dieu nous attend bien, lui : pourquoi n'attendriez-vous pas Jérôme ?

— Eh bien, c'est cela, dit le vieux Thomas, corrige-toi, mon garçon, et nous verrons plus tard. Mme Violette n'a pas besoin de toi, d'ailleurs, pour donner un nom à son poupon : il s'appelle François- Thomas Rabelais, entends-tu ? et si tu n'es pas digne de lui servir de père, c'est moi qui veux être le sien. Tâche de bien faire à la Lamproie, surveille un peu plus ta pharmacie ; mais sache bien que tout cela appartient à Mme Violette, qui t'y donnera part si tu deviens sage. Fais en sorte, enfin, qu'elle puisse encore t'aimer. Car pour lui donner un mari en peinture, merci pour elle, mon gros ; le mariage donne toujours des droits, et plutôt que de la fiancer à un coureur et à un ivrogne, je l'épouserais plutôt moi-même.

— Vivat, le père Thomas! dit le frère Jean. Nous dan-
serons tous à la noce.

— Je crois, en vérité, que j'y danserai aussi, dit le père
Rabelais, tant je suis regaillardi en me retrouvant en famille. Oh! mes vauriens d'enfants! Mon Franciot! ma belle petite Violette, que j'aimerais tant depuis longtemps, si
je l'avais connue plus tôt! et toi mon poupon nouveau-né!
Vous voilà tous vermeils, bien portants et le sourire sur les
lèvres; comment serais-je encore malade? Nous n'allons
plus nous quitter, n'est-ce pas? C'est pourtant ce pauvre
François qui nous a tous rendus heureux! Et moi qui écou-
tais les rapports de ces faux moines de la Basmette! Voyez
comme il a grandi, le vaurien; et comme il a l'air malin! Il
me ressemble un peu, n'est-ce pas, mais il ressemble davantage à sa mère. Savez-vous qu'il est médecin comme saint
Thomas, et théologien comme Hypocrate... Non... si fait...
Je ne sais plus ce que je dis et j'embrouille tout, tant que je
suis joyeux! Embrasse-moi encore mon grand enfant.

Ça, que ferons-nous pour lui? Hélas! on ne peut ni le
marier ni le doter; mais puisqu'il n'est plus au couvent, on
peut lui donner quelque chose.

— J'y compte bien, dit maître François: donnez-moi
tous votre amitié. Quant à rester ici, ce n'est point possible;
je suis connu dans le pays, non pas de figure, mais de nom,
les moines pourraient m'y poursuivre. D'ailleurs je suis médecin sans avoir pris mes degrés, et je ne veux pas qu'un âne
approuvé par quelque faculté peu difficile vienne me traiter
de charlatan. Je pars demain pour Montpellier, où j'espère
que je ferai honneur à ma famille et à mon nom. Si vous

voulez me prouver votre bon vouloir, accordez-moi seulement à perpétuité une petite place à la Cave peinte et ici,
à la Devinière ; mais conservez-moi toujours une bouteille
du meilleur et du plus frais

— Nous n'y manquerons point, dit Jérôme ; et je veux
que la bouteille soit faite exprès et demeure toujours exposée comme une relique au plus noble endroit de la cave. Je
la ferai garnir de ciselures et de peintures ; elle sera célèbre
dans tout Chinon, et, avant qu'il soit quelques années, je
veux qu'elle fasse des miracles.

— Elle en fera, dit frère Jean ; elle réconciliera les parents divisés d'intérêt, elle rajeunira les vieillards, gaudira et
regaillardira l'humeur des goutteux, rapprochera les amoureux, voire même en viendra-t-elle peut-être jusqu'à res-
susciter les morts ! Elle consolera les veufs et sera la femme
des célibataires ; mais c'est le clos du père Thomas qui four-
nira la dot.

— L'idée est belle, dit maître François, et la Cave
peinte doit désormais être plus célèbre que le sanctuaire
d'Apollon Delphien ; car c'est le bon vin qui découvre la
vérité, et partant il rend des oracles. Soit donc la dive bouteille ma fortune et ma fiancée ! Elle a des embrassements
qui ne trompent jamais, ses amours ne manquent jamais
de chaleur, son glou glou, jamais de franchise. C'est à ses
douces vapeurs que je laisserai le soin de dissiper les nuages
de la science et de la philosophie. Le vin n'est-il pas fils de
la lumière ? N'est-ce pas là le rayon du soleil rendu potable
que cherchaient tous les alchimistes ?

Lorsque de tout les semences premières
Dormaient encore sous un limon bourbeux,
Quand du chaos le manteau ténébreux
Flottait sur l'eau des froides grenouillères,
Survint l'amour, qui grisa le chaos
Et de nectar lui barbouilla la trogne.
Le vieux dormeur alors devint ivrogne,
Et de la terre il sépara les eaux.
Pour les garder plus longtemps sans les boire,
Il les sala, si l'on en croit l'histoire.
Ainsi naquit cet abîme des mers,
Qui vit plus tard naître Vénus, plus belle
Que son azur, et souvent plus cruelle
Que la tourmente et les gouffres amers.

— Encore une surprise! s'écria le vieux Rabelais émerveillé. Mon fils n'est pas seulement théologien et médecin, il est encore poète, et fait des vers aussi jolis que ceux de maître Villon!

— Je fais, dit maître François, bien davantage; je sais faire de la ficelle, tresser du jonc, tailler la vigne, égoutter le fromage et écaler des noix. Mais à ce propos, n'est-il pas temps de mettre la table?

Nous allons dîner en famille, et mon estomac sera antidoté pour mon voyage de demain. Monsieur mon très-honoré père voudra bien être le roi du festin, Violette en sera la reine et frère Jean sera sommelier!

FIN DE LA DEUXIÈME PARTIE

***

TROISIÈME PARTIE

LE MÉNÉTRIER DE MEUDON

I

UNE SOIRÉE AU PRESBYTÈRE

C'était le plus beau pied de vigne qu'on eût vu depuis Noé, tordu, noueux et vigoureux comme les membres du vieil Atlas; il semblait se pressurer lui-même pour gonfler plus abondamment ses raisins; adossé au vieux mur noirâtre et moussu que décoraient encore çà et là quelques débris de colonnettes, il pliait sous ses branches puissamment attachées et déployées en éventail, ombragées à peine par quelques feuilles éclaircies; jaunes comme l'or ou rouges comme le vin, ses grappes pleines, rebondies et pressées les unes contre les autres, ressemblaient au sein de la nature avec ses innombrables mamelles. Les unes à demi cachées sous ce qui restait de feuilles, étaient fraîches, dodues et fleuries, d'autres moins honteuses et plus aventurées au soleil, dégageaient leurs grains brunis et à demi fendus où brillait un jus plus doux et plus blond que le miel. Elles semblaient sucrées à l'oeil, et rien qu'à les voir on les savourait en idée.

Cette vigne, maître François l'avait plantée, elle venait
du clos de la Devinière et s'était acclimatée dans le petit
jardin du presbytère de Meudon. Sur le mur ombragé par
ses branches, le lézard tantôt courrait en glissant comme
une flèche à travers les feuilles, ou dormait aux rayons tiè-
des, en relevant avec volupté sa petite tête de serpent; le
limaçon, portant coquille au dos comme un beau petit pèlerin de Saint-Jacques, s'y promenait en traînant sa queue;
les mouches bourdonnaient, les oiseaux voletaient, sans que
personne songeât à les effaroucher, car tout le monde était
bien venu dans le presbytère de Meudon.

Auprès de cette vigne, sous un berceau formé par des
branches de lilas et des touffes de lierre, une table était
dressée. Sur cette table, on voyait encore une assiette de
fruits, un hanap du bon vieux temps et une grande pinte
à demi pleine de cidre, car le bon curé réservait presque
toujours son vin pour ses malades; puis un écritoire, des
feuilles éparses et un assez gros cahier sur lequel, ont eût pu
lire en belle et grande écriture:

LES AVENTURES DE PANTAGRUEL
LIVRE CINQUIÈME

Un homme était assis à cette table. C'était un prêtre
d'assez haute stature, au front large et grisonnant, au regard
malicieux et doux, sa barbe taillée en fourche descendait
entre les deux pointes de son rabat toujours blanc, mais un
peu recroquevillé. Il était vêtu d'une soutane boutonnée à
moitié, une barrette posée un peu de travers, se rejetait sur

le derrière de sa tête et laissait à nu son grand front calme et pensif. C'était notre ami Rabelais ; d'une main il tenait une plume, de l'autre il égrenait une grappe de raisin ou froissait sans y songer, quelque quartier de noix : il achevait son dessert et il écrivait une page de *Pantagruel.*

Autour de lui, gloussait, trottait, becquetait et caquetait tout le menu peuple de la basse-cour. Les poules venaient entre ses pieds ramasser les miettes de son pain, et alors il avait soin de ne point déranger ses pieds qu'elles ne fussent parties, de peur de les blesser ou de leur faire peur.

La porte du jardin était ouverte, et une demi-douzaine d'enfants jouaient et se traînaient sur le seuil. Un gros chien se roulait avec les plus petits qui l'embrassaient des jambes et des bras, riant à cœur joie, et mêlant les boucles de leurs têtes blondes à ses longs poils noirs et soyeux. Tous avançaient peu à peu vers la table du bon curé, sans en faire semblant et comme si un aimant les eût attirés. Mais un grave personnage, à la panse respectable et à la trogne vermeille, les tançait de l'oeil lorsqu'ils riaient trop fort ou lorsqu'ils avançaient trop près, c'était le sacristain de maître François, qui remplissait de plus, au près de sa personne, les fonctions délicates de cuisinier et de sommelier.

Maître Buinard était le gardien fidèle de son patron, et s'acquittait du soin de le faire respecter, mieux que le chien du presbytère, animal un peu paresseux et insouciant de sa nature, puis d'humeur beaucoup trop facile pour les mendiants et les marmots.

Tout à coup cependant, ce débonnaire animal (c'est le chien que nous voulons dire), se mit à dresser les oreilles et à japper de toute sa force. Dom Buinard se leva alors du banc où il était assis comme absorbé dans la contemplation de la vigne ou de maître François, car l'un étant si près de l'autre, on ne pouvait savoir au juste, ce qu'il regardait avec tant d'amour. Maître Buinard, disons-nous, se leva, menaçant le chien d'un torchon qu'il tenait à la main, et regardant curieusement vers la porte où bientôt se présenta un personnage couvert de poussière, comme un voyageur qui vient de loin. C'était un jeune homme inconnu dans le pays, et que dom Buinard ne se rappelait pas avoir jamais vu.

C'était un garçon de moyenne taille accoutré comme un écolier de Montaigu, c'est-à-dire assez pauvrement; il n'en était pas moins de belle et fière mine : peu de régularité, mais beaucoup d'énergie dans les traits, le front déjà un peu chauve, bien qu'il fût encore jeune; le regard doux et pensif, l'air d'un homme qui a été bien triste, mais qui ne l'est plus, et qui au besoin saurait encore rire comme les bienheureux du bon Homère, dominé toutefois par quelque préoccupation absorbante comme la pierre philosophale ou la réalisation de la benoîte abbaye de Thélème.

À peine ce nouveau venu eut envisagé maître François qui avait relevé la tête en le voyant entrer, qu'il courut à lui les bras ouverts avec l'impétuosité d'un coup de vent : c'est lui, enfin! je le retrouve! mon père! mon ami, mon sauveur, maître François. Eh quoi! vous ne reconnaissez pas votre ancien protégé! au fait il y a dix ans au moins que vous ne m'avez vu. Mais je vous reconnais bien moi! vous n'avez guère changé; aussi pourquoi changer lorsqu'on est bien...

— Eh mais, dit le curé de Meudon en paraissant rappeler de loin un souvenir qui épanouissait tout son visage en un joyeux sourire, il me semble, au contraire, que je te reconnais bien, maître fripon, tu étais le frère Lubin !...

— Silence, maître, et ne m'appelez plus de ce nom maudit. On m'appelle Guilain le ménétrier, et tenez, souffrez maintenant que je reprenne mon instrument que j'ai déposé à la porte, il me semble que déjà les enfants vont rôder autour et je crains un peu pour mon pauvre violon leur goût précoce pour la musique.

Il était temps, en effet, car les marmots avaient ouvert la boîte déposée sur le banc à la porte du presbytère, et le plus hardi en avait déjà tiré l'archet dont il commençait à s'escrimer comme d'une épée à deux mains.

Guilain, après avoir repris son bien de vive force et avoir appuyé, pour châtiment, un bon gros baiser sur la joue rose du petit paladin, revint avec son violon s'asseoir près de maître François.

Pendant ce temps, frère Jean ou dom Buinard, car c'était bien notre ancien ami qui était devenu le majordome du curé de Meudon, frère Jean était descendu à la cave et en avait rapporté une grande pinte de vin frais.

— Allons, frère Jean, dit maître François, ne faites pas le dégoûté, et venez trinquer avec nous, je vous présente mon ancien élève, un ami de jeunesse, qui va nous conter toute son histoire.

— Permettez que d'abord nous parlions de vous, dit Guilain. Cher bon maître, vous qu'on a tant persécuté, et que je retrouve heureux autant que j'en puis croire les apparences. On m'a déjà bien parlé de vous, car depuis longtemps je vous cherche. Je suis allé à votre poursuite, à Montpellier, à Rome et ailleurs. Partout les honnêtes gens vous aimaient, les cafards vous disaient sorcier et le menu populaire faisait des contes à n'en plus finir.

— Par la dive bouteille, dit Rabelais, je vais donc bientôt être saint, puisque les bons me canonisent, les diables enragent, et les bonnes femmes font ma légende.

— C'est plus vrai que vous ne pensez, reprit Guilain ; et de tout ce qu'on m'a dit, croyez que je n'en ai reçu comme bon argent que la moitié. Ainsi on m'a dit qu'à Montpellier, vous êtes arrivé déguisé en rustre, et qu'ayant souri aux discours des recteurs de la faculté, ils vous ont invité dérisoirement à dire votre avis ; qu'alors, vous avez devant eux, disserté en beau latin et en grec convenablement accentué, dans le dialecte le plus pur, de tout ce qu'il est possible à l'homme de savoir...

— Et de bien autre chose, interrompit Rabelais en riant. Mais poursuis ce propos, mignon.

— Puis, que vous avez été reçu docteur par acclamation (que n'étais-je là pour crier plus haut que les autres !) ensuite que la faculté vous a chargé de ses affaires et s'en est bien trouvée (de cela je ne doute pas) ; mais on ajoute que vous vous êtes déguisé en marchand d'orviétan, et que par une série de farces dignes tout au plus d'un bateleur, vous avez obtenu pour elle tout ce que vous avez voulu de M. le chancelier Duprat.

— Le marchand d'orviétan est de trop, dit Rabelais, mais pour le vrai de l'aventure je t'en ferai lire le récit dans mon *Histoire de Pantagruel.*

— Croyez-vous donc que je ne l'ai pas lu, poursuivit Guilain. Je sais à quoi vous faites allusion : il s'agit de Panurge parlant toutes les langues devant le fils de Gargantua et captivant ainsi son attention, ce qui lui valut plus tard son amitié.

— Tu dis vrai, moinillon de mon cœur, mais achève.

— De tout ce qui précède, à part la farce que vous désavouez, rien ne m'étonne. Voici maintenant le côté absurde de la légende.

— Ho ! ho ! dit maître Rabelais en s'accoudant sur la table et en ramenant sa barrette de côté.

— On m'a dit que votre grande réputation de médecin s'étant répandue partout, un gentilhomme de la cour, dont la fille avait les pâles couleurs, vous fit venir en désespoir de cause après avoir consulté tous vos confrères. Ils s'accordaient tous à ordonner une potion apéritive, mais pas un n'en avait su donner convenablement la formule. Ce que sachant, vous fîtes mettre un chaudron sur le feu avec de l'eau, dans laquelle vous fîtes infuser et bouillir toutes les vieilles clefs de la maison, assurant que rien n'est apéritif comme les clefs puisqu'elles ouvrent toutes les portes. Puis, que vous fîtes réduire cette infâme décoction de rouille, que vous la fîtes sérieusement prendre à la pauvre jeune malade, et, pour que l'histoire soit complète, on ajoute qu'elle fut guérie.

— Et c'est cela, demanda Rabelais, que tu n'as jamais voulu croire?

— Le moyen de supposer la possibilité d'une pareille ânerie lorsqu'on vous connaît.

— Guilain, mon ami, parlons d'âneries tant qu'il te plaira devant frère Jean qui n'est pas un âne, devant frère Jean qui pouvait être un gros prieur, voir même un abbé mitré, et qui s'est pris d'amitié pour moi au point de vouloir être mon bon et fidèle serviteur; mais devant les autres, jamais: il ne faut point parler de corde dans la maison des pendus.

— Que voulez-vous dire, fit Guilain?

— Je veux dire que l'histoire est vraie, complètement vraie, plus vraie que le reste. La jeune fille fut guérie, non pas parce que les clefs sont apéritives, mais parce qu'elles sont en fer. Or, le sang de la pauvre enfant était débile et malade parce qu'il lui manquait du fer.

— Du fer dans le sang! se récria Guilain; mais je croyais que toutes les maladies du sang se guérissaient seulement par la vertu des simples.

— Ce sont les simples qui font courir ce bruit-là, dit Rabelais. Mais la vérité est que les corps s'alimentent du moins parfait, et se guérissent par le plus parfait, en nature. Ainsi les végétaux se nourrissent de la terre, moins parfaite qu'ils ne sont, et se guérissent par les substances animales; ainsi les animaux, et surtout le plus parfait de tous, qui est l'homme, se nourrissent de végétaux, et doivent chercher leur guérison dans la nature minérale, plus parfaite et plus durable dans la série des corps formés par les influences du soleil. Fallait-il dire à ces bonnes gens que, chez leur fille, les débilités de Vénus avaient besoin de l'influence de Mars, et que chez elle la lymphe, ou l'eau mercurielle de la vie, avait besoin de la copulation du soufre lumineux, dont la chaleur se concentre surtout dans le fer? C'eût été parler en alchimiste et l'on m'eût dénoncé infailliblement comme nécromancien et sorcier.

— Vous êtes toujours mon grand maître, répondit Guilain en s'inclinant. Mais continuons mon histoire ou plutôt la vôtre. J'ai lu que vous étiez devenu l'ami du cardinal du Bellay, et que vous aviez fait avec lui le voyage de Rome. J'y suis allé, espérant vous trouver, mais vous veniez de partir, en prenant la route de Lyon. J'étais désespéré, mais je vous ai suivi toujours.

À Lyon, des bruits mystérieux se répandaient sur votre compte. Vous aviez été arrêté, disait-on, et traité en prisonnier d'État. On parlait de complot contre le roi et la reine. Cette fois vous ne me direz pas que l'histoire était vraie.

— Vraie quant à l'arrestation, dit Rabelais, fausse quant à l'histoire de l'empoisonnement. Voici le fait :

J'étais parti de Rome précipitamment par suite d'une brouillerie passagère avec le cardinal.

— Qui vous laissa partir sans argent, interrompit Buinard.

— Cela est vrai, continua Rabelais ; mais les grands, lorsqu'ils honorent les petits de leur amitié, leur font aussi l'honneur de croire qu'ils n'ont jamais besoin de rien. Poursuivons. J'arrive à Lyon, et je me repose dans une hôtellerie ; là, grand embarras pour payer. Je n'avais pour toute fortune que le manuscrit de la chronique gargantuine, l'ébauche de mon *Gargantua.*

— C'était plus précieux que de l'or, se récria frère Jean.

— Tais-toi, majordome, dit en riant maître François, ton zèle t'emporte trop loin, et les aubergistes de Lyon n'eussent certainement pas été de ton avis, si je n'avais eu l'idée de prendre à part le jeune garçon de mon hôte, et de lui faire écrire en grand secret sur l'enveloppe de mon manuscrit :

LES MYSTÈRES DE LA COUR DE FRANCE.

Je lui recommande de se taire, il parle, me voilà dénoncé. Les gens de justice pour faire preuve de zèle me font garder à vue dans l'auberge, où je continue à me faire bien servir ; mes bagages sont visités, mon paquet saisi, on l'envoie à Paris, et les gens du roi ne comprenant rien à mes fanfreluches antidotées, les font parvenir au roi lui-même, qui lit le manuscrit, en rit comme un dieu d'Homère, le relit, et en rit encore davantage ; enfin, il s'informe de moi et ordonne qu'on me ramène à Paris avec toutes sortes de soins et d'égards ; on me présente à lui, il m'interroge, me prend en amitié, me choisit pour l'un de ses médecins, et me recommande si bien, comme peut le faire un roi, c'est-à-dire d'une manière toute- puissante, que me voici pourvu de deux bénéfices et curé de Meudon, pour te servir.

Maintenant tu vas me dire pourquoi tu me cherchais, et ce que je puis faire pour toi. Tu vas me parler de toi, de ce que tu es devenu, de ta femme, de ta gentille Marjolaine : pourquoi n'est-elle pas avec toi ?

Ici le visage de Guilain devint sérieux et il pâlit légèrement.

— Je n'ai plus de femme, dit-il.

— Oh ! pauvre ami ! serait-elle morte ?

— Oui, morte pour moi, bien morte, car elle ne m'aime plus. Elle a tout oublié, elle m'a quitté en me prêtant des torts chimériques. Mais, quand une femme renonce aux devoirs du mariage, elle ne renonce pas pour cela au chaperon que lui prête le nom de l'époux ; et lorsque ces dames se sont montrées lâches et cruelles, c'est nous tout naturellement qui devons en être responsables.

Il y eut ici un silence de quelques instants. Une larme roulait dans les yeux de Guilain, et Rabelais baissait les yeux d'un air peiné, n'osant l'interroger davantage.

— J'avais été élevé chez les moines, reprit Guilain en faisant un visible effort ; j'avais été à la veille de faire mes vœux, et le nom de frère Lubin m'était resté comme la tache originelle. D'ailleurs, je n'avais appris ni à penser, ni à parler, ni à travailler comme les autres. Je faisais triste figure à la veillée ; on se taisait et l'on chuchotait quand j'entrais. Je finis par ne plus voir personne, et la coquette Marjolaine ne s'accommodait pas de cette solitude. Souvent je la voyais se parer en soupirant, et quand je lui demandais pour qui, elle disait que c'était pour moi ; mais les yeux démentaient la bouche. Puis, si je voulais l'embrasser, elle se détournait en disant : « Fi ! vilain, vous avez la tête d'un moine et vos habits sentent le froc ! »

Pourquoi donc m'avait-elle aimé précisément quand j'étais moine ? Oh ! c'est qu'alors j'étais pour elle l'impossible, le rêve fantastique, le fruit défendu. Tant que les enfants voient à l'étalage d'un marchand un beau jouet qu'on leur refuse, ils le convoitent de tous leurs yeux, de tous leurs gestes, de toutes leurs larmes ; mais, si une fois on le leur donne, l'objet de tant de vœux perd tout son prestige. Il n'était donc ni si rare, ni si désirable puisqu'on pouvait l'avoir ! Des jouets ! il y en a bien d'autres, et lorsqu'on les possède à quoi sont-ils bons ? À briser.

Marjolaine me brisa un jour, et je me trouvai seul au monde. Elle partit avec un vieux chevalier d'industrie qui lui promettait de faire sa fortune et de la produire à la cour. Sûre d'ailleurs, disait-elle, que le monde respecterait son honneur et trouverait sa conduite irréprochable, parce que son protecteur était vieux et laid.

Pendant quelque temps, je crus que j'allais en mourir, mais je me ressouvins de vous. On est ingrat lorsqu'on est heureux ; le malheur nous rend la mémoire. Je pensai à votre science si étendue et si profonde, à votre indépendance d'esprit ; à votre sérénité olympienne, et je résolus de vous retrouver et de me faire votre disciple. En attendant, je me mis à lire, à étudier. Je lus et j'étudiai beaucoup. La vente du petit bien de mes parents, morts peu de temps après mon mariage, me fournit les moyens de vivre un certain temps sans travail. La tristesse me donna le goût de la poésie, cette musique de la pensée qui endort le cœur en faisant chanter les larmes. J'appris à jouer du violon ; je composai des chansons dont j'improvisai la mélodie. Ainsi ma douleur s'apaisa.

Je partis pour vous retrouver. Ma première station fut au beau pays de Chinon, dans votre verte et plantureuse Touraine. Là, j'ai eu le bonheur de connaître une jeune femme dont je n'oublierai jamais ni le noble cœur, ni le grave et mélancolique visage. Elle aussi avait bien souffert, mais elle était mère, et le sentiment délicieux de la maternité la consolait de toutes ses peines. Elle devina les miennes, me parla comme vous m'auriez parlé, mais avec une autre grâce que la vôtre. Je ne me lassais pas de l'entendre, et si je n'avais craint pour elle les mauvaises langues du pays, il me semble que j'aurais voulu ne la quitter jamais.

— Pauvre chère Violette, dit Rabelais, je la reconnais bien là.

— On a quelque raison de vous croire sorcier, cher maître, car vous devinez à merveille. C'est votre cousine qui m'a reçu avec bonté quand je lui ai dit combien je vous aimais. Nous avons parlé de vous avec admiration, avec respect... et puis je l'ai quittée pour continuer mes recherches. Pourquoi l'aurais-je vue davantage ? Elle est mariée, elle est mère et elle comprend le devoir bien mieux que le sentiment et le plaisir.

À Montpellier, je fis connaissance avec un vieil homme qu'on croyait fou, parce qu'il avait pénétré les mystères de la nature ; il me parla des analogies, des sympathies équilibrées et proportionnelles. Je comprenais tout, car mon intelligence s'était agrandie pendant les tortures de mon cœur. La vraie science est comme un vin délicieux qui tombe goutte à goutte des âmes violemment pressurées. Je compris les lois occultes de la lumière et le grand clavier

des harmonies; j'essayais de faire dire à mon violon tout
ce que ma pensée osait atteindre, tout ce que ma bouche
n'osait ou ne pouvait révéler. Souvent, le soir, jouant du violon au clair de la lune, j'ai été tenté de prendre à la lettre
toutes les fables de l'ancien Orphée; il me semblait que la
lune se penchait pour m'écouter. Je la voyais plus grosse,
plus brillante, plus près de moi, je lui voyais un visage doux
et maternel qui me rappelait celui de la bonne Violette, le
vent se taisait tout à coup dans les arbres, les chiens errants
venaient bondir en cercle autour de moi, car mon violon
parlait toutes les langues de la nature. Sa musique répétait
celle des étoiles, elle caressait le vent, elle chuchotait aux
arbres des choses verdoyantes et pleines de sève; elle chantait aux animaux de la campagne les mystères de l'instinct
et les élans de la vie. C'était quelque chose d'universel, de
sublime ou d'insensé; je finissais par m'enivrer moi-même,
j'oubliais tous, je ne me sentais plus vivre et quand je revenais à moi je me trouvais baigné de larmes.

— C'est très-bien, dit maître François, mais c'est comme cela qu'on devient fou.

— Je passai simplement pour sorcier, répliqua Guilain.
Dans le Midi on est curieux et crédule. Je fus épié. On af-
firma que je donnais le signal aux sorciers pour se rendre
au sabbat, et que j'étais le grand ménétrier de la danse des
loups.

Craignant quelque mauvaise affaire je me hâtai de partir pour Rome. Je voyageais en pèlerin, jouant du violon et
chantant des cantiques le long des routes, mais parfois l'archet entraînait la main, le cantique finissait par une chan-

son, et tout mon dévot auditoire me suivait en dansant.
C'était ensuite à qui m'hébergerait. C'est ainsi que par un
des plus beaux soleils de l'année (c'était le jour de la Saint-
Jean), sur la place d'un village de Provence, devant l'église,
j'avais commencé à chanter le patron du jour :

> Du bon saint Jean voici la fête,
> Berger, prends garde à ton troupeau.
> Mets des guirlandes sur la tête
> Du plus joli petit agneau.
> Mets des rubans à ta houlette,
> Voici le plus beau jour de l'an !
>   Donnons-nous-en ! (bis.)
> Du bon saint Jean voici la fête,
> Dansons en l'honneur de saint Jean.

Après ce couplet, qui finissait déjà trop gaiement pour
un cantique, je ne trouvai rien de mieux à chanter que
ceci :

> Voici la saison des cerises,
> On en fait de petits bouquets ;
> Puis bientôt elles seront mises
> En jolis paniers bien coquets.
> Oh ! les charmantes friandises !
> Bijoux des plus grands jours de l'an !
>   Donnez-nous-en ! (bis.)
> Voici la saison des cerises,
> Des cerises de la Saint-Jean.

À leurs lèvres presque pareilles
Nos fillettes et nos garçons
Les suspendent à leurs oreilles,
Les mêlent à leurs cheveux blonds;
Elles tombent dans leurs chemises
Lorsqu'ils s'agitent en dansant...
      Donnez-nous-en! (bis.)
Voici la saison des cerises,
Des cerises de la Saint-Jean.

À ton moineau, gentille Annette,
N'en offre pas entre tes dents;
Car ta lèvre, autre cerisette,
Recevrait des baisers mordants.
Que vos épingles soient bien mises,
Vierges au double fruit charmant...
      Donnez-nous-en! (bis.)
Voici la saison des cerises,
Des cerises de la Saint-Jean.

Aux oiseaux faisons la morale
Pour qu'ils n'osent pas tout manger.
Sur l'arbre on met le manteau sale
Et le chapeau d'un vieux berger.
Les mannequins sont des bêtises!
Siffle un vieux merle intelligent.
      Donnons-nous-en! (bis.)
Voici la saison des cerises,
Des cerises de la Saint-Jean.

J'avais à peine fini, qu'une belle et riante jeune fille, aux tresses noires, abondantes et brillantes, comme les gros raisins du Midi, vint à moi avec ses deux mains brunes toutes pleines des fruits que j'avais chantés. « Tenez, dit-elle dans le patois si doux de la Provence, vous les avez bien méritées. » Les enfants, de leur côté, ces jolis petits comédiens de la nature, mettaient en scène ma chanson et dansaient de toutes leurs forces avec des cerises dans les cheveux ; des garçons montaient sur les arbres et cueillaient à pleines mains les grosses perles rubicondes du cerisier ; les fillettes tendaient leurs robes pour les recevoir, sans se trop soucier de montrer un peu leurs genoux. Annette, malgré ma recommandation, prenait une cerise entre ses lèvres et semblait défier les moineaux ; mais son ami Colin ne leur laissait pas le temps d'approcher et tâchait de mordre au fruit défendu. Le tout finit par une danse générale, et, quand je voulus partir, on me mit sur la tête une couronne de feuilles de cerisier enrichie de grosses touffes des plus belles cerises du pays. Jamais saint Jean ne fut, que je sache, aussi joyeusement fêté.

— Guilain, mon ami, dit Rabelais, tu n'es pas curé comme moi, mais je te trouve passé maître en dévotion bien entendue et en bonne théologie.

— Vous me faites honneur, cher maître, aussi, comme je vous le disais, ai-je fait le voyage de Rome. Une grande tristesse me prit à la vue de ces ruines et de ces palais. Je passais des journées, assis sur des débris de colonnes, ne pensant à rien de précis, mais l'âme oppressée comme d'une montagne de choses vagues. Je regardais les moines aller et venir à travers ces grands monuments, comme les rats et les lézards entre les pierres du Colisée. Je n'osais pas, le soir, toucher à mon violon, comme si j'avais eu peur de voir la poussière s'agiter, les tombeaux s'ouvrir, et de faire danser les ombres.

Quant aux habitants du pays, ils me paraissaient semblables à ces gens endormis qui vont et qui viennent en rêvant. Je n'osais leur faire entendre les sons joyeux de mon instrument enchanté, de peur de les réveiller ; car ils eussent alors rougi d'eux-mêmes devant les débris de l'ancienne Rome, et ils se seraient trouvés trop malheureux.

À Rome, comme partout, j'ai trouvé votre nom populaire, mais nulle part on ne vous a bien compris. On vous prend pour un bouffon, parce que sur les hauteurs sereines de la philosophie où vous vivez, vous avez le courage de rire de tout. Ainsi l'on m'a conté d'une manière bien ridicule votre première entrevue avec le saint-père...

— Oh ! je sais parfaitement ce qu'ils disent, s'écria Rabelais ; il y a du vrai, mais ils ne disent pas tout. Voici comment les choses se sont passées : le cardinal mon maître venait de baiser les pieds du pape, c'était mon tour. Je recule au lieu d'avancer :

— Eh bien, qu'est-ce donc, dit le pape ?

— Très-saint-Père, lui dis-je en me prosternant, c'est qu'il est impossible que je sois traité avec autant d'honneur que le cardinal mon maître. Que puis-je faire lorsqu'il vous a baisé les pieds ?

Toute la cour romaine se prit à rire ; le pape lui-même avait souri gracieusement.

— Maître Rabelais, me dit-il, nous avons entendu parler de votre mérite et vous voulez que nous soyons à même d'apprécier votre esprit un peu satirique et malin. Nous comprenons votre embarras.

Mais, ajouta-t-il, qu'à cela ne tienne. Quand la grandeur commence en bas, il faut remonter pour descendre. Vous pouvez baiser notre anneau.

Le cardinal pinça les lèvres. Le soir, il ne m'adressa pas la parole. Je vis qu'il était blessé de la faveur que j'avais reçue en sa présence. Le lendemain, il me querella sous le plus faible prétexte ; je le saluai alors profondément sans rien dire, et je revins en France sans argent, comme tu sais. Je t'ai raconté le reste. Le roi, plus tard, me réconcilia avec le cardinal, qui est resté mon protecteur et mon ami.

Or çà, maître Guilain, puisque nous voilà réunis, je ne veux plus que tu quittes mon presbytère, à moins que grande envie ne te prenne d'ailler ailleurs, car le règlement de ma maison est celui de l'abbaye de Thélème : « Fais ce que voudras. » Bien entendu aussi que je n'y reçois seulement que les personnes de bon vouloir. Je comprends que tu ne veuilles plus être appelé frère Lubin, ce nom-là t'a porté malheur. Il sent le froc, comme disait ta charmante ennemie ; rassure-toi, je ne te parlerai plus d'elle ni des moines de la Basmette ; mais tu dois avoir besoin de repos. Un dernier verre de ce vieux vin et rentrons, il commence à se faire tard.

Pendant qu'ils parlaient, en effet, la nuit était descendue, non pas toute noire, mais resplendissante d'étoiles. La lune blanchissait les pampres doucement agités par un vent frais et donnait aux grappes, naguère si bien dorées, la blancheur mate de l'argent, l'herbe devenait sombre et humide, un rossignol, caché dans un grand arbre voisin, préludait à la romance de toutes les nuits. Frère Jean se hâta de desservir et alluma la lampe dans la salle basse du presbytère. Rabelais se leva, et, la main appuyée sur l'épaule de Guilain, il se dirigea vers la maison.

II

LE PRÔNE DE RABELAIS

Or, le lendemain était un dimanche, et de plus un jour de grande fête pour les paroissiens de Meudon. C'était la fête de Saint-François le patron de leur bon curé. Tous avaient donc des fleurs à la boutonnière. L'église était parée comme aux grands jours, les saints bien époussetés semblaient se réjouir dans leurs niches, on leur avait attaché des bouquets aux mains avec des rubans de toutes couleurs dont les bouts bien frais et coquettement étalés flottaient comme des banderoles. L'église était pleine lorsque la messe commença, le duc et la duchesse de Guise précédés d'un petit page qui portait leurs livres d'heures étaient entrés dans leur chapelle. Un valet de madame de Guise avait apporté dès le grand matin pour parer l'autel deux vases magnifiquement dorés avec de gros bouquets, des fleurs les plus précieuses et les plus rares.

L'office se faisait à Meudon, depuis que maître François en était curé, avec gravité et décence. Point de chantres braillards et mal accoutrés, point d'enfants de chœur effrontés, polissonnant pendant le service divin et criant leurs versets ou leurs répons avec des glapissements de chien qu'on fouette. Rabelais avait mis ordre à tout cela. Il donnait lui-même à ses enfants de chœur des leçons de plain- chant et leur faisait le catéchisme. Il sermonnait et morigénait ses chantres, ne leur permettant d'être ivrognes qu'après vêpres et jamais avant. Frère Jean s'occupait de la sacristie, sonnait les cloches, faisait diacre à la messe, chantait au lutrin à vêpres, semblait se multiplier tant il avait de zèle et d'activité et se trouvait un peu partout. Rabelais n'exigeait pas de lui qu'il fût à jeun, mais il lui recommandait de s'observer et de ne jamais boire plus d'une bouteille le matin. Aussi tout allait-il pour le mieux.

Le curé de Meudon entra ce jour-là dans l'église précédé d'un nouvel acolyte. C'était Guilain qui prit place dans une des stalles du chœur où bientôt il attira tous les regards. Nous avons dit qu'il était beau et bien fait de sa personne, et puis il chantait d'une voix si pleine et si douce qu'on croyait toujours n'entendre que lui seul. Quand vint le moment du prône il prit le livre des Évangiles, et monta dans la chaire derrière le bon curé pour lui présenter le saint livre au besoin.

Rabelais était beau à voir en chaire, il avait une de ces figures qui attirent le respect et la sympathie de tous lorsqu'elles paraissent au milieu des assemblées, une double lumière intérieure semblait l'éclairer : celle d'un bon esprit et d'un bon cœur.

« Bonnes gens, dit-il en commençant son prône, bonnes gens où êtes-vous, je ne vous saurais voir, attendez

que je chausse mes lunettes. Or, bien; maintenant je vous
vois, Dieu vous bénisse et moi aussi, et qu'il nous tienne
tous en joie.

» Le monde dit ordinairement que quand le diable fut
devenu vieux il se fit ermite, d'où vient le proverbe. Onc
ne l'ai pu savoir, faute d'avoir à qui me bien informer et
du pourquoi et du comment, tout ce que je sais, c'est que
j'ai connu des ermites qui, en se faisant vieux devenaient
diables.

» Point n'en fut-il ainsi du séraphique père saint
François dont nous faisons aujourd'hui la fête. Aussi ne
restait-il point solitaire et reclus, ce qui est contre le vœu de
nature. Il n'est pas bon que l'homme soit seul dit la *Genèse*.
Mais il se mêlait à la foule des pauvres gens, les instruisant,
les consolant et leur donnant de vaillants exemples de courage dans la pauvreté.

» Plus sévère envers lui-même qu'un philosophe stoï-
cien, il n'avait pour toutes les créatures que débonnaireté et
bienveillance sans égales; il appelait ses frères et ses sœurs
non-seulement les boiteux, les ladres, les ribauds, les femmes pécheresses et les béguines, mais encore les animaux,
les éléments, le soleil, la lune, les étoiles. — Oh! mon frère
le loup, disait-il un jour les larmes aux yeux, comment es-tu
assez cruel pour manger ma sœur la brebis ?

» Un jour étant sorti de son couvent, il vit ou plutôt il
entrevit derrière une feuillée deux jeunes gens qui s'embrassaient. Point ne chercha le bon saint s'ils étaient de
sexes différents et si la malice du diable y pouvait trouver
prise. Jamais il ne songeait à mal. Dieu soit béni, dit-il en

continuant tout doucettement son chemin, je vois qu'il est encore de la charité sur la terre!

» Croyez-vous, bonnes gens, qu'il fût triste et rechigné en son maintien comme certaines bonnes âmes de céans, qui, au lieu des patenôtres de l'Évangile semblent babinotter toujours la patenôtre du singe et font continuellement la mine à la nature de ce qu'elle les a faits si laids et si sots? Oh! que nenni! Le bon saint François composait souvent de pieuses chansonnettes, les chantait volontiers et dansait même parfois au besoin, comme il fit en certaine ville d'Italie dont je veux vous conter l'histoire.

» Vous savez que les Italiens passent pour vindicatifs et rancuniers, toujours divisés par familles ennemies et par factions rivales: ainsi furent autrefois et sont encore Guelfes et Gibelins, c'est-à-dire ceux qui voudraient que le pape fût l'empereur et ceux au contraire qui veulent que l'empereur soit le pape. Gens faciles à accorder au fond, la chose n'étant que de bonnet blanc à blanc bonnet, n'était que l'on a beau vouloir que le soleil soit la lune et que la lune soit le soleil, toujours tant que le monde sera monde, la lune et le soleil seront et resteront le soleil et la lune.

» Donc en une ville d'Italie, le nom de la ville ne fait rien à l'histoire, tout le monde était en guerre: la moitié des habitants détestait l'autre moitié. Un jour fut pris pour en venir à une explication. Savez-vous comment? Avec pierres, bâtons, épées et autres arguments de cette force. Voilà les parties en présence, les uns d'un côté de la place, les autres de l'autre, se mesurant de l'oeil, chacun retroussant ses manches et préparant ses armes.... Voilà que tout

à coup, dans l'espace laissé vide entre les deux bandes ennemies, arrive un moine, la guitare à la main, chantant et
dansant. Ce moine c'était saint François. Tout le monde le
regarde, on l'écoute, et voici ce qu'il leur chanta :

« Seigneur, je voudrais vous louer et vous bénir,
» mais je ne suis rien devant vous. Je suis pauvre, je
» suis chétif, je suis ignorant et je ne sais pas l'art de
» bien dire ; j'aime cependant l'éloquence du ciel, j'ad-
» mire la grandeur de votre ouvrage. Soyez loué par les
» grandes choses que vous avez faites, soyez honoré par
» tout ce qui est harmonieux et beau !

Soyez béni par mon frère le soleil, parce qu'il est
» rayonnant et splendide, mais aussi parce qu'il est
» doux et indulgent : il modère l'éclat de ses rayons
» pour ne pas brûler la pauvre petite herbe qui fleurit,
» il donne sa lumière aux méchants pour leur montrer
» la route du bien et les inviter au repentir ; il regarde
» en pitié les frères qui se haïssent et leur distribue
» également sa lumière comme s'il déchirait en deux,
» pour le leur partager, son riche manteau de drap
» d'or.

» Soyez béni, mon Dieu, par ma sœur la lune, parce
» » qu'elle est vigilante et silencieuse comme une pieuse
» femme à son foyer, ne conseillant ni la guerre ni la
» haine, mais remettant dans la route le pèlerin attardé
» et réjouissant sur la mer le cœur du pauvre matelot !

» Soyez béni, mon Dieu, par mon frère le feu, non
» parce qu'il brûle, mais parce qu'il réchauffe les mains
» des pauvres vieillards.

LE SORCIER DE MEUDON

» Soyez béni par ma sœur l'eau, qui lave les plaies du
» pauvre blessé, et qui semble pleurer en disant: Hélas!
» comment les hommes peuvent-ils navrer et déchirer
» leurs frères les hommes!

» Soyez béni, Seigneur, par tout ce qui bon, par les
» mémoires qui oublient les injures, par les cœurs qui
» aiment et qui pardonnent, par les mains qui jettent
» le glaive et qui s'étendent pour s'unir, par les enne-
» mis qui se souviennent qu'ils sont frères, que le sang
» du Sauveur a coulé pour eux tous, et qui rougissent
» de leurs fureurs et qui se rapprochent doucement les
» uns des autres, qui s'étonnent enfin de se regarder
» avec malveillance, qui étendent leurs bras les uns vers
» les autres, non plus pour se battre, mais pour s'em-
» brasser.... O Dieu, soyez béni! soyez béni! »

» Saint François chantait ainsi, les traits illuminés,
les lèvres souriantes, les yeux pleins de larmes. Peu à peu
les deux partis s'étaient rapprochés et faisaient cercle en
l'écoutant; quand il eut fini, toutes les épées étaient remises
au fourreau et les ennemis s'embrassaient.

« O bonnes gens, que je vois si bien quand j'ai chaus-
sé mes besicles, que n'avons-nous maintenant un saint
François dont la guitare soit assez puissante pour toucher
l'oreille dure des luthéristes, des calvinistes, des casuistes
et des sorbonistes! Oh! Janotus de Bragmardo, toi qui es
né pour être un homme et qui devrais apprendre de saint
François que les baudets même sont tes frères, quel cantique nouveau te décidera et te fera humblement prier pour
ton frère égaré Mélanchton? Se battre à propos d'Évangile

n'est-ce pas folie furieuse, quand l'Évangile ne veut, n'enseigne et ne montre que charité !

» Disputeurs de religion vont ressembler à ces plaideurs de la fable, qui ayant trouvé une huître, la font gruger à Perrin Dandin et s'en partagent les écailles.

» Heureux et sages sont ceux-là qui font le bien sans disputer, ils ont trouvé la pie au nid.

» Vous autres, mes bons paroissiens, vous êtes tous catholiques et ne sentez en rien l'hérésie, ce dont je me réjouis du fond de mon cœur. Mais s'il y avait entre vous quelque levain de rancune, si toutes les familles ne sont pas d'accords, s'il existe des bouderies entre frères ou entre époux, je vous convie aujourd'hui, jour de Saint- François à vous réunir après vêpres sous les charmilles devant la porte du presbytère. Nous y trinquerons ensemble à l'union de tous les cœurs, et voici derrière moi mon ami Guilain qui, avec son violon et ses chansonnettes, nous donnera peut-être une bonne représentation du miracle de saint François. »

— Ainsi soit-il, murmura joyeusement l'assistance.

Puis Rabelais acheva gravement et convenablement la messe. Quand il se rendit à la sacristie pour déposer ses ornements, il y trouva monsieur et madame de Guise qui le complimentèrent sur son prone, ajoutant que monsieur Pierre de Ronsard avait beaucoup perdu de ne point l'entendre. Car le poète vendômois sachant que c'était la fête du curé, n'était point venu ce jour-là à l'église de sa paroisse et s'en était allé dès le matin entendre la messe à Paris.

III

LE ROI DU RIGODON

— Mais, puisque je te dis, ma chère, que ce n'est pas un ménétrier naturel, que c'est un diable déguisé, et le joueur de violon de la danse des loups.

— Comment le sais-tu ?

— Comment je le sais ? eh, ne suis-je pas de Montpellier ? Il y était bien connu, va, et peu s'en est fallu qu'il ne fût brûlé comme il convient ; mais un beau jour Lucifer l'a emporté et l'on n'en a plus trouvé vestige.

— Jésus, mon Dieu ! et comment se retrouve-t-il maintenant à Meudon ?

— Tais-toi, parlons plus bas. — Tu sais bien ce que disent les révérends pères, c'est à savoir que notre curé sent le fagot.

— Allons, allons, que grognez-vous là, les vieilles, pendant que tout le village est en danse ? Voyez-vous se trémousser toute cette jeunesse ? ne la croirait-on pas endiablée ?

— Vous avez bien trouvé le mot, c'est bien endiablée qu'il faut dire.

— Allons, la mère, il ne faut pas garder rancune à la jeunesse parce qu'elle s'amuse ; nous avons été jeunes aussi.

— Malheureusement, pour notre salut éternel, dit une des deux vieilles en faisant le signe de la croix.

Celui qui interpellait les deux sempiternelles était un gros fermier aux longs cheveux grisonnants, à la bedaine rebondie. C'était maître Guillaume.

C'était le grand ami de frère Jean.

Frère Jean, en ce moment, était fort affairé autour des tables où se rafraîchissaient les danseurs, car on avait dressé des tables autour des charmilles.

Rabelais avait fait apporter une pièce de vin de sa cave, et dom Buinard distribuait les brocs.

Guilain avait préludé sur un air simple et doux, un peu triste même comme la campagne en automne, puis son archet s'était animé, l'automne se refaisait un printemps à force de raisins, les vendangeurs chantaient, la cuve débordait, les visages s'enluminaient, puis on entendait crier le pressoir et la vendange bouillonner. Ce n'étaient que chansons de buveurs tâtant le vin nouveau ; c'étaient les muses barbouillées de lie. Puis l'ivresse devenait lucide, l'oracle de la dive bouteille faisait entendre son dernier mot : trinquez ! Guilain alors est la sibylle sur le trépied, son visage pâle s'illumine, il prophétise, il chante… et voici à peu près la chanson qu'il improvisa :

LA CHANSON DE GUILAIN
AIR : *Des Flons-Flons.*

En remplissant leurs verres,
Le gentil Rabelais
Disait à ses confrères
Marot et Saint-Gelais :

Trinquons donc, la rira dondaine,
    Gai, gai, gai,
    La rira dondé,
Trinquons donc, la rira dondaine,
    Et flon flon flon,
    La rira dondon !

Malgré les balivernes,
Des cracheurs de latin ;
Nous sommes des lanternes
Dont l'huile est le bon vin.
Trinquons donc, etc.

Le système du monde,
Je vais vous l'expliquer :
C'est une table ronde,
Où l'on vient pour trinquer.
Trinquons donc, etc.

De la bonne nature,
Le sein qui nous attend
Est une source pure
De nectar indulgent.
Trinquons donc, etc.

Est-il de mauvais frères
Est-il des gens aigris ?
Vite emplissons leurs verres ;
Puis, quand ils seront gris.
Trinquons donc, etc.

Grâce au vin charitable,
Ils vont n'y plus penser ;
Et bientôt sous la table,
Ils iront s'embrasser.
Trinquons donc, etc.

L'un croit et l'autre doute,
Tous les deux ont du bon ;
Le plus fin n'y voit goutte,
Le plus simple a raison.
Trinquons donc, etc.

Vous passez sur la terre,
Jouvencelle et garçon ;
La fille avec un verre,
L'autre avec un flacon.

Trinquons donc, la rira dondaine,
Gai, gai, gai,
La rira dondé.
Trinquons donc la rira dondaine,
Et flon flon flon,
La rira dondon !

Au refrain, les verres se choquaient en cadence, les
applaudissements, les rires montaient aux nues, bientôt la
gaieté gagna de proche en proche, le violon chante comme
un rossignol, et tout le monde danse; on déserte les tables,
on renverse les brocs (ne craignez rien, ils étaient vides!),
chacun prend sa chacune, les vieux même se regaillardissent
et font sauter les grand'mères. Ce n'est plus une ronde, c'est
un vertige, tout tourne, les arbres dansent, les étoiles font
des pas étincelants et filent en traînant leur queue. La lune
semble pirouetter comme une grosse toupie d'argent. Tous
les chiens du village commencent par hurler, puis sautent
par-dessus les cloisons et viennent se mêler à la fête. Les
deux vieilles qui grondaient dans un coin se mettent à crier
au sorcier et au loup, mais la ronde, qui s'éparpille et se
reforme, les atteint, les enferme, les envahit. Frère Jean, qui
dansait avec son broc faute de jouvencelle, rencontre une
des mégères; et comme à la nuit, où tous les chats sont gris,
en revanche tous les cheveux gris sont noirs, il la prend
pour une jeune femme, passe l'anse du broc à son bras
gauche, entraîne la vieille enlacée dans son bras droit, et
saute comme un âne qui rue en secouant ses deux paniers.
Maître Guillaume, l'ami de frère Jean, prend l'autre véné-
rable fée. Les méchantes commères se défendent d'abord
ou font mine de se défendre, puis la danse les ranime, la
poésie de la fête les saisit. Frère Jean et maître Guillaume
en passant près d'une torche qui brûle accrochée à l'orches-
tre de Guilain, voient les monstres qu'ils font danser, et les
lâchent en criant comme s'ils eussent vu tous les diables.
Mais les vieilles sont lancées, elles ne s'arrêteront plus, el-

les se prennent l'une à l'autre avec frénésie, et dansent à jupons volants, à coiffes détachées, à cheveux gris flottants, à jambes rebindaines. On les remarque, on se les montre, on rit, on s'arrête, on fait cercle pour les voir. Des applaudissements unanimes les encouragent; le violon de Guilain fait bondir et sautiller des notes chevrotantes et nasillardes, les deux intrépides danseuses s'arrêtent enfin, et s'enfuient en montrant le poing et en jurant qu'elles se vengeront du ménétrier de malheur qui les a si fort ensorcelées.

IV

CHEZ MADAME DE GUISE

— Je ne saurais goûter, disait gravement Pierre de Ronsard, tous les propos de beuverie. Ils sentent leur vilain et leur rufian. J'aime mieux la face féminine et couronnée de pampre de Bacchus, que la panse du vieux Silène ; mais à la mâle beauté du vainqueur de l'Inde, je préfère la radieuse figure du Patarean et les anneaux crêpelés de sa perruque d'or.

— Voilà Ronsard qui, pour assiéger le paradis de beuverie, va entasser des mots lourds comme des montagnes, dit en souriant Rabelais.

Ronsard lança au bon curé un regard formidable.

— Ils seront lourds peut-être, dit-il en relevant sa moustache, lorsqu'ils pèseront comme des marbres éternels sur la cendre des faiseurs de gaudrioles.

— Alors on pourra écrire dessus : Ci-gît la gaudriole étouffée à jamais sous des poésies de marbre. La plaisanterie est froide, convenez-en, mais elle est de moins en moins légère.

Ces propos avaient lieu au château de Meudon, dans le salon de Mme la duchesse de Guise. Curieuse comme il convient à une fille d'Ève et indulgente comme on peut l'être à la campagne, elle avait voulu voir de près le fantastique ménétrier dont il était bruit partout aux environs. D'après une invitation expresse, Rabelais avait amené Guilain qui ne disait mot, et de toutes ses oreilles écoutait la discussion commencée entre le prince des poëtes et le philosophe des princes.

— Monsieur le curé, dit Mme de Guise, je vous demande grâce pour Ronsard. Ne le fâchez pas, car vous ne sauriez plus tirer de lui ensuite une seule parole de raison ; lorsqu'il se fâche, il pindarise.

— Et lorsque Ronsard pindarise, Apollon se fâche, dit Rabelais.

— Monsieur Rabelais, lorsque je pindarise, je ne crois pas fâcher Apollon, mais à coup sûr je n'offense pas Dieu comme certains curés qui enivrent leurs paroissiens et leur font ensuite danser jusqu'à minuit la danse des loups avec le violon du diable.

— Oh ! oh ! Guilain, dit le curé, ceci est un paquet à ton adresse. Que vas-tu répondre au sire de Ronsard ?

— Je lui répondrai, dit Guilain, qu'on peut être grandement poète sans être grandement charitable ; mais que c'est dommage, car la poésie, suivant moi, étant la musique des bons cœurs, il est triste de séparer ainsi la musique de la chanson.

— Je ne croyais pas, grommela Ronsard entre ses dents, qu'on vînt chez les duchesses pour être affronté par les manants. Puis s'étant levé, il salua profondément et sortit.

— Laissez-le aller, dit en riant la duchesse, je suis accoutumée à ses incartades. Je suis même assez contente qu'il soit parti; nous causerons plus à notre aise. Or ça, Guilain, nous sommes seuls et vous n'avez ici rien à craindre. Dites-moi franchement s'il est vrai que vous entendez quelque chose au grimoire, et que votre violon fait danser les loups?

— Bien mieux que cela, madame, il fait danser les mauvaises langues. Quant au grimoire, je n'en connais d'autre que le livre de la nature, et j'avoue que je le déchiffre un peu.

— Le livre de la nature est bon, reprit la duchesse, mais nos docteurs prétendent que celui des Évangiles est meilleur. Êtes-vous bon chrétien, Guilain? Je sais que vous allez à la messe et je vous y ai vu; mais allez-vous aussi à confesse?

— Madame, dit Guilain, voici monsieur mon maître et mon curé. C'est à lui de vous répondre.

— Point du tout, se récria Rabelais; la confession est un mystère, et si vous vous confessez, c'est vous seul qui avez le droit de le dire. La théologie ne nous enseigne-t-elle pas que, nonobstant le commandement de l'Église, la confession n'est obligatoire que pour ceux qui se sentent chargés de quelque péché mortel? Irai-je donc, moi, ensevelisseur de vos secrets, les déterrer et déclarer à qui ne le sait pas, que vous avez peut-être péché mortellement? Cela est entre Dieu et vous, et vous seul pouvez, si bon vous semble, en instruire madame la duchesse.

— Alors, dit Guilain, à cette question tant délicate, je demande la permission de répondre avec accompagnement de violon.

— Oh! vous êtes charmant, dit la duchesse, et vous prévenez mon désir. Je brûlais de vous entendre faire parler votre merveilleux instrument.

Elle sonna ; un de ses gens parut.

— Qu'on aille chercher au presbytère le violon de Guilain, dit- elle.

Le violon apporté, Guilain, improvisant musique et paroles, chanta la chanson que voici :

LA CONFESSION DE GUILAIN

À Rabelais, oui, je vais à confesse ;
À Rabelais, qui sut me convertir,
Je vais conter mes erreurs de jeunesse,
Dont le regret ressemble au repentir.
Lorsque pour moi l'horizon devient sombre,
J'aime à pleurer les rêves d'un beau jour,
De mes péchés j'aime à savoir le nombre :
La pénitence est encor de l'amour. (Bis)

En m'accusant d'une tendre folie,
Je vois souvent rougir le bon pasteur ;
Il dit tout bas : Était-elle jolie ?
Bonne raison d'excuser le pécheur !
Je lui réponds : Je la trouvais si belle,
Que j'abjurais la vertu sans retour.

— Ah ! dit le prêtre ! il faut prier pour elle,
La pénitence est encor de l'amour. (Bis)

Quand je lui dis : Mon père je m'accuse,
D'avoir douté contre mes intérêts.
Il me répond : C'est peut-être une excuse ;
Mon pauvre enfant, le faisiez-vous exprès ?
— Non ; mais toujours j'ai gardé l'espérance,
La vierge, au ciel, fêtera mon retour.
— Aimez-la donc, et faites pénitence,
La pénitence est encore de l'amour. (Bis)

Quand je lui dis : J'aime un peu la bouteille,
Il lève au ciel des yeux prêts à pleurer :
— N'abjurons pas le doux jus de la treille,
Buvons-en moins pour le mieux savourer !
Rappelons-nous qu'à la sainte abstinence,
De l'appétit nous devons le retour ;
À petits coups, buvons par pénitence,
La pénitence est encore de l'amour. (Bis)

Si je lui dis : J'aime encore une femme,
Mais c'est un ange, un idéal rêvé,
Et cet amour est un culte de l'âme
Que feu Platon lui-même eût approuvé.
Il me répond : Pas tant de confiance,
L'esprit est prompt, mais la chair a son tour ;
Dites trois fois, pour votre pénitence
La pénitence est encore de l'amour. (Bis)

— C'est étrange, dit la duchesse quand Guilain eut fini, cela ressemble aux idées de Clément Marot, mais ce n'est pas de son langage. Il y a là une muse inculte, et vraiment gauloise, qui promet beaucoup. Quant à votre dévotion, elle doit être catholique ; car il me semble qu'elle effaroucherait bien fort la rigidité de messieurs les huguenots. Mais qu'en pense notre curé ?

— Je pense, dit Rabelais, que Guilain est un assez mauvais pénitent, et qu'il exagère quelque peu ce que Ronsard, dans son langage à moitié latin, pourrait appeler *la tolérance* de son pasteur.

— Le mot me plaît, dit Mme de Guise, mais croyez-bien qu'il ne sera jamais inventé par Ronsard. Or, croyez-vous, maître Rabelais, vous, si indulgent et si bon, que votre *tolérance* puisse être exagérée ?

— Oh! madame, dit Rabelais, parlons d'indulgence et nous nous entendrons. L'indulgence est catholique, elle est chrétienne, elle est divine, et c'est en quoi ce malheureux Luther a bien mal compris la vraie religion. Il a osé attaquer les indulgences! Il a cru que l'Église en abusait lorsqu'elle les donnait à pleines mains. Mais l'indulgence ne transige pas avec le mal, elle le guérit, et si l'Église et une mère, peut-on lui reprocher trop d'indulgence ? Quant à la *tolérance*, laissons en paix ce vilain mot, et si Ronsard ne l'invente pas, ce ne sera certes pas moi qui lui donnerai cours. Tolérer le mal c'est être indifférent pour le bien. Aussi réclamerai-je, madame, toute votre indulgence pour la mauvaise petite chansonnette de Guilain. Pour ce qu'il prétend, que la pénitence est encore de l'amour, cela s'entend un peu trop chez lui de l'amour profane, comme cela n'arrive que trop souvent chez les poëtes et les femmes. Mais pour les bons et fidèles chrétiens, sérieusement touchés de la grâce de Dieu, il ne faut pas dire que la pénitence est encore de l'amour, mais bien, qu'elle est un commencement de charité.

— Je l'entends ainsi, cher maître, dit humblement Guilain, et je partage de tous points votre doctrine sur l'indulgence et même sur les indulgences, car cette douce vertu qui pardonne doit se multiplier comme nos fautes. Vous parlez comme un sage théologien, et j'ai chanté comme un poëte un peu folâtre.

— Vous avez conquis votre pardon, dit Mme de Guise, et nous ne le dirons pas à M. Pierre de Ronsard. Or ça, Guilain, voulez-vous nous faire un plaisir en échange de notre indulgence?

— Si je le veux, madame! mais je vais vous prier à genoux de me donner ce contentement.

— Eh bien! je veux que vous veniez à la cour. Le roi s'ennuie et se lasse un peu de ses poëtes. Je veux que vous fassiez sur lui l'épreuve de votre violon enchanté. Nous verrons si les loups dansent plus facilement que les rois.

— En vérité, je le crains, madame, et je n'ose croire que vous parliez sérieusement. Moi, paraître à la cour! mais songez donc, madame, que je suis un pauvre sauvage, mal élevé d'abord par des moines, puis un peu corrigé, mais non civilisé, à l'école de la nature. Il est vrai que j'ai beaucoup lu, mais la grâce et les manières du monde ne s'apprennent pas dans les livres, et je craindrais...

— Eh! qui vous demandera, interrompit la duchesse, les manières d'un gentilhomme? Vous serez présenté à la cour comme le ménétrier de Meudon. Je vous annoncerai au roi, et maître François Rabelais voudra peut-être bien vous y conduire.

— Oh! pour cela non, madame, se récria maître François. Guilain est mon ami, presque mon enfant, et s'il veut se noyer pour vous plaire, je ne saurais l'en empêcher; mais ce ne sera pas moi, s'il vous plaît, qui le jetterai à la rivière.

— Je suis entièrement aux ordres et à la discrétion de madame la duchesse, dit Guilain en s'inclinant.

— Eh bien! nous en reparlerons, et ce ne sera pas à monsieur le curé, mais à vous seul que je m'adresserai pour cela.

— Guilain, Guilain, disait Rabelais en revenant le soir au presbytère avec le ménétrier tout pensif, te voilà engagé dans un mauvais pas. La cour est pour les poëtes sans nom et sans fortune ce que le miroir tournoyant du chasseur est pour les pauvres petites alouettes. Puisses-tu ne pas laisser dans quelque filet caché les plus belles plumes de tes ailes?

Mais Guilain n'écoutait pas ou plutôt n'entendait pas son maître, et il répétait, à part lui, le cœur gros et la tête en travail: Je paraîtrai devant le roi.

V

LES AMBITIONS DE GUILAIN

En rentrant Rabelais, trouva au presbytère une lettre venue de Touraine. Elle était de Violette et lui annonçait que Jérôme, son mari, l'ancien cabaretier de la Lamproie, actuellement seigneur de la Devinière, était assez gravement malade et désirait ardemment revoir son cousin. Maître François lui seul, disait-il, pouvait le guérir. « Vous le connaissez, ajoutait Violette, en finissant, vous savez combien son imagination est prompte, ce qui a fait de lui pendant toute sa vie un homme facile à tous les entraînements. Il est capable de se laisser devenir très-malade, s'il croit ne pas pouvoir résister à la maladie, depuis que, par le mariage, il est devenu plutôt mon enfant que mon mari. Il a eu, malgré bien des bonnes volontés, à souffrir plus d'une fois de cette mobilité de caractère ; je vous supplie donc, cher maître, de venir le rassurer, le consoler, le guérir. Mon fils, à qui nous parlons souvent de vous, aurait tant de joie à vous connaître. Je suis sûre qu'en venant seulement vous ferez entrer chez nous la santé et la prospérité ; car si Jérôme

avait toujours pu être conseillé par vous, nous serions tous
certainement plus heureux à l'heure qu'il est. »

Votre cousine,

VIOLETTE RABELAIS.

Tu vois, Guilain, dit le curé, que je ne te saurais accom-
pagner à la cour, quand bien même ce serait mon désir,
et qu'il me faut partir pour la Touraine. Je te laisse ici en
compagnie de frère Jean, et je m'absente seulement pour
quelques jours, car ma paroisse réclame mes soins. Te voilà
engagé avec Mme de Guise, et je ne sais trop ce qui en
adviendra. Je désire ardemment que ce ne soit rien de mal
pour toi, mon pauvre Guilain ; car je t'aime à la manière de
nous autres prêtres qui, n'ayant jamais eu d'enfants, adop-
tons volontiers les amitiés de jeunes gens et les affections
de paternelle sympathie. Je te vois tout troublé et tout ému
de ce que tu crois être pour toi un honneur insigne et un
commencement de grande fortune. Or, cela me fâche inté-
rieurement plus que je ne te saurais dire, non que je trouve
la chose étrange, ou que je t'en fasse reproche ; mais parce
que la petite et chétive grenouille de notre amour-propre
est bien exposée à crever lorsqu'elle voudra se faire aussi
grosse que le bœuf. Tu connais la fable d'Ésope ?

— Je la connais, mon maître, et vous sais grés de vos
louables intentions, dit Guilain un peu piqué, mais vous
vous méprenez sur le motif de mes ambitions. Si je suis
un Orphée rustique je veux devenir un Amphion urbain et

bâtir peut-être, qui sait? une nouvelle Thèbes avec l'archet de mon violon. L'harmonie est reine du monde, elle doit commander aussi aux rois. Je veux, moi qu'on dit sorcier ensorceler de telle sorte le roi notre sire, qu'il fasse danser les grippeminaux, les chats fourrés et tous les autres mangeurs du menu populaire, en sorte que l'âge d'or revienne au monde en commençant par la France; que justice soit rendue à tous; qu'il y ait place pour tous au soleil et que la hideuse misère soit définitivement supprimée.

— Oh! oh! mon, fils et mon ami dit Rabelais, ce sera chose bonne à voir, car alors les petits enfants nouveau-nés gagneront eux- mêmes leur pain, ou celui de leur nourrice, ce qui est tout un, et ne saliront plus leurs langes. Tu supprimeras du même coup l'ignorance, la bêtise, le mauvais vouloir, la paresse, qui sont autant de sources de misère; car je ne suppose pas que tu veuilles faire travailler les honnêtes gens pour nourrir gratuitement les truands et les ribotteurs, leur travail d'ailleurs n'y suffirait pas; tu peupleras d'abord la terre de prud'hommes et de gens de bien, puis tu laisseras les choses aller d'elles-mêmes, et pas ne sera besoin je te le jure, que le roi de France veuille s'en mêler. La grande Thélème universelle se bâtira par enchantement, pendant que tu joueras de ton violon avec un flacon de vin frais auprès de toi, pour te rafraîchir de temps en temps...

— Vous avez l'air de vous moquer, mon maître, mais cette abbaye de Thélème, n'est-ce pas vous, qui l'avez inventée? N'en donniez- vous pas l'idée aux paysans de la Basmette, le soir même de mon mariage?

— Autant valait, dit maître François, leur faire ce conte-là qu'un autre. Quoi de plus amusant et de plus consolant pour les hommes du siècle de fer que les rêves de l'âge d'or?

— Ainsi, vous ne croyez pas qu'on puisse supprimer la misère?

— Guilain, mon ami, je vais te lire un vieux conte qui m'a tant réjoui quand je l'ai entendu, que je l'ai mis par écrit afin de ne pas l'oublier.

Rabelais, alors, prit dans la bibliothèque une liasse de papiers, les déploya et lut à Guilain ce qui suit:

L'ORIGINE DE MISÈRE [1]

OU L'ON VERRA CE QUE C'EST QUE LA MISÈRE, OU ELLE A PRIS SON COMMENCEMENT, ET QUAND ELLE FINIRA DANS LE MONDE

Dans un voyage que j'ai fait avec quelques amis autrefois en Italie, je me trouvai logé chez un bonhomme de curé qui aimait extrêmement à rapporter quelques historiettes. J'ai retenu celle-ci, qui m'a paru digne d'être mise au jour, et comme elle ne roule que sur la misère, dont il nous avait rompu la tête auparavant que de nous la raconter, je la rapporterai telle qu'il nous l'a donnée pour lors, ainsi que vous allez la lire.

---

1   Ce petit conte digne du génie de Rabelais est tiré de la bibliothèque bleue.

Vous trouverez à redire, messieurs, commença notre bonhomme de curé, de ce que je ne vous entretiens que de *Misère*. Chacun, dit-il, a ses raisons, et vous ne sauriez pas les miennes si je ne vous les expliquais.

Vous n'en êtes, sans doute, pas informés : ce mot *Misère* ne se dit pas pour rien, et peu de gens savent que ce nom est celui d'un des principaux habitants de ma paroisse, lequel assurément n'est pas riche, mais honnête homme, quoique ce ne soit que *Misère* chez lui. C'est dommage que ce cher paroissien y soit si peu aimé, lui qui est tant connu, dont l'âme est toute noble, qui est si généreux, si bon ami, si prêt à servir dans l'occasion, si affable, si courtois, enfin que vous dirai-je ! lui qui n'a pas son pareil dans la vie, et qui n'en aura jamais.

Vous allez peut-être croire, nous dit-il, messieurs, que ce que je vais vous dire est un conte fait à plaisir, car quoiqu'on parle tant du pauvre *Misère*, on ne sait guère au juste son histoire : mais je vous proteste, foi d'honnête homme, que rien n'est plus sincère, ni plus véritable, et je doute même, dans tous le voyage que vous allez faire, que vous appreniez rien de plus sérieux.

Je vous dirai donc que deux particuliers nommés *Pierre* et *Paul* s'étant rencontrés dans ma paroisse, qui est passablement grande, et dont les habitants seraient assez heureux, si *Misère* n'y demeurait pas, en arrivant à l'entrée de ce lieu, du côté de Milan, environ sur les cinq heures du soir, étant tous deux trempés (comme on dit) jusqu'aux os : — Où logerons-nous, demanda Pierre à Paul ?

— Ma foi, lui répondit-il, je ne connais pas le terrain, je n'ai jamais passé par ici.

— Il me semble, reprit Paul, que sur la droite voici une grande maison qui paraît appartenir à quelque riche bourgeois, nous pourrions lui faire la prière, si c'est sa volonté, de nous vouloir bien retirer pour cette nuit.

— J'y consens de tout mon cœur, dit Pierre ; mais il me paraît, sauf votre meilleur avis, qu'il serait bon auparavant que d'entrer chez lui, de nous informer dans le voisinage, quelle sorte d'homme c'est que le maître de ce logis, s'il a du bien et est aisé ; car on s'y trompe assez souvent, avec toutes les belles maisons qui paraissent à nos yeux, nous trouvons pour l'ordinaire que ceux qui semblent en être les maîtres les doivent, et n'ont pas quelquefois un liard dessus à y prendre ; pour bien connaître un homme et juger pertinemment de ses biens et facultés, il faut le voir mort ; mais si nous attendions après cela pour souper, nous pourrions bien dire notre *Benedicite* et nos *Grâces* dans le même moment.

— Cela n'est que trop commun, répondit Paul, mais la pluie continue toujours, je vais demander à une bonne femme qui lave du linge dans ce fossé, ce qu'il en est.

— Eh bien ! bonne mère, lui dit Paul, s'approchant d'elle, il pleut bien fort aujourd'hui.

— Bon, lui répondit-elle, monsieur, ce n'est que de l'eau, et si c'était du vin, cela n'accommoderait pas ma lessive.

— Vous êtes gaie, à ce qu'il me paraît, repartit Paul.

— Pourquoi pas ? lui dit-elle, il ne me manque rien au monde de tout ce qu'une femme peut souhaiter, excepté de l'argent.

— De l'argent, dit Paul : Hélas! vous êtes bien heureuse si vous n'en avez point, et que vous puissiez vous en passer.

— Oui, lui répondit-elle, cela s'appelle parler, comme saint Paul, la bouche ouverte.

— Vous aimez à plaisanter, bonne femme, lui dit Paul ; mais vous ne savez pas que l'argent est ordinairement la perte de grand nombre d'âmes, et qu'il serait à souhaiter pour bien des gens qu'ils n'en maniassent jamais.

— Pour moi, lui dit-elle, je ne fais pas de pareils souhaits, j'en manie si peu, que je n'ai pas seulement le temps de regarder une pièce comme elle est faite.

— Tant mieux, dit Paul.

— Ma foi tant mieux vous-même, lui répondit-elle. Voilà une plaisante manière de parler : si vous avez envie de vous moquer de moi, vous pouvez passer votre chemin, aussi bien voilà votre camarade qui se morfond en vous attendant.

— Nous nous réchaufferons tantôt, reprit Paul. Mais, bonne mère, ne vous fâchez point, je vous prie, je n'ai pas intention de vous rien dire qui vous fasse de la peine, et vous ne me connaissez pas, à ce que je vois.

— Allez, allez, lui dit-elle, monsieur, continuez votre chemin, vous n'êtes qu'un enjôleur.

Pierre, qui avait entendu une partie de la conversation, dont il était fort ennuyé à cause d'un orage extraordinaire qui survint, s'étant approché :

— Cette femme devrait se mettre à couvert. Quelle nécessité de se mouiller de la sorte? Est-ce un ouvrage si pressé? Cela ne se pourrait-il pas remettre à une autre fois?

— Courage, dit-elle, l'un raisonne à peu près comme l'autre : on remet la besogne du monde comme cela en votre pays? Malpeste! vous ne connaissez guère les gens de ces quartiers. S'il manquait, dit- elle, en regardant Pierre, ce soir, une coiffe de nuit, de tout ce que j'ai ici à monsieur *Richard*, je ne serais pas bonne à être jetée aux chiens.

— Cet homme est donc bien difficile à contenter, lui demanda Pierre?

— Oh! monsieur, s'écria-t-elle, c'est bien le plus ladre vilain qui soit sur la terre. Si vous le connaissiez... c'est un homme à se faire fesser pour une baïoque [2].

— Comment! dit Pierre, n'est-ce pas celui qui demeure à cette belle maison qu'on découvre d'ici?

— Tout juste, répondit la bonne femme, et c'est pour lui que je travaille.

— Adieu, lui dit Pierre, le temps qu'il fait ne nous permet pas de causer davantage.

Ayant rejoint Paul, ils se mirent à couvert sous un petit auvent à quatre pas de là, et se consultèrent ensemble de ce qu'ils feraient en cette occasion. Après avoir été un quart d'heure un peu embarrassés :

— Voyons, dit Pierre, ce qu'il en sera; risquons le paquet. Si vilain que soit cet homme, peut-être aura-t-il quelque honnêteté pour nous; ces sortes de gens ont quelquefois de bons moments.

---

2   Monnaie d'Italie qui vaut à peu près un sol.

— Allons, dit Paul, je vais faire la harangue ; je voudrais de tout mon cœur en être quitte, et que nous fussions déjà retirés. Ils arrivèrent enfin à la porte de M. Richard, comme il s'allait mettre à table. Ils heurtèrent fort doucement, et un valet étant venu à la hâte, et ayant passé nue tête au bout de la cour, se sentant mouillé, leur demanda fort brusquement ce qu'ils souhaitaient ; Paul, qui était obligé de porter la parole, le pria avec toutes sortes d'honnêtetés de vouloir bien demander à son maître s'il aurait assez de bonté que d'accorder un petit coin de sa maison à deux hommes très-fatigués.

— Vous prenez bien de la peine, leur dit-il, mes bonnes gens, mais c'est du temps perdu, mon maître ne loge jamais personne.

— Je le crois, dit Paul ; mais faites-nous l'amitié, par grâce, d'aller lui dire que nous souhaiterions bien avoir l'honneur de le saluer.

— Ma foi, dit le valet, le voila sur la porte de la salle, parlez-lui vous-même.

— Qui sont ces gens-là ? dit Richard à son valet d'une voix assez élevée.

— Ils demandent à loger, répondit l'autre.

— Eh bien ! maraud, ne peux-tu pas leur répondre que ma maison n'est pas une auberge ?

— Vous l'entendez, messieurs, ne vous l'ais-je pas bien dit ?

Paul se hasardant d'approcher Richard :

— Hélas ! monsieur, dit-il d'un air pitoyable, par le mauvais temps qu'il fait, ce serait une grande charité que de vouloir bien nous donner, s'il vous plaît, un pauvre petit endroit pour reposer deux ou trois heures.

— Voilà des gens d'une grande effronterie, dit-il, en regardant son valet; pourquoi laisses-tu entrer des canailles? Allez, allez, dit-il d'un air méprisant à Paul, chercher à loger où vous l'entendrez, ce n'est pas ici un cabaret; puis leur fit fermer la porte au nez.

Le mauvais temps continuant toujours;

— Que deviendrons-nous? dit Paul. Voici la nuit qui approche, si on nous reçoit partout de même que dans cette maison-ci, nous courons risque de passer assez mal notre temps.

— Le Seigneur y pourvoira, répondit Pierre, nous devons, comme vous le savez aussi bien que moi, nous confier en lui. Mais, dit-il en se retournant, il me semble que voici à deux pas d'ici notre blanchisseuse, avec laquelle nous avons causé en arrivant, laquelle paraît bien fatiguée, et qui se repose sur une borne avec son linge.

— C'est elle-même, dit Paul.

— Il serait bon, continua Pierre, de lui demander où nous pourrons loger.

— J'y consens, lui répondit-il.

En même temps, Paul, s'approchant de cette pauvre femme, lui demanda dans quel endroit de la ville les passants qui n'avaient point d'argent pouvaient être reçus pour une nuit seulement.

— Je voudrais, leur répondit-elle, qu'il me fût permis de vous retirer, je le ferais de bon cœur, parce que vous paraissez de bonnes gens; je suis veuve, et cela ferait causer.

Cependant si vous voulez bien attendre, et avoir un peu de patience ; dans mon voisinage et près de ma petite chaumière, qui est au bout de la ville, nous avons un pauvre bon homme nommé *Misère*, qui a une petite maison tout auprès de moi, et qui pourra bien vous donner un gîte pour ce soir.

— Volontiers, répondit Paul ; allez faire à votre aise vos affaires, nous vous attendons ici. La bonne femme étant entrée chez M. Richard, et ayant remis son linge dans le grenier, revint trouver nos deux voyageurs qui exerçaient toute leur vertu pour ne pas s'impatienter.

— Suivez-moi, dit-elle, et marchons un peu vite, car il y a un bon bout de chemin à faire ; il fera assurément nuit avant que nous soyons à la maison.

Ils arrivèrent enfin, et cette charitable femme ayant heurté à la porte de son voisin, ils furent très-longtemps à attendre qu'elle fût ouverte, parce que le bonhomme était déjà couché, quoiqu'il ne fût pas au plus six heures et demie. Il se leva à la voix de sa voisine, et lui demanda fort obligeamment ce qu'il y avait pour son service ?

— Vous me ferez plaisir, lui répondit-elle, de donner à coucher à deux pauvres gens qui ne savent de quel côté donner de la tête.

— Où sont-ils ? lui demanda le bonhomme en se levant promptement.

— A votre porte, répondit-elle.

— A la bonne heure, lui dit-il, allumez-moi seulement un peu ma lampe, je vous en prie.

Ayant de la lumière ils entrèrent dans la maison ; mais tout y était sens dessus dessous, l'on n'y connaissait rien au monde. Le maître de ce logis logeait seul. C'était un grand homme maigre et pâle, qui semblait sortir d'un sépulcre.

— Dieu soit céans, dit Pierre.

— Hélas! dit le bonhomme, ainsi soit-il: nous aurions bien besoin de sa bénédiction, pour vous donner a souper, car je vous proteste qu'il n'y a pas seulement un morceau de pain ici.

— Il n'importe, dit Pierre, pourvu que nous soyons à couvert, c'est tout ce que nous souhaitons.

La voisine qui s'était bien doutée qu'on ne trouverait rien chez le pauvre Misère, était sortie fort doucement, rentra aussitôt apportant quatre gros merlans tout rôtis, avec un gros pain et une cruche de vin de Suze.

— Je viens, dit-elle, souper avec vous.

— Du poisson, dit Pierre: oh, nous voila admirablement bien!

— Comment, monsieur, dit la voisine, est-ce que vous aimez le poisson?

— Si j'aime le poisson! reprit-il, je dois bien l'aimer, puisque mon père en vendait.

— Je suis fort heureuse, reprit la voisine, cela étant de la sorte, d'avoir un petit morceau de votre goût, et qui puisse vous faire plaisir.

L'embarras se trouva très-grand pour se mettre à table, car il n'y en avait point; la bonne voisine en fut chercher une, enfin on mangea; et comme il n'est viande que d'appétit, les poissons furent trouvés admirablement bons; il n'y eut que le maître de la maison qui ne put pas en prendre sa part. Il n'avoit cependant pas soupé, quoiqu'il fût couché lorsque cette compagnie était arrivée chez lui; mais il lui était arrivé une petite aventure l'après-midi qui l'avait rendu de très-mauvaise humeur; aussi ne fit-il que conter ses peines, ses douleurs et ses afflictions durant tout le repas, à quoi les deux voyageurs furent fort sensibles, et n'oublièrent rien pour sa consolation.

L'accident qui lui était survenu n'était pas bien considérable; mais comme on dit, il n'est pas difficile de ruiner un pauvre homme. Dans sa cour, où l'on pouvait entrer facilement, n'y ayant qu'une haie à sauter, il avait un assez beau poirier, dont le fruit était excellent, et qui fournissait seul presque la moitié de la subsistance de ce bonhomme.

Un de ses voisins qui avait guetté le quart d'heure qu'il n'était pas à la maison, lui avait enlevé toutes ses plus belles poires, si bien que cela l'avait tellement chagriné par la grosse perte que cela lui causait, cela l'avait tellement chagriné par la grosse perte que cela lui causait, qu'après avoir juré contre le voleur, il s'était de dépit allé coucher sans souper. Sans cette aventure, il courait encore le même risque, puisque dans toute la journée il n'avait pas pu trouver un seul morceau de pain par toute la ville.

Il avait assurément raison d'avoir de l'inquiétude, il y en a bien d'autres qui se chagrineraient à moins. Paul en regardant Pierre:

— Voilà un homme, lui dit-il, qui me fait compassion; il a du mérite et l'âme bien placée, tout misérable qu'il est, il faut que nous prions le ciel pour lui.

— Hélas! monsieur, vous me ferez bien plaisir: pour moi, dit le bon Misère, il semble que mes prières ont bien peu de crédit, puisque quoique je les renouvelle souvent, je ne puis sortir du fâcheux état auquel vous me voyez réduit.

— Le Seigneur éprouve quelque fois les justes, lui dit Pierre, en l'interrompant; mais, mon ami, continua-t-il, si vous aviez quelque chose à demander à Dieu, de quoi s'agirait-il? Que souhaiteriez- vous?

— Ah! dit-il, monsieur, dans la colère où je me trouve contre les fripons qui ont volé mes poires, je ne demanderais rien autre chose au Seigneur, sinon : *Que tous ceux qui monteraient sur mon poirier y restassent tant qu'il me plairait, et n'en pussent jamais descendre que par ma volonté.*

— Voilà se borner à peu de chose, dit Pierre : mais enfin cela vous contentera donc?

— Oui, répondit le bonhomme, plus que tous les biens du monde.

— Quelle joie, poursuivit-il, serait-ce pour moi, de voir un coquin sur une branche demeurer là comme une souche en me demandant quartier! Quel plaisir! de voir comme sur un cheval de bois les misérables larrons!

— Ton souhait sera accompli, lui répondit Pierre et si le Seigneur fait souvent, comme il est vrai, quelque chose pour ses serviteurs, nous l'en prierons de notre mieux.

Durant toute la nuit, Pierre et Paul se mirent effectivement en prières; car pour parler de coucher, le pauvre *Misère* n'avait qu'une seule botte de paille qu'il voulut bien leur céder, mais qu'ils refusèrent absolument, ne voulant pas découcher leur hôte. Le jour étant venu, et après lui avoir donné toutes sortes de bénédictions ainsi qu'à la voisine, qui en avait usé si honnêtement avec eux, ils partirent

de ce triste lieu, et dirent à Misère, qu'ils espéraient que
sa demande serait octroyée ; que dorénavant personne ne
toucherait à ses poires qu'à bonnes enseignes, qu'il pouvait hardiment sortir ; que si durant son absence quelqu'un
était assez hardi que de monter sur l'arbre, il l'y trouverait
lorsqu'il reviendrait à sa maison, et qu'il ne pourrait jamais
descendre que de son consentement.

— Je le souhaite, dit Misère en riant. C'était peut-être
la première fois de sa vie que cela lui arrivait ; aussi croyait-il
que Pierre ne lui avait parlé de la sorte que pour se moquer
de lui et de la simplicité qu'il avait eue de faire un souhait
aussi extravagant. Enfin les deux voyageurs étant partis, il
en arriva tout autrement qu'il ne l'avait pensé, et il ne tarda
pas à s'en apercevoir ; car le même voleur qui avait enlevé
ses plus belles poires, étant revenu le même jour dans le
temps que l'autre était allé chercher une cruchée d'eau à la
fontaine, fut surpris, en rentrant chez lui, de le voir perché
sur son arbre, et qui faisait toutes sortes d'efforts pour s'en
débarrasser.

— Ah! drôle, je vous tiens, commença à lui dire Misère
d'un ton tout à fait joyeux. Ciel! dit-il en lui-même, quels
gens sont venus loger chez moi cette nuit! Oh, pour le
coup, continua-t-il en parlant toujours à son voleur, vous
aurez tout le temps, notre ami, de cueillir mes poires ; mais
je vous proteste que vous les payerez bien cher, par le tour-
ment que je vais vous faire souffrir. En premier lieu, je veux
que toute la ville vous voie en cet état, et ensuite je ferai
un bon feu sous mon poirier pour vous fumer comme un
jambon de Mayence.

— Miséricorde! monsieur Misère, s'écria le dénicheur de poires, pardon pour cette fois, je n'y retournerai de ma vie, je vous le proteste.

— Je le crois bien, lui répondit l'autre, mais tandis que je te tiens il faut que je te fasse bien payer le tort que tu m'as fait.

— S'il ne s'agit que d'argent, répondit le voleur, demandez-moi ce qu'il vous plaira, je vous le donnerai.

— Non, lui dit Misère, point de quartier; j'ai bien besoin d'argent, mais je n'en veux point; je ne demande que la vengeance et te punir, puisque j'en suis le maître; je vais, dit-il en le quittant, toujours chercher du bois de tous côtés et ensuite tu apprendras de mes nouvelles; ne perds pas patience, Car tu as tout le temps de faire des réflexions sur ton aventure. Ah! ah! gaillard, continua-t-il, vous aimez les poires mures? on vous en gardera.

Misère s'en étant allé et laissé le pauvre diable sur son arbre, où il se donnait tous les mouvements du monde et faisait toutes sortes de contorsions pour en sortir sans y pouvoir parvenir, il se mit à lamenter, et cria si fort qu'on l'entendit d'une maison voisine. On vint au secours, croyant que dans cet endroit écarté ce pouvait être quelqu'un qu'on assassinait. Deux hommes étant accourus du côté où ils entendaient qu'on se plaignait, furent bien surpris de voir celui-ci monté sur l'arbre du bonhomme Misère, et qui n'en pouvait descendre.

— Hé, que diable fais-tu là, compère? lui dit un de ses voisins, et que ne descends-tu?

— Ah ! mes amis, s'écria-t-il, le misérable homme à qui appartient ce poirier est un sorcier, il y a deux heures que je suis sur cette branche sans en pouvoir sortir.

— Tu te trompes, lui dit l'autre, Misère est un très honnête homme, il n'est pas riche, mais il n'est assurément pas sorcier : autrement nous le verrions dans un autre état que celui auquel il est depuis tant d'années. Peut-être que c'est par permission de Dieu que tu es demeuré branché de la sorte pour a voir voulu lui voler ses poires. Quoi qu'il en soit, la charité chrétienne nous oblige à te soulager.

Disant cela, ils montèrent, l'un à une branche, l'autre à une autre, et se mirent en devoir de débarrasser leur voisin, mais ils n'en purent jamais venir a bout ; ils lui eussent plutôt arraché tous les membres l'un près l'autre que de le tirer de là. Après toutes sortes d'efforts inutiles :

— Il est ma foi ensorcelé, se dirent-ils, il n'y a rien à faire, il faut en avertir promptement la justice, descendons.

Ils se mirent en effet en devoir de sauter en bas, mais quelle fut leur surprise pour ces pauvres gens de voir qu'ils ne pouvaient non plus remuer que leur voisin !

Ils demeurèrent de la sorte jusqu'à vingt-trois heures et demie [3], que le bonhomme Misère étant rentré avec un bissac plein de pain, et un grand fagot de broussailles sur sa tête, qu'il avait été ramasser dans les haies, fut terriblement étonné de voir trois hommes au lieu d'un seul qu'il avait laissé sur son poirier.

---

3   C'est environ midi ; en Italie, les heures se comptent de suite jusqu'à vingt-quatre, puis recommencent par une.

— Ah! ah! dit-il, la foire sera bonne, à ce que je vois, puisque voici tant de marchands qui s'assemblent. Hé! que veniez vous faire ici, mes amis, commença à demander Misère aux deux derniers venus? Est-ce que vous ne pouviez pas me demander des poires, sans venir de la sorte me les dérober?

— Nous ne sommes point des voleurs, lui répondirent-ils, nous sommes des voisins charitables venus exprès pour secourir un homme dont les lamentations et les cris nous faisaient pitié; quand nous voulons des poires, nous en achetons au marché, il y en a assez sans les vôtres.

— Si ce que vous me dites là est vrai, reprit Misère, vous ne tenez à rien sur cet arbre, vous en pouvez descendre quand il vous plaira, la punition n'est que pour les voleurs.

Et en même temps leur ayant dit qu'ils pouvaient tous deux descendre, ils le firent promptement sans se faire prier, et ils ne savaient que penser de l'autorité qu'avait Misère sur cet arbre.

Ces deux voisins étant à terre remercièrent M. Misère de ce qu'il venait de faire pour eux, et le prièrent en même temps d'avoir compassion de ce pauvre diable, qui souffrait extraordinairement depuis tant de temps qu'il était ainsi en faction.

— Il n'en est pas quitte, leur répondit-il, vous voyez bien par expérience qu'il est convaincu du vol de mes poires, puisqu'il ne peut pas descendre de dessus l'arbre, comme vous venez de faire; et il restera tant que je l'ordonnerai, pour me venger du tort que ce larron m'a fait depuis tant d'années que je n'en ai pu recueillir un seul quarteron.

— Vous êtes trop bon chrétien, M. Misère, reprirent les deux voisins, pour pousser les choses à une telle extrémité ; nous vous demandons sa grâce pour cette fois ; vous perdriez en un moment votre honneur, qui est si bien établi de tous côtés, depuis tant d'années que votre famille demeure en cette paroisse ; faites trêve à votre juste ressentiment, et lui pardonnez selon votre bon cœur, à notre prière ; au bout du compte, quand vous le ferez souffrir davantage, en serez-vous plus riche ?

— Ce ne sont pas les biens ni les richesses, reprit Misère, qui ont jamais eu aucun pouvoir sur moi : je sais bien que ce que vous me dites est véritable ; mais est-il juste qu'il ait profité de mon bien, sans que j'y trouve au moins quelque petite récompense ?

— Je payerai tout ce que vous voudrez, s'écria le voleur de poires ; mais au nom de Dieu, faites-moi descendre, je souffre toutes les misères du monde.

À ce mot, Misère lui-même se laissa toucher, dit qu'il voulait bien oublier sa faute, et qu'il la lui pardonnait ; que pour faire connaître qu'il avait l'âme généreuse, et que ce n'était pas l'intérêt qui l'avait jamais fait agir dans aucune action de sa vie, il lui faisait présent de tout ce qu'il lui avait volé ; qu'il allait le délivrer de la peine où il se trouvait, mais sous une condition qu'il fallait qu'il accordât avec serment : c'est que de sa vie il ne reviendrait sur son poirier, et s'en éloignerait toujours de cent pas, aussitôt que les poires seraient mûres.

— Ah ! que cent diables m'emportent, s'écria-t-il, si jamais j'en approche d'une lieue.

— C'en est assez, lui dit Misère ; descendez, voisin, vous êtes libre ; mais n'y retournez plus, s'il vous plaît. Le pauvre homme avait tous les membres si engourdis qu'il fallut que Misère, tout cassé qu'il était, l'aidât à descendre avec une échelle, les autres n'ayant jamais voulu approcher de l'arbre, tant ils lui portaient de respect, craignant encore quelque nouvelle aventure.

Celle-ci néanmoins ne fut pas si secrète, elle fit tant de bruit que chacun en raisonna à sa fantaisie. Ce qu'il y eut toujours de très- certain, c'est que jamais depuis ce temps-là, personne n'a osé approcher du poirier du bon homme Misère, et qu'il en fait lui seul la récolte complète.

Le pauvre homme s'estimait bien récompensé d'avoir logé chez lui deux inconnus, qui lui avaient procuré un si grand avantage. Il faut convenir que dans le fond il s'agissait de bien peu de chose ; mais quand on obtient ce qu'on désire au monde, cela se peut compter pour beaucoup. Misère, content de sa destinée telle qu'elle était, coulait sa vie toujours assez pauvrement ; mais il avait l'esprit content, puisqu'il jouissait en paix du petit revenu de son poirier, et que c'était à quoi il avait pu borner toute sa petite fortune.

Cependant l'âge le gagnait, étant bien éloigné d'avoir toutes ses aises, il souffrait bien plus qu'un autre ; mais sa patience s'étant rendue la maîtresse de toutes ses actions, une certaine joie secrète de se voir absolument maître de son poirier, lui tenait lieu de tout. Un certain jour qu'il y pensait le moins, étant assez tranquille dans sa petite maison, il entendit frapper à sa porte, il fut si peu que rien étonné de recevoir cette visite, à laquelle il s'attendait bien ;

mais qu'il ne croyait pas si proche : c'était la Mort qui faisait sa ronde dans le monde, et qui venait lui annoncer que son heure approchait : qu'elle allait le délivrer de tous les malheurs qui accompagnent ordinairement cette vie.

— Soyez la bienvenue, lui dit Misère, sans s'émouvoir, en la regardant d'un grand sang-froid et comme un homme qui ne la craignait point, n'ayant rien de mauvais sur sa conscience, et ayant vécu en honnête homme, quoique très-pauvrement.

La Mort fut très-surprise de le voir soutenir sa venue avec tant d'intrépidité.

— Quoi ! lui dit-elle, tu ne me crains point, moi qui fait trembler d'un seul regard tout ce qu'il y a de plus puissant sur la terre, depuis le berger jusqu'au monarque ?

— Non, lui dit-il, vous ne me faites aucune peur : et quel plaisir ai-je dans cette vie ? quels engagements m'y voyez-vous pour n'en pas sortir avec plaisir ? Je n'ai ni femme ni enfants (j'ai toujours eu assez d'autres maux sans ceux-là) ; je n'ai pas un pouce de terre vaillant, excepté cette petite chaumière et mon poirier qui est lui seul mon père nourricier, par ces beaux fruits que vous voyez qu'il me rapporte tous les ans, et dont il est encore à présent tout chargé. Si quelque chose dans ce monde était capable de me faire de la peine, je n'en aurais point d'autre qu'une certaine attache que j'ai à cet arbre depuis plusieurs années qu'il me nourrit ; mais comme il faut prendre son parti avec vous, et que la réplique n'est point de saison, quand vous voulez qu'on vous suive ; tout ce que je désire et que je vous prie de m'accorder avant que je meure, c'est que je mange encore en votre présence une de mes poires ; après cela je ne vous demande plus rien.

— La demande est trop raisonnable, lui dit la Mort, pour te la refuser ; va toi-même choisir la poire que tu veux manger, j'y consens.

Misère ayant passé dans sa cour, la Mort le suivant de près, tourna longtemps autour de son poirier, regardant dans toutes les branches la poire qui lui plairait le plus, et ayant jeté la vue sur une qui lui paraissait très-belle :

— Voilà, dit-il, celle que je choisis ; prêtez-moi, je vous prie, votre faux pour un instant, que je l'abatte.

— Cet instrument ne se prête à personne, lui répondit la Mort, et jamais bon soldat ne se laisse désarmer ; mais je regarde qu'il vaut mieux cueillir avec la main cette poire, qui se gâterait si elle tombait. Monte sur ton arbre, dit-elle à Misère.

— C'est bien dit si j'en avais la force, lui répondit-il ; ne voyez- vous pas que je ne saurais presque me soutenir ?

— Eh bien, lui répliqua-t-elle, je veux bien te rendre ce service ; j'y vais monter moi-même, et te chercher cette belle poire dont tu espères tant de contentement.

La Mort ayant monté sur l'arbre, cueillit la poire que Misère désirait avec tant d'ardeur, mais elle fut bien étourdie lorsque voulant descendre, cela se trouva tout à fait impossible.

— Bonhomme, lui dit-elle en se retournant du côté de Misère, dis- moi un peu ce que c'est que cet arbre-ci ?

— Comment ! lui répondit-il, ne voyez-vous pas que c'est un poirier ?

— Sans doute, lui dit-elle, mais que veut dire que je ne peux pas en descendre ?

— Ma foi, reprit Misère, ce sont là vos affaires.

— Oh ! bon homme, quoi ! vous osez vous jouer à moi, qui fais trembler toute la terre ? À quoi vous exposez-vous ?

— J'en suis fâché, lui dit Misère ; mais à quoi vous exposez-vous vous-même, de venir troubler le repos d'un malheureux qui ne vous fait aucun tort. Tout le monde entier n'est-il pas assez grand pour exercer votre empire, votre rage et toutes vos fureurs, sans venir dans une misérable chaumière arracher la vie à un homme qui ne vous a jamais fait aucun mal ? Que ne vous promenez-vous dans le vaste univers, au milieu de tant de grandes villes et de si beaux palais ? vous trouverez de belles matières pour exercer votre barbarie. Quelle pensée fantasque vous avait pris aujourd'hui de penser à moi ? Vous avez, continua-t-il, tout le temps d'y faire réflexion ; et puisque je vous ai à présent sous ma loi, que je vais faire du bien au pauvre monde que vous tenez en esclavage depuis tant de siècles ! Non, sans miracle, vous ne sortirez point d'ici que je ne le veuille.

La Mort ne s'était jamais trouvée à une telle fête, et connut bien qu'il y avait dans cet arbre quelque chose de surnaturel.

— Bonhomme, lui dit-elle, vous avez raison de me traiter comme vous faites ; j'ai mérité ce qui m'arrive aujourd'hui pour avoir eu trop de complaisance pour vous ; cependant, je ne m'en repens pas, mais aussi il ne faut pas que vous abusiez du pouvoir que le Tout- Puissant vous donne dans ce moment sur moi. Ne vous opposez pas davantage, je vous prie, aux volontés du ciel. S'il désire que vous sortiez de cette vie, vos détours seraient inutiles, il vous y forcera malgré vous : consentez seulement que je descende de cet arbre, sinon je le ferai mourir tout à l'heure.

— Si vous faites ce coup-là, lui dit Misère, je vous proteste sur tout ce qu'il y a au monde de plus sacré, que tout mort que soit mon arbre, vous n'en sortirez jamais que par la permission de Dieu.

— Je m'aperçois, reprit la Mort, que je suis entrée dans une fâcheuse maison pour moi. Enfin, bonhomme, je commence a m'ennuyer ici : j'ai des affaires aux quatre coins du monde et il faut qu'elles soient terminées avant que le soleil soit couché ; voulez-vous arrêter le cours de la nature ? Si une fois je sors de cette place, vous pourrez bien vous en repentir.

— Non, lui répondit Misère, je ne crains rien ; tout homme qui n'appréhende point la Mort est au-dessus de bien des choses ; vos menaces ne me causent pas seulement la moindre petite émotion, je suis toujours prêt à partir pour l'autre monde, quand le Seigneur l'aura ordonné.

— Voilà, lui dit la Mort, de très-beaux sentiments, et je ne croyais pas qu'une si petite maison renfermât un si grand trésor. Tu peux bien t'en vanter, bonhomme, d'être le premier dans la vie qui ait vaincu la Mort. Le ciel m'ordonne que de ton consentement je te quitte, et ne reviendrai jamais te revoir qu'au jour du jugement universel, après que j'aurai achevé mon grand ouvrage, qui sera la destruction générale de tout le genre humain. Je te le ferai voir, je te le promets; mais sans balancer, souffre que je descende, ou du moins que je m'envole, une reine m'attend à cinq cent lieues d'ici pour partir.

— Dois-je ajouter foi, reprit Misère, à votre discours? n'est-ce point pour mieux me tromper que vous me parlez ainsi?

— Non, je te jure; mais tu ne me verras qu'après l'entière destruction de toute la nature, et ce sera toi qui recevra le dernier coup de ma faux: les arrêts de la Mort sont irrévocables, entends-tu, bonhomme?

— Oui, dit-il, je vous entends, et je dois ajouter foi à vos paroles, et pour vous le prouver efficacement, je consens que vous vous retiriez quand il vous plaira, vous en avez à présent la liberté.

À ce mot, la Mort ayant fendu les airs, elle s'enfuit à la vue de Misère, sans qu'il en ait entendu parler depuis. Quoique très-souvent elle vienne dans le pays, même dans cette petite ville, elle passe toujours devant sa porte, sans oser s'informer de sa santé, c'est ce qui fait que Misère, si âgé soit-il, a vécu depuis ce temps-là toujours dans la même pauvreté, près de son cher poirier, et suivant les promesses de la Mort, il restera sur la terre tant que le monde sera monde.

— Comprends-tu, Guilain, dit Rabelais après avoir achevé cette lecture, que les fruits de Misère sont sacrés, même pour la mort, qui n'y toucherait pas impunément? Or, quels sont ces fruits, sinon salutaires avertissements pour les nonchalants et les couards, fruits de repentir pour les fautes que la misère punit, fruits de sagesse pour les prudents à qui la misère fait peur? Qu'est-ce que Misère, sinon le chien de ce grand berger qui mène les hommes, chien vigilant et affamé qui mord les brebis paresseuses. Et tu veux museler le chien du berger? tu veux l'endormir? tu veux le tuer, tu veux enfin couper le poirier de Misère? Oh! oh! Guilain, tu y ébrécheras ta cognée. Cet arbre a l'écorce dure, car il est vieux comme le monde. C'est l'arbre de la science, du bien et du mal, et il durera, je puis t'en répondre, jusqu'au jour du jugement dernier.

Maintenant, allons nous coucher. Demain je pars pour la Devinière et j'ai besoin de dormir cette nuit. Pour toi, je sais que tu ne dormiras guère que d'un oeil, mais tu pourras à loisir achever les beaux rêves que je te vois en train de commencer tout éveillé. Bonsoir et bonne nuit, Guilain!

VI

GUILAIN À LA COUR

Rabelais était parti depuis deux jours, quand Mme de Guise fit dire à Guilain de se tenir prêt à la suivre, et que le soir même il serait présenté au roi. Elle lui envoyait en môme temps un beau pourpoint de velours noir fait à sa taille ou à peu près, une fraise bien empesée, et tout ce qu'il fallait pour lui donner l'air d'un apprenti gentilhomme. Guilain sentit qu'il serait ridicule sous cet accoutrement; mais pouvait-il aller au Louvre vêtu en paysan? D'ailleurs, il ne voulait pas désobliger sa protectrice.

Il arriva au palais du roi, en marchant avec autant de précautions, pour ne pas chiffonner sa fraise, que s'il eût porté, comme saint Denis, sa tête dans ses mains; seulement sa tête, au lieu de ressembler à celle de saint Denis, figurait plutôt le chef de saint Jean- Baptiste au beau milieu d'un plat.

Il fut introduit suivant l'ordre qui en avait été donné aux gardes et aux huissiers; mais les valets ne purent se tenir de rire en le regardant passer.

Le roi était dans un de ses petits appartements ; il avait autour de lui assez nombreuse compagnie de jeunes seigneurs et de belles dames. L'une de ces dames était la favorite du roi ; elle était parée et semblait honorée comme si vraiment elle eût été la reine, et avait autour d'elle, non pas des dames d'honneur, mais des suivantes fort gorgiases et très-richement étoffées.

Guilain, qui dans sa vie avait peu fréquenté les dames du grand monde et celles qui servent aux hommes du grand monde, se trouva un peu décontenancé. Le rouge lui monta au visage. Cette timidité ne déplut pas ; mais elle fit circuler les bons mots et les sourires.

— Ça, dit le roi, maître Guilain, on nous dit que vous êtes grand ménétrier, chansonnier bizarre et un peu sorcier par surcroît. Nous ne vous dénoncerons pas aux gens d'église, et vous allez nous montrer votre savoir-faire, car tel est notre bon plaisir.

— Sire, dit Guilain en s'inclinant... Puis s'arrêtant tout à coup, voici notre homme qui reste court, redresse la tête et pâlit en regardant d'un air tout effaré à l'une des extrémités de l'appartement.

C'est qu'un regard froid et perçant comme l'acier venait de l'atteindre en plein cœur. Une femme jeune encore, mais déjà fardée, belle, mais enlaidie par la haine ; une femme blonde et mignonne, avec un regard de vipère dans deux magnifiques yeux bleus, lui avait dit de loin en le regardant :

— Je te reconnais.

Et lui aussi il venait de la reconnaître. C'était l'ingrate, c'était l'ambitieuse Marjolaine, devenue, non pas grande dame, mais suivante d'une grande dame, suivante un peu maîtresse au dire des médisants, car la grande dame avait un mari, et par beaucoup de complaisances achetait la paix du ménage.

À cette vue, tout se brouilla dans la tête du pauvre Guilain. Il n'aimait plus cette femme, mais il se souvenait de l'avoir ardemment aimée, et il voulait la croire honnête, laborieuse et repentante. Elle regrette, j'en suis sûr, le mal qu'elle m'a fait. Elle ne reviendra jamais, car elle est orgueilleuse et fière, mais elle voudrait me savoir heureux. Le bon Guilain en jugeait ainsi d'après son propre cœur.

— Remettez-vous, Guilain, dit le roi, et prenez votre violon ; nous vous faisons grâce de la harangue.

Guilain avait oublié tout ce qu'il voulait chanter au roi. Il s'abandonna alors au hasard de l'inspiration, et accordant son instrument, il se mit à chanter sur un air triste et plaintif :

LE CRAPAUD

Doué, dit-on, de l'instinct prophétique,
Il est au monde inconnu de nous tous,
Un être affreux dont l'oeil est sympathique,
Le cœur aimant, les instincts purs et doux.
Ce roi proscrit d'un monde qui l'ignore,
C'est le crapaud... puisqu'il faut le nommer,
Triste animal que tout le monde abhorre,

Pauvre crapaud, permets-moi de t'aimer. (*bis*)

Il est sans fiel, sans haine et sans défense
Et comme nous, créature de Dieu.
S'il est horrible à noire concurrence,
C'est que peut-être il nous ressemble un peu.
En vain la nuit sa plainte claire et tendre,
De son bon cœur cherche à nous informer,
Nos préjugés l'on maudit sans l'entendre...
Pauvre crapaud, permets-moi de t'aimer. (*bis*)

Il se nourrit des vapeurs de la terre,
Dont il absorbe et détruit les poisons,
Aux colibris il ne l'ait point la guerre,
Contre la peste il défend nos maisons.
Mais, il ne rend ni la mort, ni la haine,
À nos enfants unis pour l'opprimer...
Martyr obscur de la justice humaine,
Pauvre crapaud, permets-moi de t'aimer. (*bis*)

J'ai trop creusé ce que l'orgueil adore,
J'ai trop du monde éprouvé les faux dieux;
Pour ne pas croire aux vertus qu'on ignore,
Et pour douter de l'erreur de nos yeux.
J'ai de l'amour connu l'ingratitude,
Et sur un front que je n'ose nommer,
De la beauté j'ai vu la turpitude...
Pauvre crapaud, permets-moi de t'aimer. (*bis*)

Qu'ont-ils besoin de moi, tous ceux qu'on aime ;
Ils sont trop beaux pour ne pas être ingrats,
Je rends mon culte aux autels qu'on blasphème,
Et mon amour à ceux qu'on n'aime pas.
Tombeaux formés d'un marbre qui respire,
Des cœurs de femme ont l'air de s'animer,
Puis vous sentez le baiser du vampire !...
Pauvre crapaud, permets-moi de t'aimer. (*bis*)

Ainsi qu'à toi l'on m'a jeté la pierre,
Sans me connaître et sans m'interroger ;
Et bienveillant pour la nature entière,
Je serai mort sans savoir me venger.
Toi que du moins, malencontreux apôtre,
Je n'ai jamais tenté de réformer ;
Quand tu devrais être ingrat comme un autre,
Pauvre crapaud, permets-moi de t'aimer. (*bis*)

— Oh ! l'affreux animal et l'affreuse chanson, dit la favorite du roi quand Guilain eut fini de chanter, il n'y a que les nécromants et les sorciers du sabbat qui puissent aimer les crapauds.

— Et il n'y a que les crapauds qui puissent les payer de retour, répondit fièrement marjolaine.

— Certes, dit un jeune gentilhomme en frisant sa moustache, Guilain s'y prend à rebours des autres sorciers, ceux-là ont, à ce qu'on assure, toujours sur eux quelque crapaud, mais il le cachent avec soin. Celui-ci n'a rien de plus pressé que de nous montrer le sien tout d'abord. Cela ne nous ragoûte guère.

— Un éclat de rire général accueillit cette plaisanterie.

— Ce ménétrier que je soupçonne d'être huguenot, dit tout bas un autre bel esprit parlant à l'oreille de son voisin, mais assez haut pour être entendu de tout le monde, ce ménétrier vient de dire que le crapaud est un roi proscrit, ou cela ne veut rien dire, ou il prétendrait insinuer par là que les rois sont des crapauds non proscrits. Ce qui serait une grande insolence et une grosse injure.

— Maître François Rabelais vient de nous jouer un tour de sa façon en nous servant ce beau ménétrier, dit une dame en pinçant les lèvres.

— Oh! pour cela, dit un autre à qui Marjolaine venait de parler à l'oreille, il faut s'attendre à tout de la part d'un homme qui, étant jeune, prenait la place de saint François et improvisait des mariages miraculeux.

— Madame, dit le roi, vous n'êtes pas clémente envers notre cher docteur Rabelais. Les indulgences du saint-siége ont effacé toutes ses folies de jeunesse. Ne parlons donc plus, s'il vous plaît, des scandales de la Basmette et du mariage de frère Lubin.

— Guilain tressaillit à ce nom et se sentit prêt à se trouver mal. Il trouva cependant la force de dire, en s'adressant au roi:

— Sire, puisque Votre Majesté a entendu parler de frère Lubin, oserais-je la supplier de me dire ce qu'elle pense de son mariage?

— Je pense qu'une comédie sacrilège n'est pas un mariage, dit le roi.

Les couleurs revinrent rapidement sur le visage du ménétrier. Un éclair de joie brilla dans ses yeux. C'étaient les couleurs et la joie de la fièvre...

— Marjolaine, cria-t-il en s'adressant à son ennemie confondue, adieu pour jamais, nous sommes libres. J'aurai le droit désormais d'aimer quelque chose de mieux que les crapauds.

Puis saluant le roi, il reprit son violon et sortit comme un fou sans que personne songeât à lui disputer le passage.

VII

MALADIE ET MORT DE GUILAIN

En arrivant à sa chambrette, au presbytère de Meudon, Guilain se mit au lit avec la fièvre. Pendant toute la nuit il eut le délire. Il rêvait qu'il était sur un char de triomphe, à côté du roi, il jouait du violon et un peuple immense suivait le cortége en dansant; mais peu à peu le roi changeait de figure et de costume, le char de triomphe devenait un hideux tombereau : le roi était devenu le bourreau. Le tombereau était mené par un démon, qui ressemblait à Marjolaine, et la foule suivait en chantant et en dansant toujours.

Le paysage devenait sinistre et désolé, la route, au lieu d'arbres, avait des potences, le tombereau, enfin, s'embourbait et ne marchait plus. Guilain ne voyait plus ni le peuple, ni Marjolaine, ni le bourreau; il était tout seul et abandonné dans le désert de la mort. Tout à coup une femme venait à lui en lui tendant la main. Cette femme, il la reconnaissait : c'était la bonne et douce Violette; mais au moment où elle allait le sauver, une voix rude se faisait entendre et criait : « Allons ! allons ! madame, vous êtes mariée, ne vous amusez pas en chemin, allez soigner votre mari. » Guilain alors se réveillait en sursaut, tout tremblant et tout baigné de sueur.

Alors, il fut assiégé par les plus désolantes pensées ; peut-être avait-il compromis son bienfaiteur, l'excellent curé de Meudon. Pouvait-il rester au presbytère ? Oserait-il se montrer encore à l'église ? Comment Mme de Guise allait-elle le regarder ? Elle était présente lors de son affront à la cour, et n'avait pas dit une seule parole en sa faveur. Le roi sans doute ne lui pardonnerait pas d'avoir offensé la suivante de sa favorite, et voulût-il lui pardonner, comment, lui, Guilain, accepterait-il cette bienveillance ? Ne croirait- on pas qu'il profite de la faveur de Marjolaine ? Irait-il encore courir le monde ? Rentrerait-il dans le cloître ? Mais il eût préféré mille fois le tombeau. O Violette ! Violette ! pourquoi faut-il que vous soyez mariée ? Il était donc bien seul au monde, perdu sans ressources, exilé de partout, comme le Juif errant, et il se prenait alors à rêver le tombeau, en le regardant au fond de sa pensée avec convoitise et amour.

Et puis il se prenait de grande pitié pour cette pauvre jeune femme qu'il avait tant aimée. Il la plaignait d'autant plus qu'il ne pouvait plus l'estimer. À l'amour éteint avait succédé une tendresse presque paternelle. Il eût voulu la sauver au péril de sa vie. Il eût voulu se jeter à ses pieds et lui demander pardon de tout le mal qu'elle lui avait fait. Mais il savait trop que ce mal-là est celui que les femmes pardonnent le moins.

Combien la nuit est longue lorsqu'on est travaillé par l'insomnie! Guilain pensa que, comme lui, le soleil était découragé et qu'il ne se lèverait plus.

— Sans doute, pensait-il, le soleil, trahi par la lune, qui l'aura renié et dédaigné à la face de toutes les étoiles, aura trouvé en s'arrachant le cœur le courage de lui dire : « Vous n'avez jamais été ma femme! vous n'êtes qu'une coureuse de nuit, qui avez rencontré ma lumière et l'avez reflétée par hasard, puis vous m'avez quitté dans l'espoir qu'une comète plus riche que moi vous éclabousserait d'or avec sa queue... » Oh! pauvre soleil, s'écria-t-il tout haut, que tu as dû souffrir en lui disant de si tristes choses!

Puis, Guilain, qui avait toujours la fièvre, se prit à faire une belle morale au soleil.

— Tu n'as jamais été un vrai flambeau du monde, lui disait-il, si tu te laisses éteindre pour une lune de plus ou de moins. Beau miracle, en effet, qu'un astre qui te fait les cornes, tantôt à droite, tantôt à gauche! une lune pâle et toujours malade, qui, pour toute noblesse, compte ses caprices par quartiers! Oh! soleil! soleil, mon ami, tu manques vraiment de caractère!

Puis, Guilain se leva, saisit son violon, ouvrit la fenêtre, et commença une musique inouïe. C'étaient des gerbes de lumière, c'était une mélodie à éblouir les oreilles, et, par sympathie, les yeux nyctalopes de Démogorgon. Bonnes gens, croirez-vous comme moi que l'orient en blanchit plus vite, et que les premiers petits nuages dorés de l'horizon se levèrent plus matin pour l'entendre? Bientôt des milliers d'oiseaux lui répondirent, et il ne s'interrompit que quand

des voix humaines, se mêlant au concert des oiseaux, ac-
clamèrent sous sa fenêtre, avec de nombreux applaudissements, le ménétrier de Meudon.

Guilain alors prêta l'oreille, non pas aux applaudissements, mais à la cloche de la paroisse qui tintait le glas de
la mort.

Cependant le presbytère était envahi : Guilain ne put
refuser d'ouvrir la porte. Il dut subir les compliments des
autorités de Meudon qui n'avaient pas douté un instant de
ses succès à la cour. Puis deux jeunes mariés se présentè-
rent, ils espéraient que Guilain, pour leur porter bonheur,
ne se refuserait pas de conduire la noce à l'église.

— Allons, c'est bon, mariez-vous, s'écria Guilain, j'entends là- bas geindre la cloche, on croirait que l'église est en
mal d'enterrement. Dieu soit loué, ce n'est qu'un mariage,
la mort y gagnera plus tard. Allons, enfants, c'est vrai, je
reviens de la cour et j'ai tant de joie et de bienveillance au
cœur, que je voudrais marier tout le monde. Il me semble voir cette peinture qui est à Paris, dans le charnier des
Innocents ; la mort est en habit de fête et conduit le bal
du genre humain, dansant de toutes ses jambes noueuses
et décharnées, riant des dents jusqu'aux oreilles qu'elle n'a
plus. Vite des rubans et des fleurs pour le chapeau du beau
ménétrier, et en avant la danse macabre. Vrai Dieu ! je veux
qu'on m'enterre avec mon violon, pour que je le trouve à
mon réveil dans la vallée de Josaphat. Quel bal je veux mener autour des tombes du genre humain qui seront alors
en mal d'enfant et qui laisseront sortir des vivant à la place
des morts qu'on avait cru y renfermer ! Ah ! bonnes gens,

vous voilà tout interdits de ce qu'en ce jour de noce je vous ai parlé de la mort : vous ne savez donc pas que l'on donne le nom de mort à la gésine de l'humanité, au grand laboratoire de la vie ? La mort, c'est à proprement parler, cette fontaine de Jouvence où l'on entre vieux et caduc et d'où l'on sort tout jeune, tout frais et tout rose. Quand le genre humain dépose ses morts dans le tombeau, il se marie avec la terre, alors la bonne épouse élabore dans son sein la vie nouvelle, elle gonfle de lait ses épis, elle remplit de jus ses raisins et le tout en dansant et pirouettant sur elle-même au milieu du bal des étoiles, au son de l'harmonie des sphères, à la lueur splendide du soleil. Tenez le voilà qui brille et qui nous invite à la danse ! En marche, enfants, je tiens déjà mon violon. Écoutez....

Et Guilain se mit à jouer des choses tour à tour tristes et gaies, des pleurs à faire rire et des rires à faire pleurer.... c'était sa fièvre de la nuit qui passait dans son violon. Le cortège arriva ainsi devant l'église et dut traverser le cimetière où l'on achevait de rendre les derniers devoirs à un trépassé.

Ici les chroniqueurs de notre Guilain ont étrangement altéré la vérité de son histoire. Ils ont dit que l'enterrement et le mariage s'étaient rencontrés en allant à l'église, et qu'au coup d'archet du ménétrier de Meudon, le prêtre (c'était un curé du voisinage qui remplaçait Rabelais pendant son absence), le diacre (c'était frère Jean), les enfants de chœur, les fossoyeurs, les pleureuses, tout le convoi s'était mis à danser laissant là le pauvre corps se morfondre dans sa bière, il ne leur manquait plus que de faire monter Guilain sur cette bière comme sur un tonneau afin de mieux dominer le bal. La vérité est que le mort était enterré, que le clergé était rentré dans l'église et que les gens de l'enterrement sortaient du cimetière pour retourner chez eux lorsqu'ils rencontrèrent la noce conduite par Guilain. Comme ils étaient presque tous de la connaissance des nouveaux mariés, ils se joignirent à la noce, et comme aussi, rien ne prédispose si bien à la joie que la tristesse, on remarqua que le soir ils dansèrent plus joyeusement que tous les autres. Guilain, d'ailleurs, les y encouragea par une chanson qu'on nous a conservée et que voici :

L'AMOUR ET LA MORT

La mort pourchasse le jeune âge,
Et l'amour tend le traquenard :
La mort conduit le mariage,
C'est un ménétrier camard.
L'amour assemble les colombes,
Pour doubler la part du vautour,
Mais les fleurs naissent sur les tombes,
Et la mort couronne l'amour.
　　　Dansez donc,
　　　　Trémoussez-vous donc.
Voici le roi du rigodon.

La mort est la grande moqueuse,
Elle rit de toutes ses dents,

Et vient de la jeunesse heureuse
Compter les baisers imprudents.
Mais cette imprudence est féconde,
Malgré les menaces du sort,
Les caresses peuplent le monde
Et l'amour se rit de la mort.
  Dansez donc,
  Trémoussez-vous donc,
Voici le roi du rigodon.

De ce crâne aux dents menaçantes,
Ne craignons pas l'affreux baiser ;
Des têtes blondes et naissantes
Entre nous vont s'interposer.
La tête de mort qui sommeille,
Ouvre un matin ses blanches dents,
Et se change en verte corbeille,
D'où sortent des petits enfants.
  Dansez donc,
  Trémoussez-vous donc,
Voici le roi du rigodon.

Ils dansèrent en effet et se trémoussèrent tant et si bien
que l'aurore surprit, dit-on, toute la noce encore en train.
Le marié, plus d'une fois déjà, avait voulu persuader à la
mariée qu'elle était fatiguée. — Non, encore une contre-
danse, disait celle-ci ; et la voilà repartie, sautant, bondis-
sant et tournant à se donner le vertige. Guilain lui-même

jouait comme un fou, et personne ne remarquait qu'il avait les yeux fixes et qu'il était pâle comme un linge.

Tout à coup les cordes du violon firent entendre un grincement aigu semblable à un cri de douleur. Les bras du ménétrier se roidirent et il tomba à la renverse. Je laisse à juger des cris et de la confusion. Pendant l'esclandre, le marié et la mariée s'esquivèrent, et Guilain fut rapporté au presbytère, escorté de toute la noce.

Ce fut une consternation générale dans Meudon ; mais les vieilles disaient tout bas qu'il était arrivé à l'échéance de son pacte et que les sorciers, tôt ou tard, devaient toujours finir par avoir le cou tordu.

Il commençait d'ailleurs à se répandre des bruits singuliers sur l'apparition de Guilain à la cour. La femme de chambre de Mme de Guise avait écouté aux portes, et suivant ce qu'elle avait cru bien comprendre, quand Guilain avait voulu jouer de son violon devant le roi, il était sorti de l'instrument un gros crapaud qui avait sauté sur une dame et l'avait fait évanouir. Le ménétrier avait alors disparu, sans qu'on pût savoir par quelle porte il était sorti. Tout cela était fort extraordinaire et donnait beaucoup à penser.

Frère Jean soignait Guilain à sa manière et voulait à toute force lui faire avaler une grande tasse de vin chaud. Mais les dents du malade étaient serrées et les extrémités commençaient à se refroidir. Frère Jean le brûlait sans pouvoir le réchauffer et buvait lui-même par désespoir tout le vin qu'il ne pouvait lui faire prendre. Il eût fallu un médecin ; mais quand Rabelais était absent, il n'y en avait pas à Meudon. Guilain resta dix heures sans connaissance ; il respirait à peine et son pouls ne battait presque pas, enfin on ne le sentit plus du tout. La respiration cessa, les traits prirent une pâleur de cire, les membres devinrent entièrement froids. Frère Jean lui rabattit le drap sur le visage, et joignant pieusement les mains sur le goulot d'une bouteille qu'il venait de vider jusqu'à la dernière goutte, se mit pesamment à genoux et commença le *De profundis*.

VIII

LA RÉSURRECTION

— Que fais-tu donc là, frère Jean, dit en entrant maître François qui arrivait de Touraine. Hé! qu'est-ce que je vois? Guilain, mon pauvre Guilain, mon ami Guilain serait mort! Le deuil me poursuit donc? Et de quoi me sert d'être un habile médecin, si tous les miens s'en vont sans que je puisse les arrêter? Or ça, frère Jean, cesse ta prière et lâche un peu cette bouteille; ouvre ces fenêtres, donne de l'air ici. De quoi Guilain est-il mort? Comment a-t-il été malade. Malheureux! tu as bu, tu ne sais que répondre; tu t'es enivré pendant que ce pauvre homme mourait!...

— C'est le chagrin! bredouilla frère Jean.

— Ôte-toi de là et va faire passer ton chagrin en dormant. Oh! mon pauvre, mon pauvre Lubin! car je puis bien maintenant l'appeler par son nom, moi qui l'ai connu si espiègle et si bien vivant à la Basmette!

— Venez, entrez, ma chère cousine, dit ensuite le curé de Meudon en allant ouvrir la porte. Vous êtes une courageuse femme et le spectacle de la mort ne vous fait pas peur. Venez prier près de ce pauvre enfant qui vous aimait. Oui, il vous aimait, et ne vous l'eût jamais dit, parce que vous étiez mariée. Il n'eût même jamais cherché à vous revoir. Oh! c'était un bon et noble cœur, et son amour, égaré d'abord, puis repoussé par une passion du premier âge, avait été définitivement ravi par vos sérieuses et durables qualités. Venez, vous qui êtes mère, les morts sont les nouveau-nés de la vie éternelle, et peut-être sentent-ils encore, du moins par l'affection survivante, les soins qu'on donne et les honneurs qu'on rend au berceau qu'ils viennent de quitter.

Alors une femme en deuil suivie d'un charmant jeune garçon entra dans la chambre mortuaire. Elle voulait renvoyer son fils, mais il la supplia du regard et il resta.

Cette femme c'était notre chère Violette ; des années avaient passé sur sa tête sans changer la douce sérénité de son visage ; la beauté de l'âme, qui fait le charme de la physionomie, avait remplacé sur sa noble figure les attraits fugitifs de la jeunesse.

— Pauvre Guilain, dit-elle en prenant la main du trépassé, pourquoi ne nous sommes-nous pas connus plus tôt ? moi aussi je t'aurais aimé.

À cette douce parole, et à la pression de cette douce main, Rabelais, qui était auprès du lit, vit distinctement le prétendu mort trembler un peu.

— Il n'est pas mort, s'écria-t-il, chère Violette ; ne soyez pas bienfaisante à moitié, penchez-vous sur lui, soufflez doucement sur son visage, mettez votre main sur sa poitrine : il vivra, je vous assure qu'il vivra !

Violette fit ce que Rabelais lui demandait; et combien il lui en coûta peu de le faire! Violette n'avait guère été épouse que de nom près de Jérôme Rabelais, et ne s'était décidée à l'épouser que pour régulariser la position de son enfant.

Enfin, Guilain respira et ouvrit faiblement les yeux: il allait les refermer lorsqu'il aperçut Violette, Violette penchée sur lui comme un bon ange, et réchauffant ses mains, à lui pauvre moribond, dans ses bonnes et charitables petites mains.

Affaibli par sa longue léthargie, Guilain croyait rêver, et rêvait à demi en effet. Il lui semblait qu'il revoyait une ancienne amie, et qu'après un cauchemar de passion coupable et agitée, il se retrouvait au sein de ses premières amours. Il croyait avoir aimé Violette la première, puis l'avoir quittée pour une indigne rivale qui l'avait trahi et assassiné. Violette, alors, était revenue pour lui sauver la vie; elle le pansait et le soignait en lui souriant comme une mère, et lui aussi il lui souriait en fondant en pleurs.

— Violette, s'écria-t-il enfin, vous me pardonnez! Vous êtes revenue. Vous m'avez guéri, je vais être à vous pour toujours... Mais, que dis-je? je rêvais. Oh! pardon! pardon, madame, voici la raison qui me revient, et je regrette mon délire, parce qu'alors j'osais vous dire: Je vous aime! Pourquoi ne m'avez-vous pas laissé mourir?

— Parce que je veux que vous soyez heureux Guilain; parce que je veux bien vous entendre dire que vous m'aimez.

— Mais vous êtes mariée, Violette?

— Je suis veuve, dit l'indulgente femme en baissant les yeux.

IX

LE GRAND PEUT-ÊTRE

Cinq ans après, dans la même saison, c'est-à-dire au déclin de l'automne, maître Guilain, Mme Violette, sa femme, et leur fils arrivaient en hâte de Touraine pour visiter leur cher parent malade, et le parent c'était notre illustre ami, le bon et savant Rabelais.

le parent c'était notre illustre ami, le bon et savant Rabelais.

Aux premières atteintes du mal, on l'avait fait transporter de Meudon à Paris pour le mieux soigner. Mais il en savait plus à lui tout seul que tous les médecins ensemble, et il avait déclaré dès le commencement qu'il ne s'en relèverait pas.

Il avait fait de vive voix son testament :

— Je n'ai rien à moi, avait-il dit, car les biens d'un prêtre sont aux pauvres. Ce qu'il dépense pour son entretien, il le leur emprunte. Je pauvres. Ce qu'il dépense pour son entretien, il le leur emprunte. Je leur dois donc beaucoup, et ne pouvant les payer, je leur abandonne du moins tout ce qui me reste.

C'est ce testament si chrétien qu'on a travesti, en lui faisant dire :

« Je n'ai rien, je dois beaucoup et je donne le reste aux pauvres. »

Oh! chers grands hommes populaires, lorsqu'il vous vient à la pensée quelque belle parole, ne la dites pas, écrivez-la, faites-la imprimer de votre vivant et corrigez deux fois les épreuves !

Une religieuse hospitalière était au chevet du malade ; elle avait obtenu des supérieurs de son ordre la permission d'assister et de soigner monsieur le curé de Meudon.

Cette religieuse était soigneusement voilée, suivant la règle de son institut, et laissait à peine entrevoir le bas de son visage. On annonça le vicaire de Saint-Paul, qui apportait les derniers sacrements à son le vicaire de Saint-Paul, qui apportait les derniers sacrements à son confrère, et bientôt entra un vieux prêtre, sec et vilain, qui, tenant en main un crucifix, s'approcha du lit d'un air furieux comme s'il eût voulu exorciser le diable.

— Me reconnaissez-vous ? dit-il d'un ton tragique à maître François.

— Comment le ferais-je, si je ne vous ai jamais vu, dit le mourant.

— Je suis frère Paphnuce de la Basmette que vous avez fait mettre en prison.

— Eh ! vraiment ! dit Rabelais, je suis enchanté de vous voir, cela me rappelle des souvenirs de jeunesse. Seulement les miens sont plus fidèles que les vôtres, et, si je ne me trompe, c'est vous qui m'aviez fait mettre en prison et non pas moi qui vous y ai fait mettre.

— On m'y a mis à cause de vous et j'en suis sorti par miracle.

— Eh bien, mon frère, vous pourrez concourir un jour à la canonisation de M. le cardinal de Belley, car c'est lui qui a fait ce miracle-là.

— A votre recommandation, peut-être ?

— Si cela est, dit maître François, vous me permettrez de n'en rien dire.

— Or, sus, mon frère, dit Paphnuce en raidissant le bras et en mettant le crucifix presque sur le visage de maître François, le temps est venu d'abjurer enfin vos impiétés et vos hérésies. Croyez-vous à la colère de Dieu ? Croyez-vous aux supplices éternels de l'enfer ? Reconnaissez-vous le Sauveur du monde ?...

— Je le reconnais à sa monture, dit en souriant maître François.

— Sa monture ? que voulez-vous dire ? Est-ce à son crucifiement que vous pensez ?

— Non, mais à son entrée dans Jérusalem.

— Il a le délire dit Paphnuce, d'une voix funèbre. Je suis venu trop tard. Eh bien, que la justice du ciel ait son cours, j'abandonne cet impénitent à lui-même.

— Adieu Paphnuce, dit Rabelais, vous m'excuserez, si je ne vous reconduis pas.

Le vicaire sorti, tout le monde s'agenouilla autour du lit, et frère Jean n'y pouvant plus tenir, éclata en bruyants sanglots.

— Qu'est-ce que j'entends? dit Rabelais; fi, qu'il est laid le gros vilain pleurard! il est moins amusant que frère Paphnuce. Est-ce ainsi, lourdaud, que tu me réconfortes et que tu me réjouis l'esprit à l'instant de mon dernier passage? que ne prends-tu en main un flacon? que ne bois-tu à mon heureuse délivrance? crois-tu qu'il ne me serait pas meilleur, voir ta grosse face enluminée, rire à la bouteille, que se distiller tout en larmes?

— Parbleu, dit frère Jean en colère, laissez-moi pleurer tranquille, ce n'est pas pour votre compte que je pleure, mais pour le mien.

— Égoïste! dit maître François. Puis s'adressant à Guilain et à sa famille: Approchez, enfants, que je vous fasse mes adieux. Je ne me suis jamais indigné de rien; les méchants sont des maladroits, j'ai ri de leur sottise pour les en avertir, en ne les nommant pas, de peur de les fâcher et de les irriter. L'indulgence et la patience valent mieux que le zèle. Il ne faut pas aller, il faut faire venir; souvenez-vous de ma devise.

— Ainsi, cher maître, dit Guilain, vous pardonnez à tous vos ennemis?

— Pardonner! qui? moi? jamais! reprit Rabelais, en élevant la voix, puis plus doucement:

Eh! mon pauvre Guilain, à qui veux-tu que je pardonne? personne ne m'a jamais offensé; ceux qui ont mal fait contre moi, ne savaient ce qu'ils faisaient et souvent même croyaient bien faire. Je dois les en remercier ; ils m'ont exercé à patience.

— Vous êtes sublime, dit Guilain.

— Et toi tu es bête de trouver cela sublime. Je vais supposer que tu te crois offensé par quelqu'un ou par quelqu'une et que tu ne lui pardonnes pas.

— Vous connaissez la quelqu'une, répondit Guilain, et vous savez bien que c'est elle qui ne me pardonnera jamais.

— Guilain, vous vous trompez, dit alors une voix de femme, qui fit tressaillir tout le monde. C'était la religieuse hospitalière, qui, jusque-là, était restée silencieuse au chevet du lit, priant et disant son chapelet. Alors elle releva son voile :

— Pardonnez à Marjolaine, comme elle vous pardonne, ajouta-t- elle. Marjolaine est morte au monde et la sœur Marie priera pour vous.

Pas n'est besoin de dire que la sœur Marie c'était la pauvre Marjolaine.

— Bénissez ma famille, madame, dit Guilain, en lui présentant Violette et son fils.

— C'est à notre bon pasteur de nous bénir tous dit sœur Marie en s'agenouillant.

— Enfants, dit Rabelais, je grondais frère Jean tout à l'heure, et voici que j'ai les larmes aux yeux. Mais, rassurez-vous ; ce n'est pas de chagrin, c'est de joie. Je vous vois tous réunis en bonne amitié, vous êtes au nid de la pie, gardez bien ce que Dieu vous donne, c'est mon souhait et ma bénédiction dernière. Pour moi, je vais chercher LE GRAND PEUT-ÊTRE.

— Le grand peut-être, se récria Guilain! O mon maître, douteriez- vous en ce moment de l'immortalité de l'âme?

— On ne va pas chercher le néant, dit Rabelais, et quand je dis en m'en allant, que je vais chercher quelque chose, c'est que je compte bien survivre à mon pauvre corps. Mais qui peut être certain d'avance de ses destinées éternelles?

La vie, ici bas, me semble une école où nous apprenons à vivre; j'en conclus que nous devons vivre ailleurs. Ce ne sont ici qu'essais et jeux d'enfants. C'est une farce théâtrale qui précède le grand mystère... eh bien, mes enfants, à revoir ailleurs, et souvenez-vous un peu de moi.

Et maintenant:

TIREZ LE RIDEAU, LA FARCE EST JOUÉE.

FIN

TABLE

PREMIÈRE PARTIE
LES ENSORCELÉS DE LA BASMETTE

DEUXIÈME PARTIE
LES DIABLES DE LA DEVINIÈRE